名句中国丛书·伍

情感心理

吴礼权 编著

暨南大學出版社
JINAN UNIVERSITY PRESS

中国·广州

图书在版编目（CIP）数据

情感心理／吴礼权编著．—广州：暨南大学出版社，2014.7
（名句中国丛书）
ISBN 978－7－5668－0684－0

Ⅰ.①情… Ⅱ.①吴… Ⅲ.①名句—汇编—中国 Ⅳ.①H136.3

中国版本图书馆 CIP 数据核字(2013)第 178713 号

出版发行：暨南大学出版社

地　址：中国广州暨南大学
电　话：总编室（8620）85221601
营销部（8620）85225284　85228291　85228292（邮购）
传　真：（8620）85221583（办公室）　85223774（营销部）
邮　编：510630
网　址：http：//www.jnupress.com　http：//press.jnu.edu.cn

排　版：广州良弓广告有限公司
印　刷：佛山市浩文彩色印刷有限公司

开　本：890mm×1240mm　1/32
印　张：10.5
字　数：285 千
版　次：2014 年 7 月第 1 版
印　次：2014 年 7 月第 1 次

定　价：24.80 元

前　言

吟安一个字，捻断数茎须。（唐·卢延让《苦吟》）

二句三年得，一吟双泪流。（唐·贾岛《题诗后》）

名句，特别是那些历久不衰、传诵不绝的经典名句，既是作者千锤百炼的思想成果，更是中华民族悠久文化的精华之浓缩，很是值得我们仔细玩味。因为我们可以从中汲取有益的精神营养，增加人生智慧，得到为人处世的人生启发，获取精神心灵的慰藉，由此开创我们健康、快乐、积极、向上的美好人生。

工欲善其事，必先利其器。（先秦《论语·卫灵公》）

道虽迩，不行不至；事虽小，不为不成。（先秦《荀子·修身》）

生于忧患，而死于安乐也。（先秦《孟子·告子下》）

大行不顾细谨，大礼不辞小让。（汉·司马迁《史记·项羽本纪》）

临渊羡鱼，不如退而结网。（汉·班固《汉书·董仲舒传》）

成大功者不小苛。（汉·刘向《说苑·政理》）

读一读这些充满哲理睿智的先贤名言，对我们今天如何为人处世，相信会启发多多、获益无穷的。

中国自古便有一句老话："人生不如意事常八九。"现实生活并不是诗词歌赋，更不会事事都充满诗情画意。因此，在现实生活中遭遇种种的人生挫折，那是"司空见惯浑闲事"。假如在人生的道路上遇到挫折，我们是否就此一蹶不振、意志消沉下去呢？

天行健，君子以自强不息。（先秦《周易·乾》）

长风破浪会有时，直挂云帆济沧海。（唐·李白《行路难》）

天生我材必有用，千金散尽还复来。（唐·李白《将进酒》）

读一读先贤的这些经典名言，相信我们定能由此振作起来，重新燃起希望之火，顿起奋发进取之志。

有奋发进取的国民，才会有奋发进取的民族。中华民族之所以生生不息，中华文化之所以源远流长，正是因为我们自古以来就不乏仁人志士。

如欲平治天下，当今之世，舍我其谁也？（先秦《孟子·公孙丑下》）

老骥伏枥，志在千里；烈士暮年，壮心不已。（汉·曹操《步出夏门行·龟虽寿》）

心懔懔以怀霜，志眇眇而临云。（晋·陆机《文赋》）

会当凌绝顶，一览众山小。（唐·杜甫《望岳》）

丈夫贵兼济，岂独善一身。（唐·白居易《新制布裘》）

为天地立心，为生民立命，为往圣继绝学，为万世开太平。（宋·张载《近思录拾遗》）

读一读这些气壮山河、豪迈超逸的传世名言，相信我们每一个人都会由此洞悉中华民族之所以伟大、中华文化之所以渊博的内在原因。

一个民族之所以成为一个民族，那是因为有一种民族精神。中华民族之所以成为中华民族，中华民族之所以在历经无数苦难之后仍然屹立不倒，并不断自强崛起，那是因为中华民族自古以来就有无数以国家天下为己任、舍身报国、爱国忘家的优秀儿女。

路漫漫其修远兮，吾将上下而求索。（先秦·屈原《楚辞·离骚》）

匈奴未灭，何以家为也！（汉·司马迁《史记·卫将军骠骑列传》）

捐躯赴国难，视死忽如归。（三国魏·曹植《白马篇》）

鞠躬尽瘁，死而后已。（三国蜀·诸葛亮《后出师表》）

风尘三尺剑，社稷一戎衣。（唐·杜甫《重经昭陵》）

黄沙百战穿金甲，不破楼兰终不还。（唐·王昌龄《从军行七首》）

先天下之忧而忧，后天下之乐而乐。（宋·范仲淹《岳阳楼记》）

位卑未敢忘忧国。（宋·陆游《病起书怀》）

人生自古谁无死，留取丹心照汗青。（宋·文天祥《过零

丁洋》）

风声、雨声、读书声，声声入耳；家事、国事、天下事，事事关心。（明·顾宪成为无锡东林书院所题联语）

苟利国家生死以，岂因祸福避趋之。（清·林则徐《赴戍登程口占示家人》）

天下兴亡，匹夫有责。（清·顾炎武《日知录·正始》）

读一读上面这些掷地有声的报国誓言、爱国心声，我们不难窥见中华民族之所以能够绵历数千年而生生不息、历久弥新的原因所在。

有爱国之心、报国之志，固然难得；而有治国安邦之才、济世爱民之情，则更为难得。中华民族之所以生生不息，并不断从苦难中站起来，那是因为我们历来不乏治国之能臣、安民之才俊。

居安思危，思则有备，有备无患。（先秦《左传·襄公十一年》）

为之于未有，治之于未乱。（先秦《老子》第六十四章）

仓廪实则知礼节，衣食足则知荣辱。（先秦《管子·牧民》）

政之所兴，在顺民心；政之所废，在逆民心。（先秦《管子·牧民》）

国虽大，好战必亡；天下虽安，忘战必危。（先秦《司马法·仁本》）

家有常业，虽饥不饿；国有常法，虽危不亡。（先秦《韩非子·饰邪》）

公正无私，一言而万民齐。（汉·刘安《淮南子·修务训》）

世不患无法，而患无必行之法。（汉·桓宽《盐铁论·申韩》）

民之所好，好之；民之所恶，恶之。（汉·戴圣《礼记·大学》）

求贤如饥渴，受谏而不厌。（晋·陈寿《三国志·吴书·张纮传》）

服民以道德，渐民以教化。（宋·欧阳修《三皇设言民不违论》）

兼听则明，偏信则暗。（宋·司马光《资治通鉴》载唐太宗语）

为政之要，曰公曰清。（宋·林逋《省心录》）

听一听这些先贤治国安邦的心得，分享他们济世安民的成功经验，今天身为人民公仆的干部一定能从中学习、领悟到不少东西；于其执政能力、行政能力的提高，也会助益多多。

治国安邦之才，经世致用之能，并不是先天所生就，而是要通过后天的学习教育。而今，世界已经进入“知识经济”时代，不接受教育、不读书或者说不会读书，都会被时代淘汰。

学而不思则罔，思而不学则殆。（先秦《论语·为政》）

玉不琢不成器，人不学不知道。（汉·戴圣《礼记·学记》）

学，然后知不足；教，然后知困。（汉·戴圣《礼记·

学记》)

少则习之学，长则材诸位。(汉·班固《汉书·董仲舒传》)

业精于勤荒于嬉，行成于思毁于随。(唐·韩愈《进学解》)

纸上得来终觉浅，绝知此事要躬行。(宋·陆游《冬夜读书示子聿》)

循序而渐进，熟读而精思。(宋·朱熹《读书之要》)

对于“为何学习”、“如何学习”，先哲前贤都提出了精辟的见解。读了上述教诲，相信今天的我们定能“心有戚戚焉”，对学习的意义与学习的方法的认识也会更加深刻的。

其实，先贤留下的名言名句，不仅极大地丰富了我们中华文化，对中国人的思想发展、人生观的确立等有着重要的影响，同时也对中国人心灵的陶冶与精神的慰藉为功不小。

余霞散成绮，澄江静如练。(南朝齐·谢朓《晚登三山还望京邑》)

白日地中出，黄河天外来。(唐·张蠙《登单于台》)

大漠沙如雪，燕山月似钩。(唐·李贺《马诗二十三首》)

大漠孤烟直，长河落日圆。(唐·王维《使至塞上》)

千里莺啼绿映红，水村山郭酒旗风。(唐·杜牧《江南春》)

日出江花红胜火，春来江水绿如蓝。(唐·白居易《忆江南》)

江流天地外，山色有无中。(唐·王维《汉江临眺》)

三山半落青天外，一水中分白鹭洲。（唐·李白《登金陵凤凰台》）

楚塞三湘接，荆门九派通。（唐·王维《汉江临眺》）

疏影横斜水清浅，暗香浮动月黄昏。（宋·林逋《山园小梅》）

烟柳画桥，风帘翠幕，参差十万人家。（宋·柳永《望海潮》）

读一读这些描写塞外、江南自然风光的诗句，相信我们都会油然而生对祖国大好河山的无限热爱之情。

白日依山尽，黄河入海流。（唐·王之涣《登鹳雀楼》）

横空过雨千峰出，大野新霜万叶枯。（唐·耿湋《九日》）

远山芳草外，流水落花中。（唐·司空曙《题鲜于秋林园》）

明月松间照，清泉石上流。（唐·王维《山居秋暝》）

柳色黄金嫩，梨花白雪香。（唐·李白《宫中行乐词八首》）

星垂平野阔，月涌大江流。（唐·杜甫《旅夜书怀》）

春色满园关不住，一枝红杏出墙来。（宋·叶绍翁《游园不值》）

风吹梅蕊闹，雨细杏花香。（宋·晏几道《临江仙》）

蕉叶半黄荷叶碧，两家秋雨一家声。（宋·杨万里《芭蕉雨》）

浮天水送无穷树，带雨云埋一半山。（宋·辛弃疾《鹧鸪天》）

一年湖上春如梦，二月江南水似天。（元·迺贤《次段吉甫助教春日怀江南韵》）

水流曲曲树重重，树里春山一两峰。（清·郑燮《潍县竹枝词》）

读一读这些描写山水花木的诗句，相信我们都会顿生“清风明月本无价，近水远山皆有情”的情感共鸣，在观照自然万物中得到心灵的净化。

目送归鸿，手挥五弦。俯仰自得，游心太玄。（三国魏·嵇康《赠兄秀才从军十八首》）

石栏斜点笔，桐叶坐题诗。（唐·杜甫《重游何氏五首》）

松风吹解带，山月照弹琴。（唐·王维《酬张少府》）

独立小桥风满袖，平林新月人归后。（南唐·冯延巳《鹊踏枝》）

欲归还小立，为爱夕阳红。（宋·陆游《东村》）

东篱把酒黄昏后，有暗香盈袖。（宋·李清照《醉花阴》）

题诗石壁上，把酒长松间。（元·倪瓒《对酒》）

闲窗听雨摊书卷，独树看云上啸台。（清·吴伟业《梅村》）

读一读这些诗句，相信我们会尘虑顿消。而对照于古人的生活情趣与潇洒的人生态度，相信今日忙忙碌碌的我们都会惭愧不已，不得不对自己的人生态度进行深刻的反省。

这套名曰“名句中国”的小丛书，虽本意在于通过对一万余条中国古代经典名句意蕴的剖析，为人们的读写实践指点迷津，并提供“引经据典”的参考方便；但在名句意蕴解构的过程中，读者也许可以由此及彼而对博大精深的中国传统文化有个“管中窥豹”的粗略印象。“一滴水能折射出太阳的光辉。”透过名句，我们虽然不敢说能由此窥见博大精深的中国文化的深度，但最起码会给大家留下一点“浮光掠影”式的印象。

吴礼权

2008 年 4 月 8 日记于复旦园

凡　例

一、本丛书共收中国历代经典名句一万余条。入选的各名句，一般都是编者通过现代科技手段与互联网技术，在认真调查了其引用频率的基础上精选出来的。

二、本丛书所收名句依据特定的标准，共分为十二大类。每一大类又细分为若干小类。每一小类所收辞目，根据实际情况和“宁缺毋滥”的原则而多少不等。

三、辞目的编排，每一小类内的辞目编排顺序依据每一个辞目（即每一个名句）的第一个字的汉语拼音顺序依次编排。相同字头的辞目都集中于一起，排于其特定的音序位置上。第一个字与第二个字都相同的辞目，也依上述原则集中于一起，排于其特定的音序位置上。

四、每个辞目的编写体例是：首先列辞目（即名句），其次是“注释”，最后是“译文”和“点评”（句义没有难解之处，则没有译文）。即“辞目—注释—译文/点评”。

五、辞目的长度，一般是一句或两句。少数辞目考虑其意义的整体性，可能是三句、四句或更多。

六、注释的文字，包括名句的出处、生僻字词注音、难解字词的词义解释、古代汉语特殊句法结构的语法说明等四个部分。名句出处的标注，包括时代、作者、书名或篇名。成书时代难以确定的，则付之阙如。秦代以前的作品，统一以“先秦”概括，不细分为夏、商、周、春秋、战国等。这是考虑到有些作品的成书只能确定其大致时间，而难以具体指明何年何代，如《诗经》、《周易》、《尚书》等。作者不能确定的，也付之阙如。如《论语》、《孟子》等，并非孔子、孟子自己所编定，而是由他们的弟子或后人编定的，就不便注明作者。还有些作品是大家非常熟悉的，书名本身就表明了作者，则也不注明作者，如《老子》、《庄子》等。如果所引名句是著作中的，则注明书名和篇名或章节名。生僻字的注音，以汉语拼音方案的拼写规则标注声、韵、调。

七、译文/点评的文字，根据不同情况有不同的表现形式。主要有：①句意难于理解的，先列出白话译文，或是进行句意串讲，然后再对其内容进行阐发。②句意易于理解的，则略去译文或句意串讲，直接进行内容的阐发、点评。③有些名句运用到特定修辞方式的，则明确予以指出，并说明其表达效果。④有些写景的名句，不便用编者自己的观点框定读者，就以概括句意的形式简洁点拨，以便读者作“仁者见仁，智者见智”的解读发挥。⑤有些名句的语意后世在使用中发生语义变化的，则予以说明。⑥有些名句可以引申运用的，则予以说明。

八、《文学艺术》卷注有本丛书的条目索引，索引按照汉语拼音的音序排列，读者可以方便迅速地查阅到相关条目。

目　录

男女之情

爱而不见，搔首踟蹰。

【注释】出自先秦《诗经·邶风·静女》。爱而，隐蔽的样子。踟蹰（chí chú），犹豫徘徊。

【译文/点评】姑娘约我城角见，隐蔽不现让我寻；左等右觅皆不见，让我搔首苦徘徊。这是写一位男子约见情人而不见，正在焦急等待的样子，让人如见其人，如见其心。

安得身轻如燕子，随风容易到君傍。

【注释】出自宋·黄氏《感怀》。安得，怎么能。

【译文/点评】此写女子思念情人的深切之情。

芭蕉不展丁香结，同向春风各自愁。

【注释】出自唐·李商隐《代赠二首》（其一）。芭蕉，此指情郎。丁香，此指女子。不展，指蕉心不展。结，指花蕾。春风，喻指爱情。

【译文/点评】此言芭蕉心不展、丁香不结蕾，都不能沐浴春风，只能空自忧愁。此乃以芭蕉、丁香为喻，写有情男女同心而异处、两地不相见的思念之苦。

半笺娇恨寄幽怀，月移花影约重来。

【注释】出自宋·李清照《浣溪沙》词。笺（jiān），一种精美的纸张。

【译文/点评】此写女子月下思情郎、彩笺寄情怀的情景。“月移”，说明等待的时间已久。“约重来”，说明此次约而未来。这正对前句之意作了补足，因为情郎约而未来，所以才有女子寄“幽怀”的“半笺娇恨”之写作。由此，一个对情郎既思念又怨怼的女子形象便跃然纸上矣。

彼此空有相怜意，未有相怜计。

【注释】出自宋 · 柳永《婆罗门令》。相怜，相爱。计，办法。

【译文/点评】此写有情人相爱而不能相聚的痛苦之情。

便是牡丹花下死，做鬼也风流。

【注释】出自元 · 珠帘秀《正宫醉西施》。牡丹花，比喻美女。

【译文/点评】此写为了自己心仪的美人而可以不顾一切，即使赴汤蹈火、粉身碎骨也心甘情愿，意在强调对所爱女人的挚爱程度。

表独立兮山之上，云容容兮而在下。

【注释】出自先秦 · 屈原《楚辞 · 九歌 · 山鬼》。表，独立突出之貌。兮，语气助词，相当于“啊”、“呀”。容容，即溶溶，水或烟流动貌。

【译文/点评】女神亭亭山之上，白云舒卷在脚下。这是写山神（即山鬼）可望而不可即、可远观而不可近亵的神秘感。

别语缠绵不成句，已断离肠能几许。

【注释】出自宋 · 黄大临《青玉案》词。几许，多少。

【译文/点评】此写男女离别之时语不成句、柔肠寸断的痛苦之情。

冰簟银床梦不成，碧天如水夜云轻。

【注释】出自唐 · 温庭筠《瑶瑟怨》。簟（diàn），竹席。

【译文/点评】此写女子与情人离别的怨恨之情与夜不能寐的痛苦之状。“冰簟银床”，是说所睡床席的豪华舒适，但与“梦不成”组配，则突出强调了女子思念情人难以入眠的痛苦程度。后句写碧天轻云，通过写景进一步说明女子未眠的情形。

不堪盈手赠，还寝梦佳期。

【注释】出自唐·张九龄《望月怀远》。堪，胜、能。盈，满。

【译文/点评】月光虽好，却握不满一手，不如回身去睡觉，还可梦中见佳人，不错过与之约定相会的佳期。此写人在他乡的游子思念远方情人的痛苦之情，表达刻骨相思之意，不直说望月思人的痛苦，而是说入梦见人的美好，可谓曲尽其妙矣。

曾经沧海难为水，除却巫山不是云。

【注释】出自唐·元稹《离思五首》（其四）。

【译文/点评】此以沧海之水、巫山之云比喻亡妻，以普通之水、普通之云比其他女人，从而在对比中表达了亡妻在自己心目中不可替代的位置，抒发了诗人对亡妻的深厚之情。后世说到男女初恋之情的难忘，或是一段真挚难忘之情时，常会引用这两句诗，以示其无限留恋之意。

长相思，摧心肝。

【注释】出自唐·李白《长相思》。

【译文/点评】此写情人间离别相思的痛苦之情。“摧心肝”，是夸张修辞手法，意在突出强调相思的痛苦程度。

唱尽新词欢不见，红霞映树鹧鸪鸣。

【注释】出自唐·刘禹锡《踏歌词四首》（其一）。欢，古代女子对所爱男子的爱称。

【译文/点评】此写女子唱歌招引所爱男子而不见回应的惆怅之情。前句直叙其意，后句以景写情。“红霞映树”，表明时间已经是第二天早上，说明女子等了情郎一夜。“鹧鸪鸣”，言鸟儿有情而人无情，因为鹧鸪生性雌雄对啼。如此以景写情，不仅意象丰富，而且更有含蓄隽永之味。

巢居知风寒，穴处识阴雨。不曾远别离，安知慕俦侣？

【注释】出自晋·张华《情诗五首》（其二）。巢居，指栖息于树木之上的鸟类。穴处，指藏身于洞穴的兽类。不曾，未曾、没有过。安知，怎么知道。慕，羡慕。俦（chóu）侣，伴侣。

【译文/点评】此以鸟兽知风雨作比，说明只有亲历过离别的男女才能真正体会到相思之苦的滋味。

窗外芭蕉窗里灯，此时无限情。

【注释】出自宋·万俟咏《长相思》。

【译文/点评】此写相思难以成眠的深情。

春蚕到死丝方尽，蜡炬成灰泪始干。

【注释】出自唐·李商隐《无题四首》（其三）。

【译文/点评】此以春蚕生命不止吐丝不止、蜡烛燃烧不尽蜡泪不尽的形象为喻，表达了男女之间无尽的思念之情。此诗句表意比较模糊，究竟作何解说，唯有天知、地知、诗人知。不过，后人引此二句多是抒写男女思念之情的。

春梦暗随三月景，晓寒瘦减一分花。

【注释】出自明·汤显祖《牡丹亭·写真》。

【译文/点评】三月已是暮春，花事早已过去，纵然有残花，所剩亦是不多。而比残花还瘦减一分，那么佳人又是如何之瘦呢？不禁让人由花及人，想到佳人思念梦中人而消瘦的情形。写相思之情与相思之苦，由花暗衬而出，可谓“不著一字，尽得风流”矣。

春心莫共花争发，一寸相思一寸灰。

【注释】出自唐·李商隐《无题四首》（其二）。“春心”，即向往美好爱情之心。

【译文/点评】据说古代一老僧曾有诗云：“春叫猫来猫叫春，听它越叫越精神。老僧也有猫儿意，不敢人前叫一声。”人虽是高级动物，但毕竟是动物。春气动，万物苏。感物动情，乃所有动物之本性（古代训诂家曾曰：“春，蠢也，蠢蠢欲动也。”），故许多动物在春天要“叫春”求偶，老和尚虽遁入空门，还是免不了要感物动情。和尚还看不破红尘，舍不下男女之情，更何况是少男少女。因此，深锁绣阁花楼之中的大家闺秀，或委身芭蕉茅舍之中的小家碧玉，在春天来临时，花容月貌的她们，见花争发，如何能不为之动情，遂生“怀春”之想？可是，碍于种种的封建礼法，她们无由出门去寻觅她们意想中的情郎，因而就越发不敢以自己的桃花之面与众花“争发”，只能对花凝神、空自相思。那么，“相思”为何物？看不见，摸不着。相思之情如何？说不清，道不明。“一寸相思一寸灰”，化抽象为具体，以“灰”为喻，由花开而谢，谢而成泥、成灰的联想，写尽了古代少女相思之苦的况味，让人回味，让人动情。

此情无计可消除，才下眉头，却上心头。

【注释】出自宋·李清照《一剪梅》。此情，指相思之情。

【译文/点评】此写女子相思之情难以消除的痛苦。“才下”与“却上”在时间上的承接，“眉头”与“心头”在处所上的对比，将女子相思之情由表及深地展露了出来。

此时相望不相闻，愿逐月华流照君。

【注释】出自唐·张若虚《春江花月夜》。月华，月光。

【译文/点评】此写女子月夜对远在他乡的情人的思念之情。“相望不相闻”的痛苦何以解决？灵机一动，她想到了一条“妙计”：化身月光，岂不就可以流照情郎了？此“计”虽然不切实际，但恰恰能够反映出女子对情郎的痴情。这便是“情到深处便是痴”的境界。

从来夸有龙泉剑，试割相思得断无？

【注释】出自唐·张氏《寄夫》。龙泉剑，古代传说的宝剑。得，能。

【译文/点评】此言相思之情连龙泉宝剑也难以割断。此乃以夸张修辞手法，强调相思之情的浓烈，以及消除相思之苦的艰难程度。

打起黄莺儿，莫教枝上啼。啼时惊妾梦，不得到辽西。

【注释】出自唐·金昌绪《春怨》。辽西，代指东北边塞。

【译文/点评】此写逐莺为入梦的细节，形象逼真地写出了闺中人对从军在外的丈夫的深切思念之情。现实中不能见到丈夫，只好到梦中寻找。可是，好梦还要被黄莺的啼叫搅掉，这岂能不让人更加伤感？这是侧笔写正意，有“曲径通幽”的意境。

待月西厢下，迎风户半开。拂墙花影动，疑是玉人来。

【注释】出自元·王实甫《西厢记》第三本第二折。玉人，此指情郎张生。

【译文/点评】此写崔莺莺月夜与张生幽会的心情。“待月”、“迎风”写其不辞辛苦之状；“西厢下”，点明等候的地点；“户半开”，写其迎人的方式。前两句叙事铺垫之后，后两句继以风拂“花影动”的写景与“疑是玉人来”的心理细节刻画，便形象生动地将崔莺莺这位大家闺秀月夜与情郎幽会的急切之情淋漓尽致地表现了出来。

但愿长无别，合形作一躯。生为并身物，死为同棺灰。

【注释】出自晋·杨方《合欢诗五首》（其一）。无别，不分离、不告别。

【译文/点评】此写诗人对妻子生死不渝的真挚爱恋之情，与唐明皇对杨贵妃所说的情话“在天愿作比翼鸟，在地愿为连理枝”同义。

得成比目何辞死，愿作鸳鸯不羡仙。

【注释】出自唐·卢照邻《长安古意》。得，能够。比目，指比目鱼。

【译文/点评】此以比目鱼、鸳鸯鸟双双对对的形象为喻，表达了希望与情人永远不分离的真挚情感。

灯前写了书无数，算没个、人传与。

【注释】出自宋·黄庭坚《望江东》。与，给。

【译文/点评】此写有意向情人表达爱意而无法传递的苦恼之情。“灯前”，暗寓相思而夜不能寐之意；“书无数”，乃是夸张，意在强调其对情人无限思念的深情。

东边日出西边雨，道是无情却有情。

【注释】出自唐·刘禹锡《竹枝词二首》（其一）。

【译文/点评】前句写一边下雨一边晴天的异常天象，后句却突然说到“无情”与“有情”，看似没有逻辑联系，实则是通过谐音双关的修辞手法把“情”与“晴”巧妙地联系起来，形象地描写出女子所爱的情郎一会儿出现，一会儿又不见，就像是时晴时阴的天气，令人捉摸不定，从而暗示出女子思念情人而不见的惆怅之情。诗的前两句是“杨柳青青江水平，闻郎江上唱歌声”。

肥水东流无尽期，当初不合种相思。

【注释】出自宋·姜夔《鹧鸪天》。肥水，即淝水，在今安徽境内。不合，不应该。

【译文/点评】此写词人对所恋女子无穷无尽的相思苦痛，表面是述说后悔之意，实则寄寓的是对情人无限的思念之情。以“东流无尽期”的“肥水”比喻“相思”，既新颖生动，又最能恰切地表现出词人对情人无穷无尽的思念之情。

风飒飒兮木萧萧，思公子兮徒离忧。

【注释】出自先秦·屈原《楚辞·九歌·山鬼》。飒飒，风声。萧萧，落叶声。兮，语气助词，相当于“啊”、“呀”。公子，此指女神（即“山鬼”）。徒，徒然，空。离，遭受。

【译文/点评】秋风飒飒树萧萧，思念公子心烦忧。这是写一个男子思念心上的女神而不得的悲伤之情，配以秋风飒飒、落叶飘飘的环境描写来衬托，尤能见出其爱而不得的悲愁之情。

凤兮凤兮归故乡，遨游四海求其凰。

【注释】出自汉·司马相如《琴歌二首》（其一）。兮，语气助词，相当于“啊”。四海，指天下。其，它的。凤凰，是古代中国传说中的神鸟，雄的叫凤，雌的叫凰。

【译文/点评】此是作者以凤自喻，以凰喻卓文君，表达了其苦苦追寻意中情人的急切之情。

芙蓉如面柳如眉，对此如何不泪垂。

【注释】出自唐·白居易《长恨歌》。

【译文/点评】此写唐玄宗在杨贵妃死后对其刻骨铭心的

思念之情。前句说唐玄宗看见荷花会想起杨的脸，见了杨柳会想到杨的眉，这是通过写唐玄宗视觉上的错觉来突显其对杨贵妃思念的深切，同时也对后句唐玄宗垂泪的原因作了清楚的交代。由此，一个多情帝王的形象呼之欲出。

高楼目尽欲黄昏，梧桐叶上萧萧雨。

【注释】出自宋·晏殊《踏莎行》。目尽，望尽。

【译文/点评】此写登楼望远、怀想情人的凄苦心境，但写思念之情而不及思念一字，而是通过景象描写来实现。登楼望远、薄暮烟霭、雨打梧桐，这些意象都有怀人、忧愁等特定的含义。因此，以如此之景而见相思忧愁之情，既表意婉转，又令人有回味想象的空间。

耿耿不寐，如有隐忧。

【注释】出自先秦《诗经·邶风·柏舟》。耿耿，心中焦灼不安貌。鲁诗“耿耿”作“炯炯”，指眼睛明亮貌。寐，睡。如，像。隐忧，深忧。

【译文/点评】辗转反侧难入眠，深深忧虑在心头。这是写一个女子不得丈夫宠爱，反而受群小欺负的心灵苦痛，让人倍感同情。

孤灯暧不明，寒机晓犹织。

【注释】出自南朝梁·沈约《夜夜曲》。暧（ài），昏暗。犹，还。

【译文/点评】此写思妇思念远出的丈夫，夜不能寐，孤灯纺织到天明以排遣心中之忧。“寒机”以“寒”写织机，是移就修辞手法，以此突显思妇内心之苦。

孤灯不明思欲绝，卷帷望月空长叹。

【注释】出自唐·李白《长相思》。帷，帐幕。

【译文/点评】此写情人相思的悲苦之情。前句写相思难眠之状，后句写起床望月怀人之情。“思欲绝”，言其思念的极度痛苦之状。“空长叹”，言思而不得的无奈感。

穀则异室，死则同穴。谓予不信，有如皦日。

【注释】出自先秦《诗经·王风·大车》。穀（gǔ），活着。谓，说。予，我。皦（jiǎo），同皎，洁白。

【译文/点评】活着可以处异室，死了定要同墓穴。若是不信我的话，皎皎白日可作证。这是一位女子想同她所爱的男子同居，但又不知对方如何打算，遂发誓说了这番话。用今大的话来说，就是“不求同年同月同日生，但求同年同月同日死”，其对男子的深情可谓感天动地。

关关雎鸠，在河之洲；窈窕淑女，君子好逑。

【注释】出自先秦《诗经·周南·关雎》。关关，和鸣声。雎（jū）鸠，一种水鸟，相传此鸟情意专一，雌雄相伴而生，或说即鱼鹰。洲，水中可居之地。窈窕（yǎo tiǎo），幽闲，形容女子美好娇柔之态。逑（qiú），匹配。好逑，好的配偶。淑女，指娇美的女子。君子，指贵族青年。

【译文/点评】一对雎鸠在河洲，关关和鸣情意浓；窈窕淑女真美丽，君子有心求为偶。这是以比兴手法，由雎鸠的成双成对、恩爱和鸣引出君子思淑女的情怀，情由景生，过渡自然，让人思之味之，意蕴无穷。

闺中少妇不知愁，春日凝妆上翠楼。忽见陌头杨柳色，悔教夫婿觅封侯。

【注释】出自唐·王昌龄《闺怨》。陌，田间的小路，南北叫阡，东西叫陌。陌头，指路边。

【译文/点评】少妇初与丈夫离别时不知离别的滋味，每每在春日还盛装登楼观景。可是，看到路边杨柳绿上枝头，这才明白时间又过了一年，自己与丈夫并不是小别，而是久别。于是，悔恨起当初自己的决定，不该让丈夫为了立功封侯而远赴边塞。此写一个少妇对于丈夫从军赴边的心路转变历程，通过写其悔恨之意而淋漓尽致地展露了其思念丈夫的深情。

过尽千帆皆不是，斜晖脉脉水悠悠，肠断白蘋洲。

【注释】出自唐·温庭筠《梦江南》。白蘋洲，指当初分别之处。

【译文/点评】此写女子望郎早归的急切忧郁之情。前句写女子望郎归时间之久，“过尽千帆”作了说明。“千帆”既是夸张修辞手法，也是借代修辞手法（代指千船）。夸张是为了突出其望郎时间之久，借代（以帆代船）是为了强调其站得高、望得远（远望江上之船总是先见其帆），以此表现其急切之情。第二句是写景，但运用了拟人手法，将“斜晖”、“水”人格化，赋予其“脉脉”、“悠悠”的情态，以此借物写人，表现女子对男子的深切依恋之情。正因为不是斜晖与水有情而是人有情，所以自然逼出末一句“肠断白蘋洲”的直叙句。望郎不归，转而思念当初与郎分别的白蘋洲，如何不让她旧情新恨交集、为之肠断呢？

还有小园桃李在，留花不发待郎归。

【注释】出自唐·韩愈《镇州初妇》。

【译文/点评】此写女子思念情郎之情，但不直抒胸臆，而是通过拟人修辞手法，将桃李人格化，使其带有人的生命情态，形象而含蓄地抒发了女子热切地等待郎君归来的殷殷之情。表意蕴藉，传情婉转，让人思之无穷。

汉之广矣，不可泳思；江之永矣，不可方思。

【注释】出自先秦《诗经·周南·汉广》。汉，指汉水。矣，语气词。泳，游泳。思，语气助词，无实际意义。永，长。方，同“旁”，指两船并行，此指乘船渡江。

【译文/点评】汉水浩浩宽又广，想到对岸游不过；长江滔滔千万里，想要摆渡不容易。这是以汉水、长江的宽广不可渡，暗喻意中情人可望不可即、可恋不可求的惆怅、悲苦之情。

何当共剪西窗烛，却话巴山夜雨时。

【注释】出自唐·李商隐《夜雨寄北》。

【译文/点评】此写诗人雨夜思念妻子之情。但诗人不直笔抒发其情，而是以示现修辞手法，虚拟了一个夫妻西窗共剪烛、述说巴山夜雨之往事的情景，以虚拟情景中夫妻恩爱的甜蜜反衬眼前天各一方、相互思念而不得见的苦情。

河汉清且浅，相去复几许？盈盈一水间，脉脉不得语。

【注释】出自汉·无名氏《迢迢牵牛星》。河汉，指银河。相去，相隔。复，又。几许，多少。盈盈，水清浅貌。脉脉，相视貌。不得，不能。

【译文/点评】此乃以神话传说中的织女隔着银河遥想牛郎而不得的愁苦之情，暗喻人间有情人不能相聚、爱情不能遂愿的痛苦。

红豆生南国，春来发几枝。愿君多采撷，此物最相思。

【注释】出自唐·王维《相思》。红豆，又称“相思子”，产于南方。据说古代有一女子因丈夫死于边地，伤心哭于树下而死，后化身为树，遂有此称。采撷（xié），采摘。

【译文/点评】此诗本是表达思友之情，其题一作《江上赠李龟年》，便是明证。首句以红豆的产地代指朋友现在的生活之地。次句以提问的口气问朋友红豆今年结了几枝，表面是问红豆，实则借“红豆”本身的内涵寄寓另一层意蕴：朋友，你想过我几次？这是以问朋友而表达自己思念朋友之意。因为如果自己不想朋友，何以想到要问朋友是否思念自己呢？第三句向朋友提出希望，第四句说明这样希望的原因。表面说的是希望朋友多采摘红豆，见物而多思自己；实则是从反面表达自己对朋友的深切思念之情。这种从对方而写己方的笔法，尤其能见出自己对朋友的深情。这是此诗的本意所在，但后来大家都把它理解为写男女之情的作品，于是相沿成习，以致今天我们一提到红豆便会与男女相思之情联系起来。这是文学作品的误读，但也是文学欣赏的常规，西方有名言“一千个读者，就有一千个哈姆雷特”，说的正是这种现象。

红颜未老恩先断，斜依熏笼坐到明。

【注释】出自唐·白居易《后宫词》。熏笼，古代烤火盆外罩的铁笼或竹笼。

【译文/点评】此写宫女不得君恩、夜不成眠、寒宵难耐的凄苦之情。

红烛自怜无好计，夜寒空替人垂泪。

【注释】出自宋·晏几道《蝶恋花》。

【译文/点评】此以拟人修辞手法将红烛人格化，使其带有人的生命情态（“自怜”、“替人垂泪”），从而借物写人，形象地写出了女子寒夜思人的凄苦心境。

侯门一入深似海，从此萧郎是路人。

【注释】出自唐·崔郊《赠去婢》。侯门，此指显贵人家。萧郎，《梁书·武帝纪》载王俭称梁武帝萧衍为萧郎，后泛指女子所心仪爱恋的男子，此指诗人自己。

【译文/点评】此写诗人与其心爱的女子无奈分手的痛苦之情。据《唐诗纪事》记载，诗人姑母有一美婢，与诗人情投意合，后被卖到一显贵人家。诗人虽然不能忘情，但也无可奈何。后来偶在寒食节出游时与美婢不期而遇，感慨系之，遂写了这首诗以表达无限惋惜而又无奈的心情。

虎啸谷风起，龙跃景云浮。同声好相应，同气自相求。

【注释】出自晋·杨方《合欢诗五首》（其一）。景，影。

【译文/点评】此乃以虎与风、龙与云的密切关系，喻指夫妇之间声气相通、心心相印的关系。

花红易衰似郎意，水流无限似侬愁。

【注释】出自唐·刘禹锡《竹枝词九首》。侬，我。

【译文/点评】此以比喻修辞手法写女子对爱情可能出现变故的忧愁之情。前句以“花红易衰”与“郎意”联系搭挂，以花喻人，形象地写出了男人对于爱情不坚定的性格特征；后句以“水流无限”比“侬愁”，形象地表达出女子怕男子爱意将逝的无限忧愁之情。

花自飘零水自流，一种相思，两处闲愁。

【注释】出自宋·李清照《一剪梅》。

【译文/点评】此写女子相思之情。春残花落，乃是自然现象。但是，敏感的女子则会由此触景感伤，由花落想到容颜易老、青春易逝。既然青春易逝，何不“正当年少时，抓紧谈恋爱”呢？不过，想是想，但情郎不在，这情如何谈？这爱如何说？于是，女子想到了对方，想到了对方之想自己，这便是“一种相思，两处闲愁”的意蕴。

还君明珠双泪垂，恨不相逢未嫁时。

【注释】出自唐·张籍《节妇吟寄东平李司空师道》。

【译文/点评】此写女子“心爱眼前人，爱而不能嫁”的惆怅之情，表达的是一种相见恨晚的挚情。

换我心，为你心，始知相忆深。

【注释】出自后蜀·顾敻《诉衷情》。

【译文/点评】此心非彼心，何以知其感情如何？若是能换心，那么彼此的感情也就最能体认了。思念情人难以名状的深情，正是以此别出心裁的思路来表现的。

记得绿罗裙，处处怜芳草。

【注释】出自后唐·牛希济《生查子》。绿罗裙，代指穿绿罗裙的情人。

【译文/点评】想到情人所穿的绿裙，连眼前所见的碧草也显得格外亲切而可爱。此写“爱屋及乌”的情感，表达的是对情人深刻的思念之情。

寄语双莲子，须知用意深。莫嫌一点苦，便拟弃莲心。

【注释】出自唐·李群玉《寄人》。一点苦，指莲心。拟，准备、打算。

【译文/点评】此以双关修辞手法，利用“莲”与“怜”的同音关系，婉转地表达了女子希望情人体谅其良苦用心，不要因为误解她的逆耳忠言而有抛弃她的想法。表意含蓄，感情真挚，可谓感人至深矣。

嫁得瞿塘贾，朝朝误妾期。早知潮有信，嫁与弄潮儿。

【注释】出自唐·李益《江南曲》。贾（gǔ），商人。潮有信，潮水涨落的时间有规律。弄潮儿，戏水少年。

【译文/点评】此写商人之妇长年不见丈夫，夫妇不能团聚的怨恨之情。

蒹葭苍苍，白露为霜；所谓伊人，在水一方。

【注释】出自先秦《诗经·秦风·蒹葭》。蒹葭（jiān jiā），芦苇一类的植物，生于水边。苍苍，茂盛的样子。或说“苍苍”是青色。伊人，那个人。

【译文/点评】蒹葭之色青苍苍，叶上露珠凝成霜；我的情人你在哪？望之却在河对岸。这是写一位男子思念他的意中人，来到河边，望着秋风秋霜中的苍苍芦苇，想起远在河对岸的情人的情景。以秋霜蒹葭的悲凉之景作衬托，突出表达其思念情人而不得的悲凉之情。

江月知人念远，上楼来照黄昏。

【注释】出自宋·秦观《木兰花慢》。

【译文/点评】此写女子对情人的深切思念之情。情人远行，心有留恋之情，这是人之常情。但是，夜幕降临，一个女子却要登楼，这就异乎寻常了。那么，何以如此？原来她要借助江上一轮明月的光亮，眺望一眼舟行于江上的情人。此情此意，尽在这一望之中矣。“江月知人”，乃是拟人修辞手法，是诗人有意将江月人格化，使其带有人的生命情态，以“江月”的有情来突显女子对情人的依依不舍。

将缣来比素，新人不如故。

【注释】出自汉·无名氏《上山采蘼芜》。缣（jiān），细绢。素，洁白的生绢。

【译文/点评】此乃一喜新厌旧的男子在遇见前妻后对前妻所说的悔恨之言。以细绢与生绢比喻前妻与后妻，表达了其抛弃发妻的悔恨之情。

结发同枕席，黄泉共为友。

【注释】出自汉·无名氏《孔雀东南飞》。结发，指成年，古代男女成年都要把头发结上。同枕席，指成为夫妻。黄泉，指地下。

【译文/点评】这是诗中男主人公焦仲卿所表达的对其妻刘兰芝生死不渝的情感态度，也道出了天下有情人对婚姻应该坚守的“从一而终”的承诺，更由此揭示了夫妻同生共死、患难与共的最高情感境界。

结发为夫妻，恩爱两不疑。

【注释】出自汉·无名氏诗［旧题《苏武诗四首》（其三）］。结发，古代男女成年都要将头发结起来。

【译文/点评】既为夫妻，就应彼此恩爱、互不猜疑，此乃夫妻之道也。今人值此欧风美雨的开放时代，尤当谨记此言。

解释春风无限恨，沉香亭北倚阑干。

【注释】出自唐·李白《清平调词三首》（其三）。解释，消除。春风，此喻指唐玄宗。沉香亭，在唐兴庆宫龙池之东。阑干，即栏杆。

【译文/点评】此言唐玄宗在沉香亭北倚靠着栏杆，欣赏着盛开的牡丹，心中的一切忧愁都为之消除。如果结合前两句“名花倾国两相欢，长得君王带笑看”来看，这两句还有另一层意思，即唐玄宗看着倾国之貌的杨贵妃，就什么忧愁也没有了。

今年元夜时，月与灯依旧。不见去年人，泪湿春衫袖。

【注释】出自宋·朱淑真《生查子》（或题欧阳修作）。元夜，指正月十五元宵节。

【译文/点评】此写不见情人的惆怅之情。前两句写今年与去年元夜景致的相同，后两句写今年与去年人的不同，对比中突显了“物是人非”的惆怅感与“触景生情”的感伤情怀。“泪湿春衫袖”的直白表达，更能见其相思之情的深切真挚。这四句是词的下片，上片四句是“去年元夜时，花市灯如昼。月上柳梢头，人约黄昏后”，写去年元夜时与情人相会的欢乐之情。

今夕何夕？见此良人。

【注释】出自先秦《诗经·唐风·绸缪》。夕，晚、夜。

良人，丈夫。

【译文/点评】男女之爱，乃是人之本性。因此，自古及今，中国人都将“洞房花烛夜”视为人生一大快事。男人如此，女人当亦如此。“今夕何夕？见此良人”（今夜到底是何时，见到这样好的丈夫）二句，以不知今夕何夕的时间错愕，生动地刻画出一个新婚女子洞房初见丈夫时那种“犹恐相见在梦中”的惊喜之情。

金风玉露一相逢，便胜却人间无数。

【注释】出自宋·秦观《鹊桥仙》。金风，指秋风。玉露，指霜露。胜却，胜过。

【译文/点评】此言牛郎织女虽然一年只能于七夕之夜相会一次，但他们真挚的情感却让世人自愧不如，其意是强调真挚的爱情才是人间最珍贵、最感人的。

酒从别后疏，泪向愁中尽。

【注释】出自宋·朱淑真《生查子》。

【译文/点评】自从离别之后，饮酒无绪，忧愁之中眼泪流尽。此写男女别后的相思之情。

就其深矣，方之舟之；就其浅矣，泳之游之。

【注释】出自先秦《诗经·邶风·谷风》。就，接近、靠近、趋向。其，那。矣，句末语气词。方，筏子。之，语气助词。

【译文/点评】如果到了水深处，则借船筏以相渡；若是到了水浅处，干脆泅水游过去。这原是写一个女子为了见丈夫而克服困难渡河的情景。虽是叙事，却也说出了一个哲理：做事如渡河，应该因时因地制宜，视情况而决定行动方案。

举手长劳劳，二情同依依。

【注释】出自汉·无名氏《孔雀东南飞》。举手，指分别时举手告别。劳劳，怅然若失的样子。依依，恋恋不舍的样子。

【译文/点评】此乃写刘兰芝与丈夫焦仲卿挥手告别的场面，也写尽了天下有情人生离死别、难舍难分的依依之情。

君当作磐石，妾当作蒲苇。蒲苇纫如丝，磐石无转移。

【注释】出自汉·无名氏《孔雀东南飞》。君，敬称，相当于"您"。磐石，巨大的石头。妾，古代女子自称，谦称。纫，同"韧"，柔韧。无，不。

【译文/点评】此乃刘兰芝与丈夫焦仲卿分别时所说的话，表达了自己对丈夫坚守前盟的期望与自己对丈夫坚贞不渝的感情。此二句皆以比喻修辞手法，一将丈夫比作磐石，寄希望于丈夫能够意志坚定，不为母亲软硬兼施的逼迫所动摇；二是将自己比作柔韧的蒲苇，虽然柔弱，却能柔韧坚固，表达的是对丈夫的痴情深意。

理丝入残机，何悟不成匹。

【注释】出自晋·吴声歌曲《子夜歌》。何悟，哪知。

【译文/点评】此以双关修辞手法写女子思念意中人，意欲与之结为夫妇而不得的痛苦之情。"丝"谐音"思"，暗点出"思念"之意。"匹"字，表面是指织布不能织成整匹之"匹"，实是谐音"匹配"之"匹"，婉转地表达出女子希望与意中人结为夫妇的意愿。

两朵隔墙花，早晚成连理。

【注释】出自后唐·牛希济《生查子》。

【译文/点评】此以花比作两个有情人，寄予着"有情人终成眷属"的良好愿望。

两情若是久长时，又岂在朝朝暮暮？

【注释】出自宋·秦观《鹊桥仙》。

【译文/点评】此言牛郎织女虽然长相分离，但是他们的爱却是天长地久的。意在通过牛郎织女之事宣示这样一个男女相爱的真理：只要真心相爱，纵使不能朝夕相守，也能情笃意厚；若是没有真情，纵使同床共枕，也会同床异梦。

凌波不过横塘路，但目送、芳尘去。

【注释】出自宋·贺铸《青玉案》。凌波，形容美人步履轻盈的样子，此用曹植《洛神赋》“凌波微步，罗袜生尘”句意。横塘，在今苏州市西南。但，只。芳尘，指美人走过扬起的灰尘，此代指美人。

【译文/点评】此写美人一去不复返，希望再见而不能的惆怅之情。

刘郎已恨蓬山远，更隔蓬山一万重。

【注释】出自唐·李商隐《无题四首》。刘郎，用东汉刘晨、阮肇入天台山采药与二仙女结缘的传说典故，以刘郎代指情郎。蓬山，此指刘阮所入的仙山。

【译文/点评】此以刘晨重入仙山求佳配为喻，写男主人公与其意中人距离相隔之远，表现的是有情人不能相聚的痛苦之情。“蓬山”已是遥不可及了，而“更隔蓬山一万重”，则其远可知。这是运用夸张修辞手法来突显男女主人公相隔遥远的情状，由此强调其相思而不得见的深切痛苦。

楼头残梦五更钟，花底离情三月雨。

【注释】出自宋·晏殊《玉楼春》。

【译文/点评】此写女子对情人的深切思念之情。前句写女子夜不成眠、思绪万千的情状。写楼头五更钟，看似强调女子半夜梦醒的原因，实则是突显女子心有牵挂，睡得不踏实。若是心无牵挂，沉沉睡去，何以能清楚地听到楼头五更的钟声呢？后句直写女子的离愁别恨，说二人花下相别的离情愁绪就像是三月绵绵不绝的春雨，这是运用比喻修辞手法。它既形象地表现了其离别的苦痛之情，也丰富了诗句的意境，提升了诗句的审美价值。

路远梦魂飞不到，清光千里空相照。

【注释】出自宋·秦观《蝶恋花》。清光，此指月光。

【译文/点评】此写有情人千里相忆而不得相见、空对明月相互思念的痛苦之情。

落花人独立，微雨燕双飞。

【注释】出自宋·晏几道《临江仙》。

【译文/点评】此写触景生情、怀念旧日恋人的深切之情。这两句本是五代翁宏《春残》一诗中的句子，其全诗是“又是春残也，如何出翠帷。落花人独立，微雨燕双飞。寓目魂将断，经年梦亦非。那堪向愁夕，萧飒暮蝉辉”，乃实写春残之景。晏几道借此二句入其词中，则是借景怀人，以“落花”暗寓往日与情人欢会的时光一去而不返的惆怅之感，以“燕双飞”反衬自己形单影只的孤寂感，从而与全词所表现的追忆往事、怀念情人的意旨相吻合（其全词是“梦后楼台高锁，酒醒帘幕低垂。去年春恨却来时。落花人独立，微雨燕双飞。/记得小苹初见，两重心字罗衣。琵琶弦上说相思。当时明月在，曾照彩云归”）。而在翁宏原作中，这两句之所以并不那么出色，是与其所写的意境有关。落花、微雨、燕双飞，这明显是暮春的景色，而翁宏原诗末句“萧飒暮蝉辉”，则明显将其归为秋天，这便出现了写景不贴切的弊病。于是，全诗所构拟的美好意境顿时荡然无存。

梅花开后无消息，更待明年柳絮飞。

【注释】出自宋·陈允平《江南谣》。

【译文/点评】此写女子盼望情人归来而无消息的痛苦之

情。此诗的前两句是“柳絮飞时话别离，梅花开后待郎归”。

美人卷珠帘，深坐颦蛾眉。但见泪痕湿，不知心恨谁。

【注释】出自唐·李白《怨情》。深坐，指坐的时间很长。颦（pín）蛾眉，皱眉头。但，只。

【译文/点评】此写女子的闺怨之情，其妙处在于通过一系列动作与心理活动予以展现。“卷珠帘”的动作，表明她有所等待。“颦蛾眉”的表情，写的是其久等情人而不至的愁苦之情。“泪痕湿”的特写，暗示她哭得很伤心。“不知心恨谁”句，则以问代答，将女子对其情人的怨恨之情、对自己看错人的悔恨之情尽括其中矣。至于到底是哪种感情，恨的是谁，读者自可见仁见智，作不同的解读。由此，便大大提升了诗作的审美价值。

梦为远别啼难唤，书被催成墨未浓。

【注释】出自唐·李商隐《无题四首》（其一）。啼难唤，哭得说不出话来。

【译文/点评】此言梦中与情人道别泣不成声，醒来磨墨未浓即援笔抒怀，表达的是一种对情人刻骨铭心的思念之情。

明月不谙离恨苦，斜光到晓穿朱户。

【注释】出自宋·晏殊《蝶恋花》。谙（ān），懂、明白。

【译文/点评】此写女子夜不能寐的相思苦情。明月本非人，自然不能理解离别的痛苦；月光遍洒寰宇，斜照庭院朱户也属正常。那么，女子何以要怨明月呢？这看起来似乎是无理取闹。其实，这是词人运用拟人修辞手法，有意将明月人格化，让其带有人的生命情态，从而让月之无情与人之有情相对照，以此突显女子对其情人的深切之情与相思之苦；同时，也使诗句别添一种“无理而妙”的情趣。

明月皎皎照我床，星汉西流夜未央。牵牛织女遥相望，尔独何辜限河梁？

【注释】出自三国魏·曹丕《燕歌行二首》（其一）。皎皎，洁白明亮貌。星汉，银河。西流，指银河转西。夜未央，指夜已深而天未明之时。牵牛，牵牛星。织女，织女星。牵牛织女，乃神话传说中的相爱男女。尔，你，此指银河两边的牵牛星、织女星。辜，罪。限，指被银河所隔开。河梁，河上的桥梁。传说牛郎与织女为夫妇，每年七月七日由喜鹊在银河上搭起一座桥梁，二人才能相会一次。

【译文/点评】此写少妇夜不能寐，仰观星汉，想起牛郎织女之事，陡生慨叹牛郎织女不能相会之情。这看似叙事，实乃借事抒情，将少妇思夫的哀伤之情淋漓尽致地展露出来，让人为之无限感伤。

明月楼高休独倚，酒入愁肠，化作相思泪。

【注释】出自宋·范仲淹《苏幕遮》。

【译文/点评】因为思念情人而夜不能寐，才会独上高楼望明月，因为“明月千里寄相思”；因为相思之情难消，才会借酒浇愁，可是“借酒浇愁愁更愁”，结果酒入肠化为泪，点点滴滴为相思。这便是此三句所要表达的意蕴，其要突显的是相思之苦况。

南有乔木，不可休思。汉有游女，不可求思。

【注释】出自先秦《诗经·周南·汉广》。乔木，高大的树木。思，语气助词，无实际意义。游女，是指汉水女神，或说是游玩的女子。

【译文/点评】南方有大树，树高不可息；汉水有女神，可惜不可求。这是以比兴手法（前两句是“比”，后两句是“兴”，即直达本意），抒发对汉水女神爱而不得的惆怅之情。

年年陌上生秋草，日日楼中到夕阳。

【注释】出自宋·晏几道《鹧鸪天》。

【译文/点评】此写有情男女长久离别的相思之苦。写“秋草”与“夕阳”，意在通过这两个表示迟暮衰歇的意象，让人由此及彼而感知人生几何、离恨几多的情感痛苦；言“年年”与“日日”，意在强调时间的久长与连续不断，从而突显其相思之情、离别之苦绵绵不绝的情状。

侬作北辰星，千年无转移。

【注释】出自南朝·吴声歌曲《子夜歌》。侬，我。北辰星，即北极星。

【译文/点评】此是比喻修辞手法，用北极星永远不移动位置作比，表达了对情人坚贞不渝的爱情。

琵琶弦上说相思，当时明月在，曾照彩云归。

【注释】出自宋·晏几道《临江仙》。

【译文/点评】此写对昔日恋人的无限怀念之情。前句写情人羞涩的情状：有情不能言、琵琶诉衷肠。后两句写欢会的环境氛围：明月在天，彩云覆照。由此，写景与写人水乳交融地结合在一起，既写出了情人羞涩优雅的形象，又写出了欢会的浪漫温馨。“明月”、“彩云”所表现的视觉形象与琵琶说相思的听觉形象相结合，使天与人紧密联系起来，词的意境顿然阔大起来，读之令人有如临其境、如见云月、如闻琴声的现场感，让人情不自禁地生发出无限的遐想。

片片飞花弄晚，蒙蒙残雨笼晴。

【注释】出自宋·秦观《八六子》。

【译文/点评】此写天晚落花纷飞、欲晴残雨蒙蒙的景象。表面是写景，实是借凄迷之景写忆念昔日情人的惆怅苦闷之情。

强拈书信频频看，又争似亲相见。

【注释】出自宋·柳永《凤衔杯》。争似，怎似。

【译文/点评】此写相思难相见、频将情书看的痛苦之情。

妾发初复额，折花门前剧。郎骑竹马来，绕床弄青梅。同居长干里，两小无嫌猜。

【注释】出自唐·李白《长干行二首》（其一）。复额，即覆额。剧，指做游戏。骑竹马、弄青梅，古代儿童所玩的两种游戏。长干里，在今南京秦淮河之南。嫌猜，隔阂。

【译文/点评】此写一个女子自述与其情人比邻而居，从小一起游玩、一起成长，情感深厚的故事。成语“青梅竹马”、“两小无猜”，即源于此。

妾身愿为梁上燕，朝朝暮暮长相见。

【注释】出自宋·秦观《曲子》。妾，古代女子的谦称。

【译文/点评】此写一个女子愿化身为燕而与其情人朝夕相处的深情。

妾心江岸石，千古无变更。

【注释】出自宋·吴龙翰《乐府》。

【译文/点评】我的心就像江边的石头，永远不会改变。此以江岸石为喻，表达了女子对情人矢志不渝的感情。

妾心藕中丝，虽断犹牵连。

【注释】出自唐·孟郊《去妇》。

【译文/点评】我的心就像藕中丝，藕虽断，丝却不断。此以藕断丝连为喻，写被休弃的女子对丈夫难以舍弃的情感。

亲卿爱卿，是以卿卿，我不卿卿，谁当卿卿？

【注释】出自南朝宋·刘义庆《世说新语·惑溺》载王安

丰妇语。是以，所以。卿卿，第一个“卿”作动词用，意为“称……为卿”。第二个“卿”为名词，相当于“您”，对男子的敬称。

【译文/点评】我亲您爱您，所以称您为卿。我不称您为卿，谁应该称您为卿呢？这是晋人王安丰之妇对丈夫撒娇发嗲的话，意谓：你是我老公，我爱你、与你亲热，都是天经地义的。一千多年前的中国女子能如此洒脱、开放，实在是不容易。我们今天说男女亲热的成语“卿卿我我”，即源于此。

青鸟不传云外信，丁香空结雨中愁。

【注释】出自南唐·李璟《摊破浣溪沙》。青鸟，神话传说中为西王母传递信息的使者，此指信使。

【译文/点评】此写女子重楼遥望而远书不至，空怀满腹怨愁之情。前句以神话传说表达盼望远方来书而不得的惆怅之情，后句以拟人修辞手法，将丁香花人格化，使其带有人的生命情态（“空”、“愁”），从而借丁香花结蕾而含苞不放的情态写重楼远望之人盼书不至的抑郁之情。

青青河畔草，绵绵思古道。

【注释】出自汉·乐府古辞《饮马长城窟行》。

【译文/点评】以青青河畔草的绵绵不绝、广袤无垠，喻女主人公对远赴他乡的丈夫绵绵不绝的思念之情，形象、感性、感人。

青青子衿，悠悠我心。

【注释】出自先秦《诗经·郑风·子衿》。衿（jīn），衣襟、衣领。悠悠，忧思不断状。

【译文/点评】望穿秋水不见君，想起你的青衣襟；独自徘徊城楼上，忧思不断我的心。这是写一位女子在城楼上等待她的恋人而不得的忧伤之情。等恋人不到，想起他所穿的

"青青子衿"，由人及物，可见其深情。

青衫憔悴卿怜我，红粉飘零我忆卿。

【注释】出自清·吴伟业《琴河感旧四首》（其三）。青衫，古代是八品、九品的低级官员所穿的服装，这里代指诗人自己。卿，指卞玉京，明末名妓。红粉，代指卞玉京。

【译文/点评】此乃诗人自叙与名妓卞玉京昔日相爱的深情。前句的"青衫憔悴"，说的是明清易代之际诗人颠沛流离的生活现状；后句"红粉飘零"，说的是明朝灭亡后卞玉京为了免遭清人践踏而改装为道人之事。"青衫憔悴"与"红粉飘零"，从形式上看，对仗非常工整精巧，但这并不是诗句的主要意向所在。诗句的真正意蕴乃是要真切地写出乱世之际二人的遭际，从而与"卿怜我"、"我忆卿"相呼应，说明二人"同是天涯沦落人"与"同病相怜"的心情。

清风明月苦相思，荡子从戎十载余。

【注释】出自唐·王维《伊州歌》。荡子，指闯荡在外的男子，此指丈夫。从戎（róng），从军。载，年。

【译文/点评】此写女子对从军在外十余年不归的丈夫的思念之情。清风明月之夜，应该是有情人花前月下说情话、诉衷肠的良辰，是情人相聚最有情调的时刻，然而，望着天上一轮明月，沐浴吹面不寒的清风，与谁把酒临风、对月共欢呢？丈夫已经从军十余载，想这些，一切都是空，都是梦。这如何不让人为其情感的苦痛而动情？

情难禁，爱郎不用金。

【注释】出自元·无名氏《南吕阅金经·失题十二首》。

【译文/点评】此乃表达女子珍视爱情、淡泊金钱的爱情观。婚姻与金钱的关系，无论中外古今，都是始终难脱纠葛的。但在近千年前的元代，中国女子能有如此高尚的爱情观，实在是难能可贵。今人虽标榜恋爱自由、爱情至上，但男女在表达结为连理的意愿之前其实都是有条件的，或是为了对方的美貌，或是为了对方的地位金钱，否则便不能产生相悦之情。对比元代的这位女子无条件地爱她的情郎的情形，不知今人惭愧否。

情人眼里出西施。

【注释】出自清·曹雪芹《红楼梦》第七十九回。西施，春秋时代越国的美女，此代指美女。

【译文/点评】此言男人眼中的女人容貌美丑并不能反映客观的事实，而是与其对情人的感情有密切关系。

情人怨遥夜，竟夕起相思。

【注释】出自唐·张九龄《望月怀远》。遥夜，长夜。竟夕，彻夜。

【译文/点评】此言思念远方的情人而彻夜难眠的痛苦之情。“怨遥夜”，言其不眠，突出强调其相思之强烈。若是不相思，就能睡得踏实，也就不会有夜长难熬的感觉了。

情知梦无益，非梦见何期。

【注释】出自唐·元稹《江陵三梦》。

【译文/点评】此写女子相思之苦的情状及其无奈之情。

秋风吹不尽，总是玉关情。

【注释】出自唐·李白《子夜吴歌四首》（秋歌）。玉关，即玉门关，代指边关。

【译文/点评】此写女子对在边塞从军的情郎的思念之情。前句写秋风劲吹之景，后句直抒怀人之情。这两者乍看起来难以捏合到一起，其实内里却是有着清晰的逻辑联系。秋风起，天气寒，征人在边关，闺中人必然要想到他的冷暖，为他赶制寒衣。这寒衣的缝制，岂能不一针一线都凝聚了闺中人对征人的无限牵挂？

去年元夜时，花市灯如昼。月上柳梢头，人约黄昏后。

【注释】出自宋·朱淑真《生查子》（或题欧阳修作）。元夜，指正月十五元宵节。

【译文/点评】此乃以回忆的口吻追述与情人相会的甜蜜温馨之情。前两句是交代与情人欢会的时间背景：元夜、灯如昼，表现的是欢快的氛围。后两句写约会的具体时间、地点，明月、杨柳、黄昏是具体场景的刻画，突出了约会氛围的朦胧、温馨，强调的是“此情此景岂能忘”的意蕴。正好与下片四句写今年元夜的冷寂、伤感之情形成对比，下片四句是“今年元夜时，月与灯依旧。不见去年人，泪湿春衫袖”。

群燕辞归雁南翔，念君客游思断肠。慊慊思归恋故乡，君何淹留寄他方？

【注释】出自三国魏·曹丕《燕歌行二首》（其一）。慊慊，空虚之感。淹留，久留。他方，他乡。

【译文/点评】此乃写少妇怀远之情。秋风至，燕辞归，雁南飞，触动了少妇的思绪，想起久在他乡的丈夫，不禁愁肠欲断。推己及人，她仿佛看见了远在他乡的丈夫空虚无聊之状，也在望着南飞的雁儿思念着故乡。思绪至此，陡然一转，遂有“君何淹留寄他方”一问，将对丈夫的思念之情推到了极点。

人居两地，情发一心。

【注释】出自清·曹雪芹《红楼梦》第二十九回。

【译文/点评】此言真心相爱的人，纵使分处两地，也能灵犀相通、心心相印。

人面不知何处，绿波依旧东流。

【注释】出自宋·晏殊《清平乐》。

【译文/点评】此写思念情人的深切之情。虽是化用唐人崔护“人面不知何处去，桃花依旧笑春风”（《题都城南庄》）句意，但用绿波东流的意象，更能表现男女间那悠悠不尽的情思。

人面不知何处去，桃花依旧笑春风。

【注释】出自唐·崔护《题都城南庄》。

【译文/点评】诗人重游都城南庄，原本是感于“去年今日此门中，人面桃花相映红”，专程来寻那位“人面”如“桃花”的美人。结果，“人面不知何处去”，这岂不让诗人失望至极？然而，诗人并不直接抒发伤感失望之情，而是以“桃花依旧笑春风”一句紧承其后。这一笔虽是写景，却比直抒其情更有感人的力量。因为“依旧”一词的运用，既将去年“人面桃花相映红”的情景联系起来，又与今年“桃花”独“笑春风”的情景形成对照，从而将诗人寻美人不得的极度伤感之情推到了极致。同时，“桃花依旧笑春风”的表达，运用拟人修辞手法，形象生动，极易使人联想到那位“人面桃花”的美人，从而扩展了诗所表现的内涵。

人生有新故，贵贱不相逾。

【注释】出自汉·辛延年《羽林郎》。故，故交、故旧。逾，逾越。

【译文/点评】此句乃是胡姬面对羽林郎的引诱而不渝其志的心声表白，表现了一个恪守封建道德规范，不愿弃旧从新、弃贱攀贵，不想逾越封建门第、改换门庭的坚贞女子的决心，不禁让人敬而重之。

如彼翰林鸟，双栖一朝只；如彼游川鱼，比目中路析。

【注释】出自晋·潘岳《悼亡诗》。如，像。彼，那个。

一朝只，突然成为孤单的一只。翰林鸟，振翅飞入林中的鸟。翰，长而硬的羽毛。游川鱼，在河中游的鱼。比目，鱼名。《乐雅》：“东方有比目鱼焉，不比不行。”比，并列、挨着。中路，半路。析，分开。

【译文/点评】此以比翼鸟失伴、比目鱼分开作比，表达诗人丧偶的痛苦之情，情真意切，感人至深。

若是前生未结缘，待重结来生缘。

【注释】出自宋·乐婉《卜算子》。

【译文/点评】此写女子心爱意中人而不得的苦情。既然心爱的人得不到，那就豁达点。最常见的思路是“天涯何处无芳草”，别寻新欢可矣。然而偏不，她自有解脱的方法：今生无望，就寄希望于来生。虽然想法有些幼稚，但正是这种幼稚，最能突显女子对心上人的深情。其对心上人的思念之情，也就可想而知了。

三十三天觑了，离恨天最高；四百四病害了，相思病怎熬？

【注释】出自元·郑德辉《倩女离魂》第一折。三十三天，此代指最高的天空。觑（qù），看、窥伺。四百四病，此代指最严重的病。

【译文/点评】此以夸张手法极言相思与离恨的情感痛苦程度，强调的是深爱着的男女之间那种刻骨铭心的相思之情。

山有木兮木有枝，心说君兮君不知。

【注释】出自先秦《越人歌》。兮，语气助词，相当于现代汉语的“啊”、“呀”。说，同“悦”，喜欢、爱。

【译文/点评】前句以山中有树木，树木有枝叶作为比兴的引导体；后句直言“我爱你，你却不知”的苦恼。这是典型的单相思，是两千多年前的越国女子暗恋王子的内心独白，不忸怩，不做作，其爱真挚，其言质朴，其情感人。

山中人兮芳杜若，饮石泉兮荫松柏。

【注释】出自先秦·屈原《楚辞·九歌·山鬼》。兮，语气助词，相当于现代汉语的“啊”、“呀”。山中人，即女神（题中所说“山鬼”）。芳，芳香。杜若，一种香草。荫，遮盖。

【译文/点评】前句以比喻手法写女神芳香如杜若，后句以“饮石泉”、“荫松柏”突出女神非人类的高洁形象（“石泉”、“松柏”都有高洁的形象），由此强烈突显出诗人对心中女神的推崇之意与爱慕之情。

上穷碧落下黄泉，两处茫茫皆不见。

【注释】出自唐·白居易《长恨歌》。碧落，即天上。道家称天界为碧落。黄泉，指地下、地府。

【译文/点评】这两句是写唐玄宗在杨贵妃死后思念不已，让临邛道士找寻杨贵妃魂魄来见的事。虽是荒诞不经，但可从中见出他对杨贵妃的一片真情。唐玄宗虽然荒淫误国，作为帝王不足道矣，但是作为一个男人，特别是作为天下第一号男人，他能专情如此，倒也是颇为感人的。

上言长相思，下言久离别。置书怀袖中，三岁字不灭。

【注释】出自汉·无名氏《孟冬寒气至》。置，放。书，书信。三岁，三年。

【译文/点评】以思妇记起三年前丈夫书信的内容，以及“置书怀袖中”，精心呵护，三年而字不灭的细节，突显出女主人公对远行他乡的丈夫的深切思念之情，令人感动。

谁家今夜扁舟子，何处相思明月楼。

【注释】出自唐·张若虚《春江花月夜》。扁舟子，指在小舟之中的游子。明月楼，指明月楼中的女子。

【译文/点评】此写漂泊在外的游子月夜思念闺中情人的深切之情。“谁家”、“何处”，以不确定的口吻提出疑问，所表达的是游子在外漂泊无定、女子在家遥不可及的意蕴，从而突显游子思人的痛苦之情。“扁舟子”与“明月楼”，都是以处所代人，是借代手法的运用，比直说游子、思妇要好得多。因为这种借代的表达，既使表意婉转，增添诗的魅力，又具有形象性，可以让人看到游子、思妇所处之境。

身无彩凤双飞翼，心有灵犀一点通。

【注释】出自唐·李商隐《无题二首》（其一）。灵犀，古代传说犀牛角有白纹，感应灵敏，所以称“灵犀”。

【译文/点评】身上虽没生有像彩凤那样的双翅，但彼此心灵的相通就像灵犀一样灵敏。此以比喻修辞手法写相爱的男女虽有距离的阻隔，但彼此自有心灵的契合与感应。现在我们说男女之间有某种心灵上的默契，常用后一句来形容。

深情长是暗相随，月白风清苦苦思。

【注释】出自元·杨维桢《相思》。

【译文/点评】此写一个女子暗恋意中人的痛苦之情。“暗相随”，点明其所深情追求的心上人是个暗恋对象。因为暗恋的心思不能与人说，因此就更为伤人。“苦苦思”，说的正是此意。月白风清之时，正是情人花前月下之时，是令人欣悦的良辰。然而，佳人在此，而情郎何在？这便是那女子临风望月而要“苦苦思”的原因。我们现代人常说：“爱一个人真难。”其实真难的倒不是明明白白地爱一个人难，而是苦苦暗恋一个人而对方又丝毫不知情，那才真叫难、真叫苦。

深思纵似丁香结，难展芭蕉一寸心。

【注释】出自宋·贺方回妹《寄贺方回》。纵，即使、纵然。结，此指花蕾。

【译文/点评】即使像丁香那样花蕾饱满，也没机会像芭蕉那样一展花蕊。这是贺铸（字方回）所眷念的一个女子写给贺铸的，它以丁香花蕾与芭蕉之心绽放的形象为喻，婉转地表达了自己虽有千般深意、万种柔情，却难以尽情表露的痛苦之情。宋人吴曾《能改斋漫录》记其事曰：“贺方回眷一姝，别久，姝寄诗云：‘独倚危栏泪满襟，小园春色懒追寻。深思纵似丁香结，难展芭蕉一寸心。’贺演其诗为《石州引》词。”

生存无会期，要君黄泉下。

【注释】出自晋·傅玄《青青河边草篇》。生存，活着。会期，相会之期。要，同“邀”。黄泉下，指死后。

【译文/点评】活着见不到远出的丈夫归来相聚，死了也邀约他同赴黄泉下相会。这是何等感人的痴情！

生当复来归，死当长相思。

【注释】出自汉·无名氏诗［旧题《苏武诗四首》（其三）］。生，活着。当，应该。复，再。

【译文/点评】夫妻暂时的离别是免不了的，但是远行的丈夫应该活着回来，死在他乡心中也要念着在家守望的妻子。这是妻子对远行丈夫的殷殷嘱咐，也是天下所有女子对其情人能够守情不渝的深切期望。

生得相亲，死亦何恨。

【注释】出自唐·皇甫枚《步飞烟》。恨，遗憾。

【译文/点评】此言男女只要生前能相亲相爱，死了也没有遗憾。这是步飞烟临死前所表达的对爱情坚贞不渝的心志，表现了一个封建时代女子追求真挚爱情的勇气与决心。

蜀江水碧蜀山青，圣主朝朝暮暮情。

【注释】出自唐·白居易《长恨歌》。

【译文/点评】此写唐玄宗在杨贵妃死后对其思念之情。前句写蜀中山青水碧，意在以乐景衬托唐玄宗的悲哀心情，使悲哀之情益发悲哀。后句直写唐玄宗对杨贵妃的念念不忘之情，用了叠字修辞手法，以“朝朝暮暮”强调之，突显了其无时无刻不在想念爱人的深情。

思妇楼头月，征人马上霜。

【注释】出自明·章美中《初秋感怀》。征人，在外当兵作战的人。

【译文/点评】此写女子在家孤寂难眠、男子在外风餐露宿的痛苦之情，强调战争给有情人的正常生活带来极大的不幸。

思君令人老，岁月忽已晚。弃捐勿复道，努力加餐饭。

【注释】出自汉·无名氏《行行重行行》。君，您，指女主人公所思念的情郎。岁月忽已晚，指不知不觉间又到了岁暮时节。捐，弃。勿，不要。道，谈说。加餐饭，多吃饭。

【译文/点评】思念情郎的情感痛苦让人芳华易逝，花容易老，日子一天天过去，又到了岁末天寒时节。别再提怀念思恋之事了，还是多吃饭、保重身体吧。此话看是达观，实则表现了思妇思念情郎而不得，只得自我宽慰的无奈之情。

思君如百草，撩乱逐春生。

【注释】出自唐·李康成《自君之出矣》。

【译文/点评】此以百草随春而长为喻，写女子对远出在外的情人的相思之情。“百草逐春生”的意象，让人由草及人，自然想象得出女主人公内心的痛苦与烦乱情形。

思君如流水，何有穷已时。

【注释】出自汉·徐幹《室思六首》（其三）。穷已，穷尽。

【译文/点评】以流水喻相思之情的连绵不绝、无尽无期，情见于辞，真挚感人。

思君如满月，夜夜减清辉。

【注释】出自唐·张九龄《赋得自君之出矣》。

【译文/点评】月圆之后，便会日渐走向月缺，这是平常的天象。诗人巧妙地抓住这点而作比，以月圆之后每夜光辉递减暗淡的特征来写女子思念情人日益消瘦的形象，表意蕴藉，传情婉转，可谓曲尽其妙也。

死生契阔，与子成说。

【注释】出自先秦《诗经·邶风·击鼓》。契，合。阔，离。契阔，这里指结合不分离。子，您。成说，发誓言。

【译文/点评】不论生死与聚散，与您约誓不相忘。这是两千多年前中国远古时代男女的爱情誓言，其生死相许、坚贞不渝之情，可谓感天动地。

溯洄从之，道阻且长；溯游从之，宛在水中央。

【注释】出自先秦《诗经·秦风·蒹葭》。溯洄（sù huí），逆流而上。阻，险阻、艰难。溯游，此指顺流而游。宛，好像。

【译文/点评】逆流而上寻找她，路途艰险道又长；顺流而下去寻她，她像是在水中央。这是写一位男子追求他心中的恋人的执着之情及其所遇到的种种困难，表现的是爱情的苦涩之味与意中情人的可望而不可即的神秘感。

桃花落，闲池阁，山盟虽在，锦书难托。

【注释】出自宋·陆游《钗头凤》。

【译文/点评】此写词人与前妻唐婉有情而不能相爱的痛

苦之情。桃花之下、池阁之边是有情人幽会之所，然而，今日桃花纷落、池阁无人，那当年的海誓山盟与情深意长的书信表白，又向谁人诉说呢？一对有情人被拆散（唐婉是因陆母不喜欢而被休离的）的痛苦之情与爱而不能的无奈感尽在其中矣。

天不老，情难绝。心似双丝网，中有千千结。

【注释】出自宋·张先《千秋岁》。

【译文/点评】此写女子对爱情坚贞不渝的感情。前两句以“天不老”为前提条件，强调“情难绝”，其矢志不渝、坚决把爱情进行到底的决心非常明确、坚定。后二句以“丝网”、“（绳）结”为喻，比喻女子对情人无限缠绵难解的情感，表意形象，传情真挚，不禁让人为其痴情、坚贞的情感而深切感动。

天涯地角有穷时，只有相思无尽处。

【注释】出自宋·晏殊《玉楼春》。

【译文/点评】此写闺中少妇思念远在他乡的丈夫之情。“天涯地角”，乃是夸张，意在说明二人相距之遥远。“有穷时”与“无尽处”，以距离遥远的有限性与相思的无限性相对比，更加突出强调了其思念之情的绵绵不绝、无穷无尽。

天涯何处无芳草。

【注释】出自宋·苏轼《蝶恋花》。

【译文/点评】此句的本意是说柳絮满天的暮春时节，正是芳草遍地、满目碧绿之时。后世引用此语，因为“芳草”的意象有隐喻美人的因素，故多用来作为劝说失恋者的绝妙好辞。原词句是“花褪残红青杏小，燕子飞时，绿水人家绕。枝上柳绵吹又少，天涯何处无芳草。墙里秋千墙外道，墙外行人，墙里佳人笑。笑渐不闻声渐悄，多情却被无情恼”。

投我以木瓜，报之以琼琚。

【注释】出自先秦《诗经·卫风·木瓜》。投，投掷、赠送。报，回赠、报答。木瓜，一种落叶灌木的果实，可食。但不是今日所见的南方水果木瓜。琼琚（jū），美玉。

【译文/点评】情人赠我以木瓜，我送情人以琼琚。这是男女恋人间互赠礼物以表白爱意之语。今日有成语“投瓜报琼”，即源于此，引申之意是对别人的深厚情谊予以厚报。与“投我以木瓜，报之以琼琚”相类的，还有“投我以木桃，报之以琼瑶”、“投我以木李，报之以琼玖”，均出于《木瓜》篇，其意一矣。

望断江南山色远，人不见，草连空。

【注释】出自宋·谢逸《江城子》。

【译文/点评】此写春天触景生情、忆念情人的深切之情。“望断”，写其望眼欲穿之状，言其殷殷之情。“人不见，草连空”的对比，则将无尽的悲苦之情全盘托出矣。因为碧草连天本是美景，然而情人不见，这望之不尽的碧草，又何尝不让人无限纷乱呢？

唯爱门前双柳树，枝枝叶叶不相离。

【注释】出自唐·张籍《忆远》。

【译文/点评】此以写柳树枝叶不相离的形象，由反衬的手法写出了夫妻不能团聚的情感痛苦。

惟有枕前相思泪，背灯弹了依前满。

【注释】出自宋·柳永《满江红》。

【译文/点评】此写女子思念情人夜不能寐、泪不能止的痛苦之情。

未见君子，惄如调饥。

【注释】出自先秦《诗经·周南·汝坟》。君子，指丈夫。

惄（nì），忧愁、思念发愁貌。调，通“朝”。调饥，早上挨饿。

【译文/点评】丈夫服役久不归，又忧又思难忍耐，就像早上没吃饭，肚子咕咕叫得欢（即“未见君子，惄如调饥”）。这是一位砍柴女子以饥饿难耐比喻久不见服役未归丈夫的思念之情，表达新颖，感情真挚，读之让人感动。

文王初载，天作之合。

【注释】出自先秦《诗经·大雅·大明》。初载，指文王即位之初，或指年轻之时。作，成。合，婚配。

【译文/点评】周文王年轻即位之初，就成就了一桩好姻缘。这是赞颂周文王的婚姻乃是上天所赐。后世说别人婚姻美满以“天作之合”来形容，实乃攀比周文王的典故，以表赞颂逢迎之意耳。

问世间，情是何物，直教生死相许。

【注释】出自金·元好问《迈陂塘》。直教，竟然让。许，答应、应诺。

【译文/点评】此言世间唯有爱情能让人生死相许、无怨无悔。诗人以不理解的疑问口气表达此意，比直接的表达更能令人思索、感慨。

我情与子亲，譬如影追躯。

【注释】出自晋·杨方《合欢诗五首》（其一）。子，您，此是对妻子的尊称。躯，身体。

【译文/点评】夫妻之间的关系如同影子之与身体，这是诗人对夫妻关系的体认，也是夫妻关系的最高境界。

我所思兮在桂林，欲往从之湘水深。

【注释】出自汉·张衡《四愁诗》。兮，句中语气助词，相当于“啊”。

【译文/点评】此写一个女子思念远在他乡的情人，却因山高水深，欲往追随而不得的痛苦之情。

我心匪石，不可转也；我心匪席，不可卷也。

【注释】出自先秦《诗经·邶风·柏舟》。匪，不。也，句末语气助词。

【译文/点评】我的心不是鹅卵石，不能让人随意转；我的心不是破草席，不可卷来又卷去。这是一位女子以石、席为喻，对遗弃她的男子进行的愤怒谴责。

我心坚，你心坚，各自心坚石也穿。

【注释】出自宋·蔡伸《长相思》。

【译文/点评】此以水滴石穿为喻，说明男女只要坚心相爱，两情相悦就能天长地久。“心坚石也穿”，是夸张手法，也是用“水滴石穿”之典故，意在强调坚心相爱的重要性。

我欲与君相知，长命无绝衰。山无陵，江水为竭，冬雷震震，夏雨雪，天地合，乃敢与君绝。

【注释】出自汉·乐府古辞《铙歌》。欲，想。君，您。相知，相爱。长命无绝衰，指二人命运永远相联系、爱情永不衰退。绝，断绝爱情。

【译文/点评】此写一位痴情女子对其心爱的男子表达爱情的诗句。以山无陵、江水竭、冬天打雷、夏天下雪、天地相合等自然界永恒规律的变异为条件，从反面强调了其真情永不变的决心。今天恋人们发誓“海枯石烂不变心”，即是此诗的翻版。

无情不似多情苦，一寸还成千万缕。

【注释】出自宋·晏殊《玉楼春》。无情，代指无情之人，即远出在外的丈夫。多情，指思妇本人。一寸，指织物。

【译文/点评】此写闺中少妇思念远出在外的丈夫的深切之情。前句以少妇的“多情”与其丈夫的“无情”作比较，反衬多情者的痛苦之情；后句以一寸织物须由千万缕丝线织成为喻，形容少妇思念其夫的纷乱心绪及其相思的深切之状。

雾露隐芙蓉，见莲不分明。

【注释】出自晋·乐府古辞《西洲曲》。

【译文/点评】此以双关修辞手法写思夫之情。“芙蓉”是谐音“夫容”，“见莲”谐音“见怜”。表面说雾隐莲花而不见，实则表达不见夫君的悲伤之情。表意蕴藉，传情婉转，让人思而得之，会之于心。

寤言不寐，愿言则嚏。

【注释】出自先秦《诗经·邶风·终风》。寤（wù），睡醒、醒着。寐（mèi），睡着。言，句中助词，无义。嚏（tì），打喷嚏。

【译文/点评】想他长夜睡不着，希望他知打喷嚏。这是写一个女子想念她的情人，长夜不眠，希望她的情人了解她的心情，心灵相通，不断地为此打喷嚏（因为民间有句话“有人想，打喷嚏”）。此二句心理描写非常生动，让人思而知其痴情。

昔日横波目，今作流泪泉。

【注释】出自唐·李白《长相思》。

【译文/点评】此以昔日眼送秋波的甜蜜与今日泪水涟涟的情景对比，形象生动地写出了情人间的离别相思之苦。

弦断犹可续，心去最难留。

【注释】出自南朝梁·王僧孺《为姬人自伤》。

【译文/点评】琴弦断了还可以续接，感情没有了就无法再留。此以弦断可续为喻，从反面强调男女之间感情转移或消失就无法再续的道理。

相逢不似长相忆，一度相逢一度愁。

【注释】出自宋·周紫芝《鹧鸪天》。一度，一次。

【译文/点评】此写织女与牛郎长久分离的苦痛和短暂相会后的忧愁。因为一年一度的相会，虽然暂时得到片刻的快乐，但快乐之后则是漫长的相思、相忆，其苦何哉？这虽然是写传说中的牛郎织女之事，但所折射的则是人间有情人不能终成眷属的悲苦之情。

相恨不如潮有信，相思始觉海非深。

【注释】出自唐·白居易《浪淘沙》。潮，此指江潮（原诗前两句是“借问江潮与海水，何似君情与妾心”）。

【译文/点评】恨你不如江潮涨落有定期，爱你使我对你的感情比海深。此写女子对薄情男子的怨恨之情与自己对他的深情。这是以无情衬有情，益显女子的痴情。民间有俗语说“痴情女子负心汉”，大概说的正是这种情况。

相怜相念倍相亲，一生一代一双人。

【注释】出自唐·骆宾王《代女道士王灵妃赠道士李荣》。

【译文/点评】此言女道士王灵妃与道士李荣本来是天造地设的一对，又是彼此非常有感情的，本应有情人终成眷属的。诗人这样写，其意在为二人不能终成眷属而双双出家而可惜。

相思本是无凭语，莫向花笺费泪行。

【注释】出自宋·晏几道《鹧鸪天》。无凭语，无法用语言表达的。

【译文/点评】此言相思离别之苦本来就不是能够用语言表达得清楚的一种情感，因此泪湿花笺书写相思之情，是毫无助益的，意谓相思离别的苦情是男女间一种只可意会而难以言传的深切之情。

相思如明月，可望不可攀。

【注释】出自唐·李白《自梁园至敬亭山见会公谈陵阳山水兼期同游因此有赠》。

【译文/点评】此以比喻修辞手法写忆念朋友而不得见面的痛苦之情。

相思无日夜，浩荡若流波。

【注释】出自唐·李白《寄远十一首》。浩荡，水势浩大之貌。若，像。

【译文/点评】此以流水浩浩荡荡的气势比喻女子对远方情人的无限思念之情。流水绵绵不绝之貌，既能形象地表现女子对情郎不尽的思念之情，也能形象地展现出女子柔情似水的性格特征。

相思相见知何日，此时此夜难为情。

【注释】出自唐·李白《三五七言》。难为情，情感难以抑制。

【译文/点评】此写两人相思而难以相见的痛苦之情。

相思一夜梅花发，忽到窗前疑是君。

【注释】出自唐·卢同《有所思》。

【译文/点评】此写一男子思念情人夜不能寐，以致产生了错觉，将突然间一夜绽放的梅花误看成是情人来到了自己的窗前。这是侧面写相思之苦，因为若不是刻骨相思，何以会产生错觉？同时，将梅花疑为情人，还有将花比美人之意，有一箭双雕的效果，更能说明男子那么思念她的原因。

相寻梦里路，飞雨落花中。

【注释】出自宋·晏几道《临江仙》。

【译文/点评】此言在梦中追忆曾经相爱的情人，却遇落花飞雨，意在表达思念情人而不得再会的痛苦之情。

笑渐不闻声渐悄，多情反被无情恼。

【注释】出自宋·苏轼《蝶恋花》。

【译文/点评】此写一个男子迷恋佳人而不得的惆怅之情。全句是："墙里秋千墙外道，墙外行人，墙里佳人笑。笑渐不闻声渐悄，多情反被无情恼。"后句"多情反被无情恼"，后世常用以形容一个男人或女人暗恋或明恋对方而不能如愿、反增烦恼的痛苦之情，或是表现一个人有心替人做事却被拒绝的郁闷之情。

新来瘦，非干病酒，不是悲秋。

【注释】出自宋·李清照《凤凰台上忆吹箫》。非干病酒，与喝多了酒无关。

【译文/点评】此写词人思夫之情。众所周知，在中国古代，一个女人特别是生活优裕的女文人，既不是因为喝多了酒而消瘦，也不是因为悲秋伤感而消瘦，那么除了为情所困外，还能有什么呢？因此，上面这句话的真意，如果用一句直白的话表现，就是"想念老公人消瘦"。但是，在表述这层意思时，词人并没有这样地直白，而是通过折绕修辞手法，迂回曲折地表达出这层意思。如此，既体现了中国传统女人"爱在心头口难开"的羞涩心理，又使词句别添了一种"含不尽之意见于言外"的婉约蕴藉的美感。

行云犹解傍山飞，郎行去不归。

【注释】出自宋·欧阳修《阮郎归》。犹解，还懂。

【译文/点评】此写女子对情郎去而不归的思念之情与埋怨之情。以“行云”、“傍山”的有情与情人“去不归”的无情相对比，突出强调了其思念、怨恨交织的复杂情感。

杏花疏影里，吹笛到天明。

【注释】出自宋·陈与义《临江仙》。

【译文/点评】此写对花怀人、吹笛抒怀的深切之情。

夜长春梦短，人远天涯近。

【注释】出自宋·欧阳修《千秋岁》。

【译文/点评】此写思念情人而夜不能寐的痛苦之情。言“天涯近”，是说所思之人比天涯更远，则其相思之苦情可见。

夜月一帘幽梦，春风十里柔情。

【注释】出自宋·秦观《八六子》。

【译文/点评】此写月夜忆念与昔日情人（歌女）欢聚的幸福时光，表达其无限思念之情。诗用唐人杜牧赠别歌女之诗“娉娉袅袅十三余，豆蔻梢头二月初。春风十里扬州路，卷上珠帘总不如”句义，表意含蓄，令人回味无穷。

一别隔炎凉，君衣忘短长。裁缝无处等，以意忖情量。

【注释】出自唐·孟浩然《闺情》。等，比照。忖（cǔn），揣度。

【译文/点评】此由一个缝衣细节写起，由小见大，淋漓尽致地表现出闺中少妇对远出在外的丈夫的无限思念之情。俗语说：“衣不差寸，鞋不差分。”少妇为丈夫缝衣，丈夫不在身边，她也忘了丈夫衣服的尺寸而无法比照，却能以意揣度而成。这一细节的描写，虽然一字也没提及她与丈夫的感情，但其深情深意已尽在其中矣。

一寸同心缕，千年长命花。

【注释】出自北周·庾信《题结线袋子》。同心缕，以丝线结成的同心结。

【译文/点评】以"一寸同心缕"与"千年长命花"相对，不仅对偶工整，而且具有象征意义，表达了男女主人公生生世世心心相印、永不衰歇、坚贞不渝的相爱之情。

一寸相思千万绪，人间没个安排处。

【注释】出自宋·李冠《蝶恋花》。

【译文/点评】此以夸张手法极言相思之情的浓烈。相思引发的烦忧连人间也没法容纳，那种爱又是何等刻骨铭心呢？

一行书信千行泪，寒到君边衣到无？

【注释】出自唐·王驾《古意》。

【译文/点评】此二句是写征人之妻思夫，前边还有两句："夫戍边关妾在吴，西风吹妾妾忧夫。"由"西风吹妾"，推己及人，想到夫君在边关之苦，由此便有含泪诉情、飞针走线缝寒衣、万里由吴寄寒衣之举。"一行书信千行泪"，以夸张修辞手法，写出了女主人公对夫君的彻骨相思之情；"寒到君边衣到无"，以担心寒衣到达边关是否晚于寒风的疑问口气，道出了女主人公对夫君真切入微的关怀之情。读之不禁让人怦然心动，既为她的深情，更为她夫君的福气。

一日不见，如三秋兮。

【注释】出自先秦《诗经·王风·采葛》。三秋，即三年。兮，语气助词，相当于现代汉语的"啊"、"呀"。葛，是一种蔓生植物，块根可食，茎可制纤维。

【译文/点评】爱之深，才能思之切。一天不见，就像过了三年，这种感觉只有深恋着对方的男女才能体会得到。"三秋"代三年，是借代手法。"一日不见如三秋"，是夸张，极言时间过得慢，以此突显思念对方之心切。如此夸张与借代相结合，遂将一个痴情男子对采葛女的无限痴情突显无遗，不禁让人为之深切感动，心有戚戚焉。

一日不思量，也攒眉千度。

【注释】出自宋·柳永《昼夜乐》。思量，想。攒（cuán）眉，紧皱双眉。千度，千次。

【译文/点评】此以夸张修辞手法，用“一日”与“千度”相对应，以“不”对“也”，突出强调了其相思之情的深切。

一生一代一双人，争教两处销魂。相思相望不相亲，天为谁春？

【注释】出自清·纳兰性德《画堂春》。一代，一世。一双人，指一对恋人。争教，怎叫。销魂，指相思的痛苦。

【译文/点评】此写一对有情人天各一方，不得相聚相守的相思之苦。三个数词“一”的反复运用，更强化了这种怨苦之情。意谓天生一对的情人不可分离相思，就应该相亲相守，这样才能不辜负大好的人生。否则，有情人两处相思，便是人生莫大的痛苦。如果相思相望不相亲，纵然有良辰美景，对人生又有何意义？

一叶落，几番秋，江南独倚楼。

【注释】出自宋·贺铸《独倚楼》。

【译文/点评】秋风起，黄叶飘，情人久不归；人在江南，心系江北，登楼远望，以待情人，一幅清秋江南盼归图跃然纸上。

衣带渐宽终不悔，为伊销得人憔悴。

【注释】出自宋·柳永《凤栖梧》。衣带渐宽，指因相思而人日益消瘦。伊，指情人。

【译文/点评】此写女子对所爱之人深切思念的痴情，表达了一种为爱而无怨无悔的坚定信念。后世男女向对方表白心迹，常引此二句。

依旧，依旧，人与绿杨俱瘦。

【注释】出自宋·秦观《如梦令》。

【译文/点评】此以拟人手法，将绿杨人格化，使其带有人的生命情态，从而通过绿杨枝条萧疏的形象突显女子思念情人而消瘦的情状。“依旧，依旧”，乃是运用反复修辞手法，强调“人与绿杨俱瘦”已非一日了，意在强调其思念时间之久。

忆君心似西江水，日夜东流无歇时。

【注释】出自唐·鱼玄机《江陵愁望有寄》。

【译文/点评】此以滔滔东去的西江之水比喻女子对其情人的无尽思念之情，既形象生动，又真切感人。

易求无价宝，难得有心郎。

【注释】出自唐·鱼玄机《赠邻女》。

【译文/点评】此言真挚爱情的难得。言无价宝易求，意在与有心郎难得作对比，从而强调男女真心相爱的难得，抒发了对真挚爱情的渴望之情。

意中人，人中意，则那些无情花鸟也情痴。

【注释】出自清·洪升《长生殿》。则，就是。

【译文/点评】此言李杨彼此情投意合，恩爱无比，就连非人类的花鸟也为之感动，其意是强调唐玄宗李隆基与杨贵妃（玉环）两情相悦、感情深厚的程度。

忧来思君不敢忘，不觉泪下沾衣裳。援琴鸣弦发清商，短歌微吟不能长。

【注释】出自三国魏·曹丕《燕歌行二首》（其一）。援，取。清商，乐曲名。微吟，低吟。

【译文/点评】丈夫久在他乡而不归，少妇思念至极而泪下沾裳。忧思无以排解，援琴弹起凄清悲凉的《清商》曲，可是又不敢放声高歌，只得低吟而短唱。由此，一个痴情女子内心的苦闷之情便跃然纸上。

悠悠生死别经年，魂魄不曾入梦来。

【注释】出自唐·白居易《长恨歌》。

【译文/点评】生死殊途，生离死别已经一年，虽然日夜思念，可是她的身影在自己的梦中也从未出现过。此写杨贵妃死后唐玄宗对她的深切思念之情。

悠哉悠哉，辗转反侧。

【注释】出自先秦《诗经·周南·关雎》。悠，感思。哉，语气词，相当于“啊”。辗转、反侧，皆是翻覆之意。

【译文/点评】思美人啊思美人，翻来覆去睡不着。这是写一位男子思念心上人而夜不能寐的情形，非常生动。相信过来人都有体验，一读之下便心有戚戚焉。

有女怀春，吉士诱之。

【注释】出自先秦《诗经·召南·野有死麕》。怀春，男女情欲萌动。吉士，男子的美称。

【译文/点评】有位少女情窦开，春心荡漾不可遏；思春小伙正当年，乘机拿话挑逗她。这是写古时候适龄少男少女怀春恋爱的情景，不忸怩，不作态，自然淳朴，亲切逼真，仿佛让人如见两千多年前中国人野外自由恋爱的生动画面。

与君为新婚，菟丝附女萝。

【注释】出自汉·无名氏《冉冉孤生竹》。君，敬称，此为女子称呼丈夫。菟丝、女萝，皆是蔓生植物。附，依附。

【译文/点评】此以菟丝与女萝两种蔓生植物比喻夫妻之间相互依靠、交互牵缠的密切关系，既形象生动地揭示了夫妻之间的关系，也真切地表达了女主人公对新婚丈夫的信赖感。

与君新为婚，瓜葛相结连。寄托不肖躯，有如倚太山。

【注释】出自三国魏·曹叡《种瓜篇》。瓜葛，瓜和葛都是蔓生植物，能缠绕或攀附在其他植物之上。不肖躯，低贱之身，乃谦虚之辞。有如，好像。倚，靠。太山，大山。

【译文/点评】此以瓜葛相互交缠比喻夫妻相依为命的特殊关系，以倚太山比喻妻子对丈夫的依附关系及对丈夫的依赖感，可谓既形象又贴切。

玉户帘中卷不去，捣衣砧上拂还来。

【注释】出自唐·张若虚《春江花月夜》。砧（zhēn），捣衣石。

【译文/点评】此写女子对情人的深切思念之情，以及忧思难以拂去的痛苦。为了表现这种思念之情所带来的痛苦，诗人有意将思妇之思念通过拟人手法予以实写，说想念的愁思帘卷不去，附在捣衣石上拂不掉。由此，强烈地突显出女子的愁思之深。

玉颜随年变，丈夫多好新。昔为形与影，今为胡与秦。

【注释】出自晋·傅玄《豫章行苦相篇》。玉颜，指美貌。丈夫，指男人。胡，代指异邦。秦，代指中国。

【译文/点评】此乃讽刺男人喜新厌旧、感情易变之句。前两句直陈其意，后两句以比喻进一步申述之。“形与影”喻往日夫妻关系之亲密无间，“胡与秦”喻今日夫妻情感之背乖不合。比喻形象贴切，使前两句的表意更为充分。

欲得周郎顾，时时误拂弦。

【注释】出自唐·李端《听筝》。周郎，三国时代的周瑜。周瑜精于音乐，此以之代指女子所心仪的知音情人。顾，回头看。拂，弹。

【译文/点评】此写女子心念意中情人而时时弹错琴弦的情景。

欲寄彩笺兼尺素，山长水阔知何处？

【注释】出自宋·晏殊《蝶恋花》。笺（jiān），精美的纸张，用以题诗或写字。兼，又。尺素，指书信。

【译文/点评】想给情人寄首诗、传封信，以表达自己的相思之情，可是，山高水阔，不知寄向何处。此乃写女子思念情人、传书达情而不得的痛苦。

欲寄君衣君不还，不寄君衣君又寒。寄与不寄间，妾身千万难。

【注释】出自元·姚燧《越调凭阑人·寄征衣》。

【译文/点评】此写闺中少妇对远征在外的丈夫的深切思念之情。词不直写这种情感，而是通过少妇在到底给不给丈夫寄寒衣问题上的犹豫矛盾心理，生动逼真地再现了少妇对丈夫的深切思念之情。因为寄与不寄，都是思念丈夫的表现。寄，是怕丈夫受冻着凉，是关切与爱的表示；不寄，是想他早点回来，这也是思念的表示。“妾身千万难”，以夸张手法强调其矛盾为难的心态，最能突出这种深厚的夫妻之情。

欲将幽恨寄青楼，争奈无情江水、不西流。

【注释】出自宋·秦观《虞美人》。青楼，此指女子所居之处。争奈，怎奈、无奈。

【译文/点评】此写男子对情人依恋不舍之情。前句言意欲与情人相守不舍之意，后句写现实使自己不得不离开情人的无奈之感。“无情江水”，明里写江水，暗里写现实的困境。

沅有茝兮澧有兰，思公子兮未敢言。

【注释】出自先秦·屈原《楚辞·九歌·湘夫人》。沅，指沅水。茝（zhǐ），即白芷，一种香草。兮，语气助词，相当于“啊”、“呀”。澧，即澧水。公子，此指湘夫人。

【译文/点评】沅水有白芷，澧水有兰草；我爱湘夫人，口却不敢言。这是写一位男子对意念中的湘夫人“爱在心里口难开”的痛苦之情。由此，一位羞涩、痴情的男子形象顿时跃然纸上。

愿得一心人，白头不相离。

【注释】出自汉·乐府古辞《白头吟》。愿，希望。

【译文/点评】这是卓文君对风流的丈夫司马相如的期望，也说出了天下所有女子对自己所爱的人的真挚心声。今日我们对他人婚姻的祝福常说“白头偕老”，即是源于此等心理与期许。

愿郎千万寿，长作主人翁。

【注释】出自唐·刘禹锡《纥那曲二首》。愿，希望。主人翁，指主人、丈夫。

【译文/点评】希望情郎长命百岁，永远作自己的丈夫。此乃抒发女子希望爱情永在的心声。“千万寿”，是夸张修辞手法，意为“长久”、“永远”，是对情人的祝福，也是对爱情永久的祈求。

愿随孤月影，流照伏波营。

【注释】出自唐·沈如筠《闺怨二首》。伏波营，代指军营。东汉名将马援被称为伏波将军。

【译文/点评】此写女子月夜对远在他乡军营的丈夫的深切思念之情。但诗句不直写其意，而是说愿飞身随月，化作月光清辉洒落在丈夫所在的军营。表意婉转，但更见情深意切。前两句是“雁尽书难寄，愁多梦不成”。

愿天下有情的都成了眷属。

【注释】出自元 · 王实甫《西厢记》第五本第四折。愿，希望。眷属，亲属，即结成夫妇关系。

【译文/点评】此乃对天下有情人的祝福之语，体现了一种成人之美的高尚道德情怀。今日我们祝福恋人时，经常会引用此句。

愿为连根同死之秋草，不作飞空之落花。

【注释】出自唐 · 李白《代寄情楚词体》。愿，希望。

【译文/点评】此以秋草与落花的形象正反对比，表达了情人间生死不弃的真挚之情。

愿为西南风，长逝入君怀。

【注释】出自三国魏 · 曹植《七哀》。愿，希望。逝，去、离去。长逝，远赴。君，对他人的尊称，此乃妻子对丈夫的称谓。

【译文/点评】此写妻子与丈夫久别，盼而不归，乃起念化为西南风，远赴投入丈夫怀抱之中，表现了其对丈夫的深切思念之情。

云山万重，寸心千里。

【注释】出自宋 · 无名氏《鱼游春水》。

【译文/点评】此写男女相思而路遥不得见的痛苦之情。

在天愿为比翼鸟，在地愿为连理枝。

【注释】出自唐 · 白居易《长恨歌》。

【译文/点评】这是《长恨歌》所写唐玄宗（李隆基）与杨贵妃（杨玉环）生死不渝的爱情誓言，表达了李杨之间的真挚之情。唐玄宗荒淫误国，自然遭世人诟病，但他与杨贵妃真挚相爱的本身，则是令世人感动的。因为帝王多是薄情人，历史上何曾见过专情于一个女子的帝王？以“比翼鸟”、“连理枝”形容生死不渝的爱恋之情，表意形象生动，给人的印象也特别深。因此，后世凡是要表达夫妻深厚感情与融洽关系，都喜欢以“比翼鸟”、“连理枝”写之。男女相爱也喜欢引此二句表明心迹。

朝登津梁上，褰裳望所思。安得抱柱信，皎日以为期？

【注释】出自汉 · 无名氏《穆穆清风至》。津梁，桥梁。褰（qiān），提起衣服。裳，下衣。所思，指所思念的人。安得，怎么能得到。抱柱信，用的是一个典故，说的是古代有一个叫尾生的男子，与其所心爱的女子相约在桥下相会。尾生先至，等女子久久不来，而洪水不期而至，尾生为等女子而不愿离去，遂抱桥柱而死。皎日，洁白明亮的太阳。皎日以为期，是古人指日发誓的话，以表信守。

【译文/点评】此写一个女子痴情怀想远出未归的情郎，登高远望，久望不到，在心底默默祈求情郎能够守信的心理活动。

朝朝来报喜，误妾画双眉。

【注释】出自宋 · 赵崇嶓《闺怨》。朝朝，天天。误，害。妾，古代女子自称。

【译文/点评】喜鹊天天来报喜，害得我以为他要回来了，而天天画眉迎候，结果空欢喜一场。此言女子盼望情人而不归的怨情，从中也鲜明地反映出她对情人深切的思念之情。

之死矢靡它。

【注释】出自先秦《诗经·鄘风·柏舟》。之，至。矢，誓。靡它，没有二心。

【译文/点评】男女相爱，情到深处，不免要发誓以明其志。“之死矢靡它”（意即爱你至死不变心），即是两千多年前的一个女子面对她的情郎所发的一个信誓。与后代男女所说的“海枯石烂不变心”相比，更显真挚、质朴，更显直接、炽烈。

执手相看泪眼，竟无语凝噎。

【注释】出自宋·柳永《雨霖铃》。

【译文/点评】此写有情人分别时情深难倾、千言万语无从说起的心理与情态。“泪眼”、“凝噎”二词通过意象将二人情切切、意难分的离愁别恨作了淋漓尽致的表现。

执子之手，与子偕老。

【注释】出自先秦《诗经·邶风·击鼓》。执，握。子，您。偕，共同，一起。

【译文/点评】握着您的手，白头走到老。这是我们古人的爱情誓言，也是中国人自古以来都视为理想的婚姻境界。今天有文化的青年还会时时拿这话表白。

只愿君心似我心，定不负相思意。

【注释】出自宋·李之仪《卜算子》。

【译文/点评】此写女子渴望男子坚心爱己的殷切之情。前句在表达希望的同时，也通过“君心”与“我心”的对比，突出强调了女子自己的深情。

中心藏之，何日忘之？

【注释】出自先秦《诗经·小雅·隰原》。中心，即心中。

【译文/点评】心中既然爱着他，何日能够将他忘？这是两千多年前一位女子的爱情独白，质朴自然，真挚坦率，至今传为爱之名言。

终日望夫夫不归，化为孤石苦相思。望来已是几千载，只似当时初望时。

【注释】出自唐·刘禹锡《望夫石》。

【译文/点评】此乃借咏石来写女子的痴情。民间常有女子望夫不归而化身为石的传说，虽然只是一种不可诉诸理性分析的传说，但确实反映了一个历史的真实：女子在感情方面确实要比男人坚贞。“望来已是几千载，只似当时初望时”，不正是揭示了这一事实真相吗？

众里寻他千百度，蓦然回首，那人却在，灯火阑珊处。

【注释】出自宋·辛弃疾《青玉案》。蓦然，忽然。阑珊，零落。

【译文/点评】此写一个男子在上元灯节（正月十五）赏灯时于众美之中追寻意中人的心路历程。第一句写寻寻觅觅而不得的苦闷，后三句写无意间惊鸿一瞥而发现意中人的惊喜之情。这一忧一喜的细节描写，读之让人犹如亲历其境，心有戚戚焉。王国维《人间词话》曾将此句所写内容比喻为古今成大事业、大学问者所必经的三种境界中的最后（也是最高）一种境界。

铸就而今相思错，料当初费尽人间铁。

【注释】出自宋·辛弃疾《贺新郎》。

【译文/点评】此言今天的相思是一种错误，当初不知为何要费尽心机彼此相爱。表面看来是表达后悔之意，暗里则是交代了二人当初相爱颇费周折，寄寓的是对情人的无限深情。“费铁”、“铸错”，都是比喻的说法，意在形象地说明能相爱到今日的不易。

子不我思，岂无他人？

【注释】出自先秦《诗经·郑风·褰裳》。子，古代对人的敬称，多用于男子，相当于“您”。我思，即思我。

【译文/点评】自古男女相爱，若有情变，往往都是女子处于被弃的弱势地位。因此，情变之后，女子都会自怨自艾、跌足痛悔、泣涕涟涟。但是，事情有时也有例外。“子不我思，岂无他人”（你不想我，难道还没别的男人爱我吗?），两千多年前的女子能脱口说出此话，这是何等的潇洒豁达！不仅让天下女子扬眉吐气，更让天下的负心汉感到气短。

子兮子兮，如此良人何？

【注释】出自先秦《诗经·唐风·绸缪》。子，古代对人的敬称，多用于男子，相当于“您”。兮，语气助词，相当于现代汉语的“啊”、“呀”。良人，丈夫。

【译文/点评】此写一个新婚女子在洞房初见丈夫时的心理活动。其意思是说：你啊你啊，我该拿你怎么办？似怨似嗔，其初见新郎的喜悦之情，都在这句心理独白中表露无遗。

纵使长条似旧垂，也应攀折他人手。

【注释】出自唐·韩翃《章台柳》。纵使，即使。

【译文/点评】即使柳树仍像以前一样垂枝缕缕，也可能被他人折去了枝条。此以柳枝为他人攀折为喻，写男主人公对心爱之人（柳氏）历经动乱后可能归于别人的忧虑之情。前两句是“章台柳，章台柳，昔日青青今在否”。

最恨细风摇幕，误人几回迎门。

【注释】出自宋·晁端礼《清平乐》。幕，指帘幕。

【译文/点评】此以风动帘幕、连忙开门的动作细节，写女子盼郎归来的急切之情，非常生动逼真，诚为以动作写心理的妙笔。

昨夜西风凋碧树，独上高楼，望尽天涯路。

【注释】出自宋·晏殊《鹊踏枝》。西风，秋风。

【译文/点评】此写女子思念情人的深切苦痛情感。夜幕降临，秋风渐紧，吹得满树碧叶飘落纷纷。这本是令人感物伤情的敏感时刻。可就在此时，一个女子却顶风独上高楼，凭栏极目远方。那么，她所为所事？虽然词句并没交代，但望远怀人之意已尽在景中矣，其秋夜孤独之情也尽在其中矣，其对情人的关切与思念之情更在其中矣。第一句经由听觉形象（秋风吹落叶），不着痕迹地写出了女主人公一夜无眠的痛苦情状。第二、三句通过写女子登楼望远的视觉形象，淋漓尽致地再现了女子对意中人的无限思念。其所表现的听而有声、望而不见的意境，虽然有些凄凉，但格调却显得悲壮而不纤弱。所写虽是离情别绪的痛苦，却一扫宋代婉约派词作的纤弱气息。所表现的意境也相当阔大辽远，特别是“望尽”一词，尤能见出这种气势。正因为如此，近人王国维才在《人间词话》中借用此句，将其比喻为古今成大学问、大事业者必经的三种境界中的第一种境界，即最初的一种境界。

乡国之思

安得如鸟有羽翅，托身白云还故乡。

【注释】出自唐·杜甫《大麦行》。安得，怎么能。

【译文/点评】此以望鸟自由飞翔而生羡慕之心，表达回归故乡的急切之情。

不忍登高临远，望故乡渺邈，归思难收。

【注释】出自宋·柳永《八声甘州》词。渺邈（miǎo miǎo），遥远、渺茫。

【译文/点评】故乡遥遥无及，登楼远望，又有何益？那样只能徒增思归不得的悲伤之情。这便是诗人所要表达的意思，其意是说，不是不想登高望乡，只是怕会触景生情，更加悲伤。其强烈的思乡之情，尽在其中矣。

不知何处吹芦管，一夜征人尽望乡。

【注释】出自唐·李益《夜上受降城闻笛》。“芦管”，即芦笛。

【译文/点评】夜深人静，最易使人遐思联想。他乡明月，他乡之景，他乡之音，尤其会触动远在异乡之客的心绪。“回乐烽前沙如雪，受降城外月如霜”的前两句景物描写的铺垫，以异乡之景（边地的烽火台、边地大漠之沙）、异乡之月（受降城外如霜之明月）为前导，续以异乡之音（边地芦笛的凄凉之音），自然而然地导出“一夜征人尽望乡”的点题句。“不知”写出了征人闻笛而不知方向处所的迷惘，“尽”字则写出了所有征人乡思的无一例外。结句表意虽然过于直接，而无婉约含蓄之致，却能以真挚之情撼动人心，故而成为千古名句。

草虫鸣何悲，孤雁独南翔。郁郁多悲思，绵绵思故乡。

【注释】出自三国魏·曹丕《杂诗二首》（其一）。郁郁，忧愁貌。绵绵，绵长貌。

【译文/点评】虫鸣有悲伤之感，雁飞有孤独之感，皆是游子移情作用的结果，突显的是游子“独在异乡为异客”的孤独之感。踵继以“郁郁”写游子悲思之感，“绵绵”状游子思乡之情，顿使四句写游子思乡之情的笔触音韵形象俱佳。

草无忘忧之意，花无长乐之心。

【注释】出自北周·庾信《小园赋》。忘忧草，即萱草。长乐花，即紫花。

【译文/点评】草中虽有忘忧草，但它并无忘忧之意；花中虽有长乐花，但它并无长乐之心。此言花草尚有难忘故园之情，自己如何能够忘记南方故国呢？表达的是作者人在北国而心在江南的思乡之情。

长江悲已滞，万里念将归。况属高风晚，山山黄叶飞。

【注释】出自唐·王勃《山中》。

【译文/点评】故乡远在万里之外，心念家乡，归心似箭。然而，大江在前，阻滞了回乡的行程。无奈、悲愁之时，薄暮秋风之中又见山山秋叶飘零。触景生情，悲从中来，自是人之常情。这便是上面四句所要表现的境界与意蕴，表达的是旅愁乡思的深切之情。前两句直言江阻路遥难归故乡的悲愁。后两句写景，通过“高风晚”、“黄叶飞”两个深秋物象的描写，以景衬情，以景写心，以形象补足前两句的意蕴。“万里”，是夸张，极言离家之远和归而不得的悲情。“山山”，是叠字，写满目秋意之景象，意在表现悲秋之情。

愁云遮却望乡处，数日不上西南楼。

【注释】出自唐·岑参《醉题匡城周少府厅壁》。

【译文/点评】此写登楼望乡之深情。这里表面是说因为浮云遮日，已经数日不上楼，实则意在言外，强调除此天天都上楼。“愁云”，乃是移就修辞手法的运用，是将无生命的云人格化，使其带有人的生命情态。这是诗人凝神观照浮云而出现的意象回流现象，所要表现的是诗人思乡的专情之态。

但令归有日，不敢恨长沙。

【注释】出自唐·宋之问《度大庾岭》。但，只。恨长沙，指抱怨被流放之地。汉代贾谊曾被流放长沙，故后代以此代指被贬之地。

【译文/点评】被贬人人都有怨，但只要能活着回到故乡，就什么也不计较了。思念故乡、乡情至上的情感充溢于字里行间，读之不禁让人为之深切感动。

但使主人能醉客，不知何处是他乡。

【注释】出自唐·李白《客中行》。但，只。

【译文/点评】此言只要主人能让自己喝醉，自己也就不知道人在他乡了。意谓除非喝醉了没有知觉，否则总是难忘故乡。这是用折绕修辞手法表达人在他乡的深切乡思之情。

独自莫凭栏，无限江山，别时容易见时难。

【注释】出自南唐·李煜《浪淘沙》。

【译文/点评】这是南唐后主李煜在国亡人掳之后所抒发的对故国的依恋怀想之情，其悔恨、难舍之意，尽在其中矣。

儿童相见不相识，笑问客从何处来？

【注释】出自唐·贺知章《回乡偶书二首》（其一）。

【译文/点评】此二句之妙在于以场景与对话写伤感之情。

前句以故乡新一代人对自己完全陌生的眼光，暗点出离乡时间的久远。后句以儿童天真好奇的一问，反衬出自己老迈衰颓与反主为客的悲哀之情。

二十五弦弹夜月，不胜清怨却飞来。

【注释】出自唐·钱起《归雁》。

【译文/点评】秋天，北雁南飞；春天，南雁北归。这是自然物候，非常平常。但“二十五弦弹夜月，不胜清怨却飞来”二句，却将春天大雁北归说成是因为受不了潇湘女神月夜下弹奏的二十五弦琴的清怨之声，才飞回北方的。这是将大雁拟人化，将诗人自己思乡的情绪移注到大雁上，使大雁有了人的生命情态，从而使平常的叙事顿然生动起来，这是寻常事物艺术化的结果。

二月江南花满枝，他乡寒食远堪悲。

【注释】出自唐·孟云卿《寒食》。寒食，指寒食节，一般在冬至后一百零五天，清明节前两天。据说此节是春秋时代晋文公为了纪念抱树而烧死于绵山的功臣介子推，所以这天禁止百姓生火为炊，只吃冷食。

【译文/点评】二月的江南，正是风光旖旎、美不胜收之时。看到繁花满枝，应该有心旷神怡之感，何以诗人却顿生“堪悲”之心？“他乡”、“寒食”二词作了清楚的交代。原来，这江南不是诗人的故乡，而是他乡；寒食节本是家人团聚之时，自己却在他乡。此情此景，教诗人如何不触景生情，由他乡之景而想到故乡之人？

风一更，雪一更，聒碎乡心梦不成，故园无此声。

【注释】出自清·纳兰性德《长相思》。聒（guō），喧扰、声音嘈杂。

【译文/点评】此写夜深难眠、乡思不尽的痛苦之情。强调“风一更，雪一更”，意在说明词人睡不着的状态。因为无眠，所以才会听风听雪有声，才会有“聒碎乡心”之感与“梦不成”的结果。由此，将其深切的思乡之情表露无遗。

烽火城西百尺楼，黄昏独坐海风秋。

【注释】出自唐·王昌龄《从军行七首》（其一）。百尺楼，此指边境上的烽火台。海风秋，指从青海湖上吹来的寒风使人感到秋天已经来临。

【译文/点评】此写戍边将士秋日黄昏时分登高远望的情景，虽是叙事，实是抒情，表达的是守边将士深切的思乡之情。“百尺楼”，乃是夸张之辞，明里是说望乡人站得高，暗里则是为了强调望乡人的故乡之远。“黄昏”时间节点的强调，意在突显登台人内心的孤独之感。因为黄昏是鸟入林、人就寝的时候，而主人公却登台独坐，听凭青海湖上的寒风拂面。很明显，这是主人公为消解思乡苦闷之情而以身体的折磨作抵抗的努力。由此，将一位戍守边疆的将士的思乡之情逼真地再现出来。

逢人渐觉乡音异，却恨莺声似故山。

【注释】出自唐·司空曙《漫书五首》。

【译文/点评】人在他乡，听不到耳熟亲切的乡音，却听到了相同于家乡的莺声。这是以人声与莺声的对比，反衬自己身在异乡触景生情的乡思之愁。“却恨”一词，最能体现诗人怕听熟悉的莺声的心情。因为这会让他由此及彼，思念起故乡。

高梧一叶下，空斋归思多。

【注释】出自唐·韦应物《新秋夜寄诸弟》。

【译文/点评】此写见梧桐叶落而起悲秋念乡之情。

共看今夜月，独作异乡人。

【注释】出自唐·张蠙《别后寄友生》。

【译文/点评】此写人在异乡，望月怀友之情。

共看明月应垂泪，一夜乡心五处同。

【注释】出自唐·白居易《自河南经乱，关内阻饥，兄弟离散，各在一处。因望月有感，聊书所怀，寄上浮梁大兄，於潜七兄，乌江十五兄，兼示符离及下邽弟妹》。

【译文/点评】中唐时代的唐德宗贞元时期的内乱，使河南一带的人民饱经战乱之苦。此二句诗，虽着笔于家庭的离乱之苦，却以小见大，折射出一个时代人民的苦难。望明月，思故乡，人之常情，自然而然。明月只有一轮，四海之内，人人得而见之。但离散的兄弟分处五处，举首望月，又是如何的情景呢？“应垂泪”、“乡心同”一语中的，质朴、真淳地道出了人类共通的乡愁、乡思情结，由此让千古以降的人们产生强烈的情感共鸣。

孤灯然客梦，寒杵捣乡愁。

【注释】出自唐·岑参《宿关西客舍寄东山严许二山人，时天宝初七月初三日在内学见有高道举征》。然，同“燃”。杵（chǔ），古代捣衣使其柔软的棒槌。

【译文/点评】此写人在异乡的乡思之愁。前句借说“孤灯”而将“客梦”关联起来（用“燃”字前后串联），后句借说寒杵捣衣而关涉到“捣乡愁”（“捣”字关顾捣衣与捣愁两项），这是运用修辞学上的拈连手法，通过由此及彼的拈连，将人在旅途的孤寂之情与听见异乡捣衣之声而触发的乡思之愁巧妙而自然地表达出来。

孤鸟西北飞，离兽东南下。日暮思亲友，晤言用自写。

【注释】出自三国魏·阮籍《咏怀八十二首》（其十七）。

离兽，失群之兽。晤言，对坐而谈。用，以。写，同“泻”，排遣。

【译文/点评】见孤鸟上飞、离兽下走，触景生情，想起远在他乡的亲友，不禁黯然神伤。无以排遣心中之愁，只得与人对坐而谈，以此排遣心中无限的忧思。如此由景及情，如水下泻，自然贴切。

孤舟万里潇湘客，一夜归心满洞庭。

【注释】出自宋·严羽《闻笛》。潇湘，指今湖南省境内。

【译文/点评】此写人在异乡的孤独之情与月夜思归的殷切之情。

故山归梦远，新岁客愁多。

【注释】出自唐·钱起《长安落第作》。新岁，指春天。唐代进士考试在冬季，春天放榜。

【译文/点评】此写进士考试落第后抑郁的心情及其人在异乡，故乡难归的痛苦之情。

故山迢递故人去，一夜月明千里心。

【注释】出自唐·许浑《凌歊台送韦秀才》。迢递，遥远的样子。

【译文/点评】此写故乡难归、故人又去的孤独之情。“一夜月明千里心”，既表达了对故人的眷恋之情，更突显了对故乡的怀念之情。

故溪黄稻熟，一夜梦中香。

【注释】出自唐·钱珝《江行无题一百首》（其九十八）。

【译文/点评】此写思念故乡的深切之情。中国人自古以来就说“民以食为天”，可见粮食在中国人心目中的地位。诗人为了表达其对故乡的眷念之情，特意选取故乡的黄稻作为梦境的对象，由此表达故乡对于他犹如粮食一样重要的意蕴。梦中能闻到故乡的稻香，表达虽不合情理，但最真切地反映出其对故乡刻骨的思念之情。

故乡二千里，日夜子规啼。

【注释】出自宋·林尚仁《春晚》。子规，即杜鹃鸟。

【译文/点评】此写思乡的深切之情。“故乡二千里”是夸张，强调故乡遥远而难归之意；“日夜子规啼”，通过子规叫声的特定含义（子规叫声类于“不如归去”），表达自己难以归去的悲伤之情。

故乡何处是，忘了除非醉。

【注释】出自宋·李清照《菩萨蛮》。

【译文/点评】此以折绕修辞手法，强调“故乡不可忘”的意蕴，表现了对故乡的深切依念之情。

故乡今夜思千里，愁鬓明朝又一年。

【注释】出自唐·高适《除夜作》。

【译文/点评】今夜正是除夕之夜，而故乡则远在千里之外；过了今夜，明天就是新的一年，漂泊在外的岁月又多了一年，这如何不让人愁上心头、白了青丝呢？此写除夕之夜人在他乡的乡愁。“千里”，言故乡距离之远，是夸张表达，意在强调故乡的遥不可及。“愁鬓”，是拟人手法，以鬓代人，言其忧愁之深。

故园此去千余里，春梦犹能夜夜归。

【注释】出自唐·顾况《忆故园》。故园，故乡。

【译文/点评】此言故乡遥远难归的痛苦之情。前句言离乡距离之远；后句言梦中夜夜归乡，意在表明夜夜思念故乡。

故园东望路漫漫，双袖龙钟泪不干。

【注释】出自唐 · 岑参《逢入京使》。故园，故乡，此指长安。龙钟，意同“泷涷”，即沾湿之意。

【译文/点评】身在西部边塞，回首东望长安，不禁热泪纵横，沾湿了双袖。此写久在边塞的思乡深情。

故园柳色催南客，春水桃花等北归。

【注释】出自唐 · 刘长卿《时平后春日思归》。南客，身在南方之客，即诗人。

【译文/点评】此写人在他乡的思归之情，但诗人表达这层意思，不直抒其情，而是运用拟人手法，将“柳色”、“春水”、“桃花”人格化，让其带有人的生命情态（“柳色”催人、“春水桃花”等人），从而借物而写人，反衬诗人自己深切的思乡之情。

关门不锁寒溪水，一夜潺湲送客愁。

【注释】出自唐 · 李涉《再宿武关》。潺湲，水流的样子。

【译文/点评】前句表面是说雄固的“关门”能锁住千军万马，却锁不住“寒溪水”，有突显水之力的意思，实则是为后句作铺垫。“潺”、“湲”二字，都是模拟溪水流淌之声，声音感极强，说明诗人听得非常真切。而“一夜潺湲”四字，则清楚地暗示寒夜之中的客人是一夜无眠，不然就不能听到“关门不锁”的“寒溪水”潺潺湲湲地流了一夜。身在异乡，夜深人静，一点声响都会触动异乡之客的神经，怎么可能“一夜潺湲”的流水声反而能送走“客愁”呢？这里诗人不说“引客愁”而说“送客愁”，乃是倒反修辞手法，是正话反说，是苦恼人的笑，读之益发使人伤感。

归梦如春水，悠悠绕故乡。

【注释】出自唐 · 刘眘虚散句。

【译文/点评】此以春水比归乡之梦，形象生动地表达了对故乡绵绵不绝的思念之情。

海畔尖山似剑芒，秋来处处割愁肠。若为化作身千亿，散入峰头望故乡。

【注释】出自唐·柳宗元《与浩初上人同看山寄京华亲故》。

【译文/点评】此写怀乡的深切之情。前两句以尖山比剑芒，意在表达思乡愁肠似割的痛苦之情。后句是夸张，以化身千亿而突显望故乡的深情。想象丰富，造语奇特，让人读之既佩服又感动。

函关归路千余里，一夕秋风白发生。

【注释】出自唐·无名氏《杂诗》。函关，即函谷关。

【译文/点评】秋风飘落叶，万物萧条；夕阳西下，暮色苍茫。无边的黑暗之中，听呼啸的秋风吹过，身在函谷关之西戍守边关的征人，想着远在函谷关以东千里之遥的故乡与亲人，如何能不感时伤怀，心中涌起无限的悲伤，一夜而顿生华发？“函关”、“千余里”写空间，“秋风”、“一夕”写时间，特定的时空交织在一起，虽不及“思”、“愁”二字，却写尽了戍边征人无限的乡思、乡愁，远比李白“白发三千丈，缘愁似个长”的直抒胸臆更使人感伤，更易打动千古以降无数征人、游子的心弦。

寒蝉在树鸣，鹳鹄摩天游。客子多悲伤，泪下不可收。

【注释】出自汉·王粲《从军行五首》（其五）。摩天游，指鸟飞在极高处的天空。客子，客居他乡的人。

【译文/点评】寒蝉鸣树，鹳鹄飞天，睹物而感伤，异乡之人自然悲从中来。

汉地草应绿，胡庭沙正飞。愿逐三秋雁，年年一度归。

【注释】出自唐 · 卢照邻《昭君怨》。胡庭，胡人居住的地方，指中国古代北方少数民族聚居区。

【译文/点评】此写王昭君对故乡、故国的深切思念之情。前两句以胡汉两地气候环境的对比，突显王昭君生活于塞外的艰苦情状。后两句说塞雁还可以一年一次自由飞往南方越冬，而本是南方的汉人却永远有家归不得，其意是在强调王昭君"人不如雁"的悲苦之情。

鸿雁不堪愁里听，云山况是客中过。

【注释】出自唐 · 李颀《送魏万之京》。鸿雁，大雁。堪，经得起、忍受。

【译文/点评】此写游子离乡外出的忧愁。大雁南北迁移，云彩飘浮不定，都给人以飘零无根之感。这里以鸿雁、浮云比喻游子游踪不定，可谓恰切自然。离乡远出，本是令人忧愁之事，更何况听到鸿雁迁飞凄苦的叫声，这如何不让游子愁上加愁？云山本有缥缈不可捉摸之感，在远途未卜、归期无定的游子看来，就更会触景生情，顿生悲愁之情。"不堪"、"况是"二词的运用，将这种情况清楚地标示出来，从而使人、雁、云融为一体，更加突出游子出行的悲伤情调。

狐死归首丘，故乡安可忘。

【注释】出自汉 · 曹操《却东西门行》。首丘，头向着所居的山丘。安可，怎么能。

【译文/点评】此以狐死首丘为喻，说明人难忘故乡的原因，表现了诗人对故乡的深切思念之情。

狐死首丘，代马依风。

【注释】出自南朝宋 · 范晔《后汉书 · 班超传》。代马，指古代漠北的骏马。依风，依恋塞外的北风。

【译文/点评】狐狸死时头一定朝向它生活的山丘，漠北之马无论身处何处都依恋着塞外北风。此以狐、马留恋其原来的生活环境为喻，说明人依恋故乡的自然性。

胡马依北风，越鸟巢南枝。

【注释】出自汉·无名氏《行行重行行》。胡马，指胡地所产之马、北方之马。依，依恋。越鸟，指南方越族的鸟，即南方的鸟。巢南枝，筑巢于南面的树枝。

【译文/点评】胡马南来，仍然依恋北方凛冽的寒风；越鸟北飞，仍不忘筑巢于南面的树枝。此语虽是实写鸟兽天性，却是借此喻彼，说明人对故乡的依恋之情乃是人之常情。鸟兽尚有情，何况是人？故后世常以此句说明人对故乡的思念之情的自然与合理性。

蝴蝶梦中家万里，子规枝上月三更。

【注释】出自唐·崔涂《春夕》（或作《春夕旅怀》）。子规（或作杜鹃），即杜鹃鸟。

【译文/点评】此诗句是表达诗人客居湘鄂时伤春思乡之情。前句先以庄周梦中化蝶的典故，写梦中自由飞舞而回乡的快乐；然后再以“家万里”的夸张手法写“独在异乡为异客”的孤寂之情，以之与化蝶回乡之乐形成对比。由此，使思乡之苦更形突出。后句是写景：月上中天，谯打三更，繁枝浓荫之间，子规（杜鹃鸟）声声啼叫，恰似慈母“子归，子归”的哀苦呼唤。虽是写景，但实是以景写心，“不著一字”地将游子思归、思乡的凄苦之情淋漓尽致地宣泄无余，让人不禁唏嘘，感慨万千。另外，“蝴蝶”对“子规”、“梦中”对“枝上”、“家万里”对“月三更”，对仗的工整，音律的和谐，也让人过目、过耳不忘。

花近高楼伤客心，万方多难此登临。

【注释】出自唐·杜甫《登楼》。万方多难，指安史之乱平定后，吐蕃兵犯长安、立傀儡以及兵犯四川北部松、维、保诸州之难。

【译文/点评】春来花开，本是让人心情愉悦之事，何以有人会见花“伤心”呢？“花近高楼伤客心”一句，以“客”点明了赏花人“独在异乡为异客”的身份，以“高楼”点出了赏花人见花是在登楼之后。“万方多难此登临”紧承前句，印证了赏花人确是登了楼，且交代了登楼的特定时刻——“万方多难”之时。由此，前后两句配合，由乐景写哀情，由登楼写思乡，将一个客蜀已五载又遭逢“万方多难”的异乡人的乡国之愁强烈地突显了出来，让人心有戚戚焉。

还家万里梦，为客五更愁。

【注释】出自唐·张谓《同王征君湘中有怀》。

【译文/点评】家在万里之外，所以回家只能在梦里；作客异乡，五更不眠还在愁。此写人在他乡，思念故乡而夜不能寐的苦情。

黄鹄一远别，千里顾徘徊。胡马失其群，思心常依依。

【注释】出自汉·无名氏诗［旧题《苏武诗四首》（其二）］。顾，回头看。胡马，异域之马。依依，依恋貌。

【译文/点评】此以黄鹄与胡马对故乡的依恋之情作比，说明游子离别故乡的难舍之情。

羁鸟恋故林，池鱼思故渊。

【注释】出自晋·陶渊明《归田园居五首》（其一）。羁(jī)，束缚，指被人关养。

【译文/点评】此以鸟恋故林、鱼思故渊为喻，形象地说明“人思故乡”的自然性与合理性。“羁鸟”、“池鱼”，这里是比喻诗人自己早先身在官场的不自由情状，以此反衬今日脱离官场、回归故乡的喜悦。

几回鹊喜无消息，吹杀灯花独自眠。

【注释】出自宋·张良臣《遣家书》。

【译文/点评】此写盼望家书、获知家人信息而不得的痛苦之情。古人有一种说法，喜鹊叫、灯花结，都是有喜事来临的预兆。可是，喜鹊叫了几次，灯花也结了几次，却仍然不见家乡的消息。于是，只得悻悻然吹掉灯花而独眠。从这种细致的心理描写中，可见诗人深切思念家乡、家人的情感。

家在梦中何日到，春生江上几人还。

【注释】出自唐·卢纶《长安春望》。

【译文/点评】此写人在他乡、春日思归的深切之情。“家在梦中”，言家乡遥远，归乡无望。“春生江上”，言春天到来，人在旅途，所以后续“几人还”的疑问，表示“长安春望”之不可能。

江边枫落菊花黄，少长登高一望乡。

【注释】出自唐·崔国辅《九月》。

【译文/点评】此写重阳节江边枫叶落、菊花遍地黄，身为异乡客、登高望故乡的情景，表现的正是唐人王维“独在异乡为异客，每逢佳节倍思亲”（《九月九日忆山东兄弟》）诗句的意境。

今春看又过，何日是归年。

【注释】出自唐·杜甫《绝句二首》（其二）。

【译文/点评】此写诗人年复一年不得归乡的痛苦之情。

今夜月明人尽望，不知秋思落谁家？

【注释】出自唐·王建《十五日夜望月寄杜郎中》。

【译文/点评】此写秋夜望月思乡之情。前句是写十五之夜人望月的普遍性，意在说明望月怀人的心灵共通性。后句以意有不定的反问形式写自己的秋思之情，表面是疑问，暗里是早有肯定的。以此加强语气，突显自己的秋夜乡思的深切之情。

京国多年情尽改，忽听春雨忆江南。

【注释】出自元·虞集《听雨》。京国，指元代京城大都（今北京）。

【译文/点评】虽然生于江南，长于江南，但由于长期在北方做官与生活，早已习惯了北方的生活，甚至已完全被北方的习俗所同化，自己也感觉不到是江南人了。然而，一听春雨之声，就立即忆起杏花春雨的江南。这便是此二句所表达的意蕴。前句“京国多年”，强调居京时间之长，“情尽改”是“京国多年”的结果；后句的“忽听春雨”，写的是瞬间的突发事件，“忆江南”是由事件引发的结果。两句所表现的原因与结果的关系，前者显得缓慢，是渐进的；后者显得急速，是本能的。由此，在两相对比中反衬出“情尽改”的不可靠性与“忆江南”的自然性。从而，将“江南不可忘”的真实意蕴于“不著一字”中表现出来。

惊梦故人风动竹，催春羯鼓雨敲窗。

【注释】出自金·完颜琫《思归》。羯（jié）鼓，古代羯族的一种打击乐器。

【译文/点评】梦中欣喜逢故人，风吹竹动惊破之；夜雨敲窗声声急，犹忆羯鼓催春时。前句写梦中逢故人，后句写夜雨敲窗声。一个是梦中之境，一个是耳中所闻。前句是视觉形象，后句是听觉形象。如此，前后配合，使人对诗人雨夜思乡之情顿生一种身临其境的深切体认。

九日清樽欺白发，十年为客负黄花。

【注释】出自宋·陈师道《九日寄秦观》。九日，指九月九日重阳节。黄花，指菊花。

【译文/点评】此写重阳佳节之时感叹年老不胜酒力、十年漂泊异乡的情感苦痛。

九月九日望遥空，秋水秋天生夕风。

【注释】出自唐·邵大震《九日登玄武山旅眺》。

【译文/点评】此写傍晚时分登高望远所见满眼秋色、满天秋风的景象，表达的是“佳节又重阳，旅居在他乡”的寂寞感伤之情。

居常土思兮心内伤，愿为黄鹤兮归故乡。

【注释】出自汉·班固《汉书·西域传下》。居常，经常。土思，思念故土。

【译文/点评】常思故乡内心伤，愿为黄鹤归故乡。这是汉代元封年间嫁与西域乌孙昆莫的江都王刘建之女细君怀念故乡的诗句，情真意切地表现了一个汉族王室女子身在异国他乡的孤寂之心与念国思乡之情。“愿为黄鹤”的心愿描写，尤能表现其归国归乡的急切之情。

菊迎秋节西风急，雁引砧声北思多。

【注释】出自唐·李绅《守滁阳深秋忆登郡城望琅琊》。砧（zhēn）声，捣衣声。

【译文/点评】此言深秋赏菊迎风、听雁闻砧，触景生情而生思乡之情。

举头望明月，低头思故乡。

【注释】出自唐·李白《静夜思》。

【译文/点评】举首之际，低头之间，由“明月”而及“故乡”，乡关之思是那么自然而然，犹如清泉涌地。不做作，不雕饰，脱口而出，但深刻地道出了人类情感的共通，真可谓达到了作者自己所说的“清水出芙蓉，天然去雕饰”的化境。虽然这两句化自晋《清商曲辞·子夜四时歌·秋歌》中的“仰头看明月，寄情千里光”，但又“青出于蓝而胜于蓝”。

旧时巷陌今谁问，却问新移来住人。

【注释】出自宋·严粲《岳大后还乡》。巷，街巷。陌，田间小路，泛指路。谁问，问谁。却问，反而问。

【译文/点评】旧时记忆中的街道与道路都没印象了，那么到底去问谁呢？故人旧知皆不见，原来的主人反而要问新移来的陌生人了。此写“少小离家老大回”，久违故乡后回乡的惆怅失落之感。

君自故乡来，应知故乡事。来日绮窗前，寒梅著花未？

【注释】出自唐·王维《杂诗三首》。来日，来的时候。绮窗，指有雕花的窗户。著花未，开花了没有。

【译文/点评】此写诗人客居他乡的思乡之情。他乡见故人，自是人生的一大快事。但诗人见到故人的第一感觉不是高兴，而是急切地问家乡之事；而所问之事，只是家里窗前的梅花开花了没有。这是有意以小见大，突显诗人深切的思乡之情。因为连家里的梅花开花没有这样的小事都记挂在心上，那么家乡的其他事在诗人心里的牵绊也就可想而知了。

客舍并州已十霜，归心日夜忆咸阳。

【注释】出自唐·刘皂《旅次朔方》。

【译文/点评】此写诗人思念故乡之情。以“十霜”代“十年”，是此二句的精妙所在。这是运用借代手法，突显人在异乡的孤寂凄凉之感，以此衬托出对故乡的深切思念之情。因为“霜”是具体可感的，有冷的视觉与触觉，因此说“十年”远不及说“十霜”形象生动，更能让人浮想联翩，深受感动。

客行虽云乐，不如早旋归。

【注释】出自汉 · 无名氏《明月何皎皎》。客行，在外游历。云，说。旋归，归来。

【译文/点评】外面的世界很精彩，他乡也许很繁华，游历也许很快乐，但是久在他乡，总是免不了会令人思念起自己的故乡，这是人之常情。俗语“金窝银窝，不如自家草窝”，说的也是这个意思。

空将未归意，说向欲行人。

【注释】出自唐 · 周贺《长安送人》。

【译文/点评】此言向即将远行的朋友诉说自己不能归乡的痛苦之情是徒劳无益的，表达的是一种深切的乡思之情。

离家日趋远，衣带日趋缓。心思不能言，肠中车轮转。

【注释】出自汉 · 无名氏《古歌》。

【译文/点评】思乡之情，人皆有之。此写游子思乡之情，妙在曲笔而为之，不直言思乡人消瘦，而言“衣带日趋缓”（衣带一天比一天松弛下来，乃是人瘦的缘故），不直言不能向亲人倾诉衷肠之苦，而以肠中犹如车轮转作比，益见其乡思之深切。

梁园虽好，不是久恋之家。

【注释】出自明 · 施耐庵《水浒传》第六回。梁园，指汉代梁孝王所建园林，在今河南开封东南。

【译文/点评】此言他乡再好，毕竟不是家乡；外面的世界再精彩，也不能久恋不回家，意在表达对故乡深切的眷念之情。

撩乱边愁听不尽，高高秋月照长城。

【注释】出自唐 · 王昌龄《从军行七首》（其二）。边愁，指身处边塞、思念家乡的离愁别绪。

【译文/点评】此写秋夜望明月、倚长城，听思乡琵琶曲而顿起无限乡愁的情景。

露从今夜白，月是故乡明。

【注释】出自唐 · 杜甫《月夜怀舍弟》。

【译文/点评】此写秋夜怀乡之情。前句写滴露成霜，点明季节已是秋天；后句是遥想故乡月色。前后配合，由天气变化而想到家人的冷暖，由眼前异乡之月而想到家乡之月，在对比中自然表现出其深切的乡思之情。“月是故乡明”，虽然表意有些直白，但显得情真意切。所以，历来最能打动人心，让人低头苦吟，为之唏嘘不已。

洛阳城里见秋风，欲作家书意万重。复恐匆匆说不尽，行人临发又开封。

【注释】出自唐 · 张籍《秋思》。家书，家信。复恐，又怕。发，出发。开封，拆封。

【译文/点评】此写秋风动乡思的深切心态。“意万重”与“又开封”，一是用夸张修辞手法，一是用细节特写手法，强调的都是诗人对家人的无限关切与思念之情。

洛阳城里春光好，洛阳才子他乡老。

【注释】出自唐 · 韦庄《菩萨蛮》。

【译文/点评】家乡本有无限春光，自己却不能终老家乡，这是何等悲哀之事！这两句正是写诗人这种无奈的情感，其对家乡洛阳的热爱之情、对身在蜀中的悲苦之情，都表现于这种错位对比之中。

马上相逢无纸笔，凭君传语报平安。

【注释】出自唐 · 岑参《逢入京使》。凭，请，请求。

【译文/点评】立功边塞，以博封妻荫子，这是唐代士子共同的追求。但是，久在边关，突然见到“入京使”，自然就想到了在帝京长安的妻儿家人。于是，“马上相逢无纸笔，凭君传语报平安”的嘱托脱口而出。诗虽不事雕饰，就如现实生活中的场景、语言一般无二，却自然质朴，亲切感人，真正达到了诗“能于易处见工，便觉亲切有味”（清 · 刘熙载《艺概》）的境界。

梦魂知忆处，无夜不京华。

【注释】出自唐 · 岑参《郡斋平望江山》。京华，指长安，诗人的家乡。

【译文/点评】此言连梦魂都知道所忆念的地方，这便是自己夜夜梦回的家乡长安。此写思乡的深切之情，虽然表意直白，但真挚感人。

梦绕边城月，心飞故国楼。

【注释】出自唐 · 李白《太原早秋》。故国，指故乡。

【译文/点评】此写人在边城，望月思归之情。不直说“人绕边城月”，而说“梦绕边城月”，意在表现思乡之情的深切，梦中都在想，那清醒时如何，自不待言了。

灭烛怜光满，披衣觉露滋。

【注释】出自唐 · 张九龄《望月怀远》。

【译文/点评】前句明写爱月光满屋而吹熄蜡烛，暗含见月起乡思的意思；后句明写出外赏月而露湿衣裳，暗含望月怀远时间之久，突出的是乡思的深切之情。所欲表达的乡思之情，不是通过胸臆而出，而是通过看似漫不经意的叙事手笔，因此格外能让人咀嚼回味。

明月何皎皎，照我罗床帏。忧愁不能寐，揽衣起徘徊。

【注释】出自汉 · 无名氏《明月何皎皎》。皎皎，洁白明亮貌。罗床帏，用罗绮做成的床帏。寐，睡着。

【译文/点评】此写远在他乡的游子，夜不能寐，思念故乡之情，与唐人李白“床前明月光，疑是地上霜。举头望明月，低头思故乡”所写境界相同，皆表现了游子久在他乡的深切思乡之情。

目极千里兮伤春心，魂兮归来哀江南。

【注释】出自先秦·屈原《楚辞·招魂》。目极，纵目而望。兮，语气助词，相当于“啊”、“呀”。伤春心，春色令人伤心。

【译文/点评】纵目而望千里外，满眼春色伤人心；魂啊魂啊快归来，可怜江南难忘怀。这是为客死于秦的楚怀王招魂之句。诗人虽然因为楚怀王不听自己的忠言直谏而遭流放，但并没有忘记楚国与楚怀王，这份对国家、对君王的忠贞之心实在让人感动，其哀伤楚怀王客死他乡之情的真挚更让人感动。

目尽南飞雁，何由寄一言。

【注释】出自唐·王维《寄荆州张丞相》。何由，没办法。

【译文/点评】秋天大雁南飞越冬，这本是再平常不过的物候特征，但诗人却由雁之南飞而想到请雁传书家人，其思乡之情的深切，尽在其中矣。

南归路极天连海，惟有相思明月同。

【注释】出自唐·杨凝《春霁晚望》。路极，路远。

【译文/点评】此写家在万里、无法归去的乡思之苦。

年年江上无情雁，只带秋来不带书。

【注释】出自宋·黄庚《见雁有怀》。书，书信。

【译文/点评】此写见雁生情、盼望家书的怀乡之情。

鸟飞返故乡兮，狐死必首丘。

【注释】出自先秦·屈原《楚辞·离骚》。反，同“返”，即返回。兮，语气助词，相当于“啊”、“呀”。首丘，头向着栖住的山丘。

【译文/点评】鸟飞于蓝天，倦而知归乡；狐纵死于外，死必向旧丘。这是以鸟恋旧巢、狐恋故丘为喻，婉约地表达了自己思念故乡的深切之情，既形象又含蓄，比直陈胸臆更让人感动。

琵琶一曲肠堪断，风萧萧兮夜漫漫。

【注释】出自唐·岑参《凉州馆中与诸判官夜集》。

【译文/点评】在边塞异乡，听异域之乐，自然让人顿起乡关之思，更何况又是在“风萧萧兮夜漫漫”的夜晚。“琵琶一曲”写乐声；“风萧萧”写季节，也写声音；“夜漫漫”写夜宴的特定的时间。三者的结合，共同强化了“肠堪断”的语意表达，让人不禁为其乡思之切、之苦而心有戚戚焉。

飘飘何所似？天地一沙鸥。

【注释】出自唐·杜甫《旅夜书怀》。

【译文/点评】此二句以比喻修辞手法形象生动地写出了诗人自安史之乱之后多年漂泊蜀中的羁旅困顿之愁，让人睹物伤人，心有戚戚。加上前句的“设问”语气，这层悲愁之情更显深重。

平林漠漠烟如织，寒山一带伤心碧。

【注释】出自唐·李白《菩萨蛮》。

【译文/点评】此写触景生情而思故乡的深切之情。前句以比喻修辞手法写平林广阔无边、如烟似雾的景象，意在表现故乡难以望见的苦痛之情。后句以移就手法，将人的感情移注于物（山），让山有“寒”之感、“伤心”之情，从而反衬出诗人见他乡之青山而触景生情的伤感之情。

凭君莫射南来雁，恐有家书寄远人。

【注释】出自唐·杜牧《赠猎骑》。凭，请，请求。

【译文/点评】中国自古便有鸿雁传书的传说，此二句即是用此典故写久在边塞的征人睹雁思乡之情。但是，诗人却不直说此层意思，而以折绕手法，以恳切的口吻请求他人别射从南方越冬而归的大雁，以免家书丢失的话来婉约地表达，让人味之再三，益发为其思乡之情的深切而感动。

褰裳路踟蹰，彷徨不能归。浮云日千里，安知我心悲。

【注释】出自汉·无名氏诗（旧题《李陵赠苏武诗》）。褰（qiān），提起衣服。裳，下衣。踟蹰（chí chú），彷徨、犹豫。日千里，一日千里。安知，怎么知道。

【译文/点评】此写李陵身陷匈奴，有家难归的悲苦之情。提起衣裳想迈步，想想自己的处境又只得停下来。仰头望望天上的浮云一日千里地自由飞翔，自己却南望故国，再也回不去了，这怎能不让他情不自禁地发出“安知我心悲”的悲鸣？

羌笛何须怨杨柳，春风不度玉门关。

【注释】出自唐·王之涣《凉州词》。羌（qiāng）笛，古代西北少数民族的一种乐器。杨柳，指古《折杨柳》乐曲。玉门关，在今甘肃敦煌西北，河西走廊西端。

【译文/点评】听着羌笛吹出的《折杨柳》乐曲，好像有怨嗟之声，原来是因为春风不到玉门关，这里看不见杨柳青青。此写征人思乡之情。前句以拟人修辞手法将羌笛人格化，使其带有人的生命情态，即有怨恨之情，以此借物写心，表现征人不得归乡的怨苦之情。后句是解释羌笛何以怨杨柳的原因，因为杨柳不生长在玉门关；而杨柳之所以不生长在玉门关，则是因为“春风不度”。由此，在解释原因中强调了玉门关的荒凉与气候条件的恶劣，突出表现了征人戍边生活的艰苦情状以及之所以思乡的缘由。

羌管悠悠霜满地，人不寐，将军白发征夫泪。

【注释】出自宋 · 范仲淹《渔家傲》。羌管，即羌笛，西北少数民族的一种乐器。征夫，守卫边塞的战士。

【译文/点评】此写守卫边塞的将军与战士的深切思乡之情。为了表现这种情感，作者除了以将军的“白发”与征夫之“泪”来作特写外，还以羌管的悠扬之声与霜满地的视听觉形象予以铺垫。写羌笛的悠扬之声，意在反衬将士听不到家乡之音的悲伤之情。写霜满地，意在突出强调“塞下秋来风景异”的意蕴，以此与将士的家乡风景形成对比，从而说明将士之所以“不寐”的原因。

乔木展旧国之思，行云有故山之恋。

【注释】出自唐 · 刘禹锡《谢裴相公启》。乔木，大树。旧国，原本生长的环境，这里喻指英才。行云，喻指游子。

【译文/点评】乔木依恋旧有的生长环境，行云依恋惯常的山崖峰峦。此以乔木恋旧土、行云恋故山为喻，形象地表达英才报国、游子思乡的殷切之情。

青山无限好，犹道不如归。

【注释】出自宋 · 晁补之《临江仙》。犹，还。道，说。

【译文/点评】他乡青山虽美，毕竟不是故乡，还是归家最好。此言与俗语“金窝银窝，不如自家草窝”同义，皆是说家乡好、家里好，表现的是对家及家乡的依恋之情。

清江碧草两悠悠，各自风流一种愁。

【注释】出自唐 · 韩偓《寒食夜》。

【译文/点评】江水清澈，碧草青青，都是美丽的景色，但是对于寒食节身在异乡之人，这两种景色都只能引起他的一种情感：忧愁。此言寒食节客居他乡的忧愁之情。

穷秋南国泪，残日故乡心。

【注释】出自唐·赵嘏《经无锡县醉后吟》。穷秋，指暮秋、深秋。残日，指夕阳。

【译文/点评】此写人在南国他乡，时值暮秋落日情境中的怀乡念乡之情。

去国十年初避乱，投荒万里正思归。

【注释】出自金·术虎邃《睢阳道中》。去国，指蒙古人大举进攻，金廷只得放弃中都而南迁汴京。避乱，指躲避蒙古人的进攻。投荒，指戍守边城。

【译文/点评】此写思念故都、想念家乡之情。“十年”是实写，指金廷南迁汴京十年。“万里”则是夸张，极言家乡之远。诗人特意选择这两个数量词，一方面是为了诗歌对仗的需要，另一方面则是为了强调国势衰弱已久，故都印象已远，自己成边离家之远。

去国衣冠有今日，外家梨栗记当年。

【注释】出自金·元好问《外家南寺》。去国，指已经覆亡的金朝。衣冠，指士大夫、官绅。外家，指诗人少年时代读书的外家南寺。梨栗，指童年生活。陶渊明有《责子》诗曰：“通子垂九龄，但觅梨与栗。”后代遂以儿童觅梨寻栗的生活称代童年生活。

【译文/点评】故国已不存，昔日为官今为民。而今追忆童年事，历历在目情依依。这是诗人在金朝灭亡之后抚今追昔的感叹之辞，其所抒发的对故国的深切怀念之情与对童年生活的留恋之情，尽在其中矣。

却是归鸿不能语，一年一度到江南。

【注释】出自宋·杨万里《初入淮河四绝句》（其一）。却是，反而是。归鸿，南飞避寒的大雁。一度，一次。

【译文/点评】此句表面是写北雁一年一度南飞过冬的自然现象，实则为了反衬沦陷于金人铁蹄下的宋朝故国遗民，反而不如不能言语的大雁能够自由地南来北往的悲哀。以此表达诗人对故国的深切思念之情，对故国之民深切的同情之心。

人归落雁后，思发在花前。

【注释】出自隋·薛道衡《人日思归》。

【译文/点评】此写人在江南、心思故乡的深切之情。人日（正月初七，古代习俗将正月初一至初七分别命之以鸡、狗、猪、羊、牛、马、人日）本是家家亲人团聚、户户欢度新年之时，而诗人却人在旅途。诗人仰望北归的大雁飞过头顶，顿时思绪纷飞，想到了远在北方的家。前句言归家日期人落雁后，后句言归乡之心早于梅花盛开之日。此以人、雁、花对比，突出强调其思乡的急切之情。

人情怀旧乡，客鸟思故林。

【注释】出自晋·王赞《杂诗》。客鸟，迁徙到别处的鸟。故林，旧时栖息的树林。

【译文/点评】此乃以“客鸟思故林”喻“人情怀旧乡”的必然性、合理性，表达有力，情见于辞。

人行秋色里，雁落客愁边。

【注释】出自宋·方岳《泊歙浦》。

【译文/点评】秋天是万物萧条之时，本来就会令人伤感。况且又是人在异乡，孤身外出奔走，其凄苦的心情可想而知。此乃写人在他乡的孤苦之情。但诗人并未直抒胸臆，而是通过“雁落客愁边”（只有雁可怜他，落下相陪伴）的情节，以景写情，将此秋日里怀乡感伤之情深含而不露地表达出来。

人言落日是天涯，望极天涯不见家。

【注释】出自宋·李觏《乡思》。望极，望尽。

【译文/点评】此写人在他乡、望故乡而不见的痛苦之情。

人作殊方语，莺为故国声。

【注释】出自唐·王维《晓行巴峡》。殊方，他乡。故国，故乡。

【译文/点评】此以人作异语与莺作乡音相对照，突显诗人触景生情的乡思之情。

忍泪失声询使者，几时真有六军来。

【注释】出自宋·范成大《州桥》。失声，情不自禁地说出口。询（或作问），询问。使者，指南宋出使金朝的使节。六军，古时天子有六军。此指南宋军队。

【译文/点评】此句表面是叙述北方沦陷区的汉族民众询问南宋使节之事，实是为了突显宋朝北方民众急切盼望南宋统治者挥师北伐、收复失地的殷切之情，更是诗人借此对南宋统治者不思进取、苟且偷安行为的极大讽刺。

仍怜故乡水，万里送行舟。

【注释】出自唐·李白《渡荆门送别》。

【译文/点评】此二句实际是要表达诗人离别故乡的依依不舍之情。但是，妙的是诗人不从自己写起，而是从对面写起，不说自己依恋故乡，而是将江水拟人化，说成是江水不舍他，依依不舍送别他的行舟万里。由此，不仅写尽了诗人对故乡深切的依恋不舍之情，同时也使无情的江水顿然有了人的生命情态，给人以无限想象与回味的余地，大大扩张了诗的审美空间。

日暮途且远，游子悲故乡。

【注释】出自汉·无名氏《古诗》。且，又。

【译文/点评】日暮时分，乃是家人团聚之时。人在他乡，看到他乡夕阳，自然顿生思乡之情，这是人之常情。而日暮时分，人在旅途，食宿无着，自然会涌起“在家千日好，出门一时难”的感慨。此情此景，教人如何不顿生乡思之情？此二句所写，正是这一情境下的游子心情。

日暮乡关何处是，烟波江上使人愁。

【注释】出自唐·崔颢《黄鹤楼》。

【译文/点评】人在异乡，思乡之情自在情理之中。日暮时分，正是家人团聚之时，而眼下，人在他乡，其孤独感可以想见；江水泱泱，烟波茫茫，人在孤舟之上漂荡，其漂泊感自然可以想见。此情此景，教人如何不思乡？上面两句正是写出了这种特定情境中的思乡情感。

戎马不解鞍，铠甲不离傍。冉冉老将至，何时反故乡？

【注释】出自汉·曹操《却东西门行》。戎，武器。戎马，此指战马。冉冉，慢慢地。至，到。反，同“返”，返回。

【译文/点评】此乃写战士长年征战的辛苦之状与久在他乡而思念故乡的深切之情。

戎马关山北，凭轩涕泗流。

【注释】出自唐·杜甫《登岳阳楼》。戎马，战马，此指战争。关山北，此指遥远的边关。凭，靠着。轩，栏杆。涕，眼泪。泗，鼻涕。

【译文/点评】此写长久征战于遥远的边关，登高凭栏望远就禁不住泪水满眼，其意是表达战士久征在外强烈的思乡之情。

容貌岁岁愁边改，乡国时时梦里还。

【注释】出自唐 · 杜俨《客中作》。愁边改，愁中改变。乡国，故乡。

【译文/点评】容貌因为年年忧愁而改变，故乡梦中时时难忘。此言思乡的深切之情。“岁岁”、“时时”两个时间词的重叠，强调了乡思与忧愁的深切程度。

三千里兮家未归，恨难禁兮仰天悲。

【注释】出自晋 · 张翰《思吴江歌》。兮，语气助词，相当于“啊”。恨，憾。

【译文/点评】家在千里之外，道途艰难，虽思归心切，却一时归而不得，悲从中来，只能仰天而叹。如此直接的表达，可见诗人思乡之情、思归之心的深切。

三湘衰鬓逢秋色，万里归心对月明。

【注释】出自唐 · 卢纶《晚次鄂州》。三湘，指湖南的湘潭、湘乡、湘阴三地。衰鬓，指头发白。

【译文/点评】此写人在他乡、对月怀乡之情。前句以年老发白与萧瑟秋色对举，意在突显其悲秋伤怀之情；后句写望月之景，意在强调乡思之切。“万里”，是夸张，强调故乡之遥远。

塞花飘客泪，边柳挂乡愁。

【注释】出自唐 · 岑参《武威春暮闻宇文判官西使还已到晋昌》。

【译文/点评】此写征人身在边塞的乡思之愁。前后两句都是运用拟人手法，将塞花、边柳人格化，使其带有人的生命情态，从而借物写人，反衬出征人思乡的深切之情。

伤心江上客，不是故乡人。

【注释】出自唐 · 卢僎《南望楼》。

【译文/点评】江上遇客人，本是常事。只是因为不是故乡之人，便有身在异乡之悲，则其时刻想念家乡之情可见矣。

少小离家老大回，乡音未改鬓毛衰。

【注释】出自唐·贺知章《回乡偶书二首》（其一）。衰（读 cuī），意指“疏落”。

【译文/点评】前句以“少小离家”与“老大回”句中自对，概写出客居他乡时间之久，暗衬出回乡时自伤“老大”之情。后句以不变的“乡音”反衬衰疏、变化的“鬓毛”，在两相对比中突出了思乡、念乡之情的深切。

谁家玉笛暗飞声，散入春风满洛城。此夜曲中闻折柳，何人不起故园情。

【注释】出自唐·李白《春夜洛城闻笛》。洛城，即洛阳。折柳，即乐府横吹曲《折杨柳》，多带离情别绪的哀伤情调。

【译文/点评】此写夜闻笛声而生发的乡思之愁。前两句写乐景，“玉笛”、“春风”都是带有欣悦之情的意象。后两句写由笛曲的声调而起的乡思之愁，但诗人却不直说是自己，而以“何人不起”，以偏概全，将自己听笛曲的感受强加于所有人。乍看起来，这有些不合逻辑事理，却正是这悖理之辞，恰恰反映了诗人思乡心切的深情。

谁谓河广，一苇杭之。

【注释】出自先秦《诗经·卫风·河广》。河，古代专指黄河。苇，芦苇。杭，通“航”。之，指黄河。

【译文/点评】谁说黄河宽又广，一根芦苇渡得过。此以夸张修辞手法写一位客居卫国的宋人思念家乡，急切想回到宋国的心情。

神龙藏深泉，猛兽步高冈。狐死归首丘，故乡安可忘？

【注释】出自汉·曹操《却东西门行》。狐死归首丘，典出于《礼记·檀弓》，说狐死时一定将头朝向自己先前居住的山丘。安可，怎么能。

【译文/点评】此以龙不可离水、兽不可离冈、狐死必首丘作铺垫，以此由物及人，表达了久在他乡征战的战士对故乡的深切思念之情。

试问乡关何处是，水云浩荡迷南北。

【注释】出自宋·赵鼎《满江红》词。乡关，故乡。

【译文/点评】此写故乡遥不可及、归家之期不定的痛苦之情。

瘦马恋秋草，征人思故乡。

【注释】出自唐·刘长卿《代边将有怀》。

【译文/点评】此写征人思乡之情，以瘦马恋草作比，自然贴切。因为征人在边塞，与战马和塞草的关系最为密切。因此，没有为比喻而比喻的牵强感。

书生半醉思南土，一曲灯前唱鹧鸪。

【注释】出自元·杨允孚《滦京杂咏》。南土，指江南。鹧鸪，指《鹧鸪曲》，是唐代流行的南方思乡曲，因为鹧鸪叫声凄凉，且听起来像是说“行不得也哥哥”。

【译文/点评】江南与塞外，无论是风景还是风俗，都是迥然不同的。一个江南书生游于滦京（即元代的上都，原蒙古汗国之开平府），半醉之后忆起南土，情不自禁间便于灯下唱起了《鹧鸪曲》。这便是此二句所表达的意蕴，表现的是一个江南游子身在塞外，心在江南的乡思之情。

蜀国曾闻子规鸟，宣城还见杜鹃花。

【注释】出自唐·李白《宣城见杜鹃花》。子规鸟，即杜鹃鸟。相传为周末蜀国望帝所化，叫声凄苦。宣城，在今安徽省。

【译文/点评】此写人在异乡、触景生情的乡愁。由眼前绚丽的杜鹃花而忆及记忆中杜鹃鸟悲苦的啼声，这是利用“杜鹃花”与“杜鹃鸟”的名称而由此及彼，将花之形与鸟之声相映衬，从而不着痕迹地表达出思乡深切之情。

朔风动秋草，边马有归心。

【注释】出自晋·王赞《杂诗》。朔风，北风。动，使动、吹动。边马，北边的马。

【译文/点评】北风起，秋天至，寒风吹动着边塞的野草，本来就来自北方的战马也起了南归之心。此乃以马写人，以景写情，抒发戍边将士久在边关的深切思乡之情。

思归若汾水，无日不悠悠。

【注释】出自唐·李白《太原早秋》。汾水，在今天山西省境内。悠悠，水流缓慢或连绵不断的样子。

【译文/点评】此以汾水水流悠悠之貌比喻思乡之情的难以遏制，让人由水及人，想见其思乡之情的绵绵不绝之状。表意婉转，形象感极强。

他乡生白发，旧国见青山。

【注释】出自唐·司空曙《贼平后送人北归》。旧国，指战乱前的国家。

【译文/点评】此写怀乡念国之情。前句写人在他乡的悲愁之情，以“生白发”予以强调；后句写满目青山之景，意在表现战乱之后“青山依旧在，故国繁华去”的惆怅之情。

他乡有明月，千里照相思。

【注释】出自唐·李峤《送崔主簿赴沧州》。

【译文/点评】此写人在他乡，见月思人的情感。

桃李东风蝴蝶梦，关山明月杜鹃魂。

【注释】出自元·郝经《落花》。东风，春风。蝴蝶梦，指庄周梦中化蝶的典故。杜鹃魂，指望帝化为杜鹃鸟的典故。

【译文/点评】此写春天逝去、故国难归的惆怅与痛苦之情。前句言春风不再、桃李花谢，蝴蝶随风逐花的快乐时光就像是一场梦。同时，“蝴蝶梦”又是用庄周梦蝶的典故，故此又别有一层人生如梦的感慨意蕴。后句写见明月而思北国关山，闻杜鹃啼声（杜鹃鸟又名子规，谐音“子归”，其叫声类于“行不得也哥哥”）而念亲人的深切之情（因为诗人出使南宋被扣多年而不得归）。

天山雪后海风寒，横笛偏吹行路难。碛里征人三十万，一时回首月中看。

【注释】出自唐·李益《从军北征》。海，指瀚海，即沙漠。行路难，是汉乐府横吹曲之名，多是歌咏忧伤内容的曲调。碛（qì），本指水中沙堆，此指沙漠。

【译文/点评】此写出征的将士夜晚顶着刺骨的寒风行进于天山雪后的沙漠之中，突然听到忧伤的《行路难》笛声，顿时三十万将士一时为之动情，不禁一起回首望着沙漠中那轮清寒皎洁的明月，心中涌起无限的思乡之情。

天涯岂是无归意，争奈归期未有期。

【注释】出自宋·晏几道《鹧鸪天》。天涯，此指路途极远。争奈，怎奈。

【译文/点评】哪里是因为路途遥远而无归乡之意，只是无奈回乡之日遥遥无期。此写人在江湖，身不由己，欲归故乡而归期难定的悲苦之情。

外地见花终寂寞，异乡闻乐更凄凉。

【注释】出自唐·韦庄《思归》。

【译文/点评】此写异乡见花、闻乐的异样感受，反衬出诗人对故乡的思念之情。

晚色霞千片，秋声雁一行。

【注释】出自唐·令狐楚《九日言怀》。

【译文/点评】此写夕阳西下，余晖满天，秋风阵阵，雁飞成行的景象。所写晚霞、秋雁，都是令人触景伤怀之景，由此借景抒情，表达重阳佳节人在异乡的悲苦之情。

万重关塞断，何日是归年。

【注释】出自唐·李白《奔亡道中》。

【译文/点评】此写战乱中的思乡之情。前句的“万重关”，不是实写，而是夸张，意在说明归乡障碍之多，以此强调不得归乡的悲苦之情。

万里悲秋常作客，百年多病独登台。

【注释】出自唐·杜甫《登高》。

【译文/点评】独在异乡为异客，本就让人不胜悲伤，何况又在国家动乱（指安史之乱），生灵涂炭之劫后，更让人情何以堪？秋天本就是个易于引发人们“英雄老去”、“美人迟暮”感伤的季节，何况身处“万里”之外的蜀地客中，又在“百年多病”之时，这孤独登台远眺，满眼都是他乡关河，叫人如何不悲从中来，心有戚戚，感慨系之？

万里衡阳雁，今年又北归。

【注释】出自唐·杜甫《归雁二首》。衡阳，在今湖南省。据说雁飞到南方过冬，到了衡阳回雁峰即停下不南飞。

【译文/点评】大雁秋天从北方飞到南方越冬，春天由南方飞回北方生活，这是再平常不过的现象，诗人却将其入诗予以吟咏，何也？这是借物而写人，通过雁北归而己难归的对比，表达其乡思之愁。

万里家山一梦中，吴音渐已变儿童。

【注释】出自宋·苏轼《秀州报本禅院乡僧文长老方丈》。

【译文/点评】家在山水迢迢的万里之外，但一梦之中便回到了阔别已久的家。但是，奇怪的是，在梦中家乡的儿童说话也变成了吴地口音。前句写家乡的路遥，以“万里”夸张之；后句言离家时间之长与在吴地生活时间之久。由此，前后配合，遂将离家久远的乡思之苦淋漓尽致地表现出来。

万里人南去，三春雁北飞。不知何岁月，得与尔同归。

【注释】出自唐·韦承庆《南中咏雁诗》。得，能。尔，你，指雁。

【译文/点评】前两句写北人南去、大雁北归的景象，后两句紧承其后抒发希望随雁北归故乡的急切之情，其对故乡的深切思念之情充溢于字里行间矣。“万里”，是夸张，言离乡距离之远。

万山秋叶下，独坐一灯深。

【注释】出自明·何景明《十四夜》。

【译文/点评】此写群山萧瑟、秋夜独坐的情景，表达的是人在异乡的寂寞之情。

望断关河非汉帜，吹残日月是胡笳。

【注释】出自清·钱谦益《后秋兴之十三》。望断，望尽。关河，关塞河流，代指江山、全国。汉帜，指汉族军队的旗帜。胡笳，指胡人的乐器，此代指清朝的军队。

【译文/点评】望尽大江南北，不见汉人军队的影子，到处都是席卷天下的清朝军队。此写清灭大明王朝的亡国之恨。第二句的“吹残日月”，表面是说“胡笳”之声响彻云霄的情状，实际是说清朝灭亡明朝。因为“日月”合起来便是“明”字，这是巧妙地利用汉字形体表情达意，属于汉语修辞的析字法，婉转地表达了对故明王朝的怀念之情。

惟有门前镜湖水，春风不改旧时波。

【注释】出自唐·贺知章《回乡偶书二首》（其二）。镜湖，在今浙江绍兴会稽山的北麓，周围三百余里。

【译文/点评】此二句乃是感叹物是人非之意。但是，诗人却不直说少时所见的一切都没有了，而是通过强调“惟有”的“门前镜湖水”与“不改”的“春风”及春风吹拂下仍然同于往日一样荡漾的“旧时波”，将这层意思反衬出来，由此表现其感时伤怀、触景怀旧之情。

惟有夜来归梦，不知身在天涯。

【注释】出自宋·贺铸《清平乐》。

【译文/点评】此言只有在梦中回到故乡的幸福时光，才会忘记“独在异乡为异客”的痛苦，意谓清醒时分都被思乡的痛苦所煎熬。此乃以折绕修辞手法写思乡的深切之情。

问征夫以前路，恨晨光之熹微。

【注释】出自晋·陶渊明《归去来兮辞》。之，的。熹微，天色初明之貌。

【译文/点评】此写诗人归心似箭的心情。

无端更渡桑干水，却望并州是故乡。

【注释】出自唐·刘皂《旅次朔方》。无端，没来由。更渡，再渡。桑干水，即桑干河，在今山西境内。并州，在今山西省境内。

【译文/点评】此写对第二故乡的怀念之情。十年前诗人离开故乡咸阳，到了他乡并州。虽然日夜思念故乡，但为了功名事业，还是在并州一待就是十年。诗的前两句“客舍并州已十霜，归心日夜忆咸阳”，即是写此背景的。而今终于要再渡桑干河往归故乡咸阳了，却没来由地惆怅起来，回首北望并州，却突然觉得并州就是自己的故乡。诗人选取渡桑干水的特定时刻抒发对第二故乡并州的怀念之情，大有借水写心，突显水悠悠、情悠悠之意。

无端一夜空阶雨，滴破思乡万里心。

【注释】出自宋·张咏《雨夜》。无端，无缘无故。

【译文/点评】此写“独在异乡为异客”的乡愁之苦。前句不说自己一夜思乡不眠，却怨雨滴空阶之声“无端”扰了自己的清梦，“无理”之中蕴含了异乎寻常的乡思之情。后句以比拟手法与夸张手法写乡思之情的痛苦之状。雨声滴破思乡之心，这是将无形之物具象化，属于修辞上的比拟。“万里心”是夸张修辞手法，既突出了故乡之远，又强调了心思故乡的速度，真切地表达出归心似箭的急切之情。

无论海角与天涯，大抵心安即为家。

【注释】出自唐·白居易《种桃杏》。

【译文/点评】此言只要有随遇而安的心态，也就没有乡愁了，表达的是一种达观的乡土观。

无限塞鸿飞不度，秋风卷入小单于。

【注释】出自唐·李益《听晓角》。塞鸿，即塞外之雁。小单于，是塞外胡人之乐曲名。

【译文/点评】此二句表面是写景，说无数的大雁要飞往南方过冬，但是听到秋风卷入空中的《小单于》曲声盘旋空中，不肯离去。实际上，这是诗人借雁写人，写景抒情，塞雁听到故乡之音尚有留恋之意，那么久离故乡的戍边征人又如何呢？自然不言而喻。虽然诗句字面不及怀乡念亲一字，但千言万语尽在其中矣。这便是此二句的婉约含蓄之美。

五更归梦二百里，一日思亲十二时。

【注释】出自宋·黄庭坚《思亲汝州作》。十二时，指十二个时辰，一个时辰为两小时，十二时即全天。

【译文/点评】此以夸张手法写思亲思乡的殷切之情。前句说五更时分梦中离家只有二百里了，这是夸张归家速度之快，意在突显思乡心情之殷切。后句是说一天中每时每刻都在想念亲人，因为一天只有十二个时辰。

五千里外三年客，十二峰前一望秋。

【注释】出自唐·崔涂《巫山旅别》。十二峰，指巫山十二峰。

【译文/点评】此写远乡作客、感物伤秋之情。

西南三月音书绝，落日孤云望眼穿。

【注释】出自金·元好问《壬辰十二月车驾东狩后即事》（其三）。西南，此指诗人寓居的登封（今河南登封），相对于诗人的故乡山西便是西南。三月音书绝，指金天兴元年（1232）蒙古军队围攻金都汴京期间诗人与家中联系中断。

【译文/点评】此写战乱中思念家乡的深情，与唐人杜甫“烽火连三月，家书抵万金”的句义相同。“落日孤云”为写景，景中有情，表现了诗人对国运、家乡的忧虑悲伤之情。“落日”有暗喻金廷如日薄西山的夕阳，“孤云”则暗喻身在异乡的诗人自己。“望眼穿”乃是夸张，表现的是诗人对来自故乡音讯的急切期待之情。

昔我往矣，杨柳依依；今我来思，雨雪霏霏。

【注释】出自先秦《诗经·小雅·采薇》。矣，句末语气助词。依依，杨柳随风飘拂貌。思，句末语气词，无义。雨，这里指下雪。霏霏，雪花纷纷貌。

【译文/点评】昔日出征从军去，杨柳依依无限意；今日解甲归故里，大雪纷飞满天地。这是写一位久戍在外的征人回乡时抚今追昔的感慨。“杨柳依依”与“雨雪霏霏”的意境，让人思之味之，感慨无穷。

细雨嫩寒衫袖薄，客中知是菊花时。

【注释】出自宋·卢祖皋《庙山道中》。菊花时，指九月重阳节前后。

【译文/点评】因细雨微寒而感到衣单衫薄，再进而联想到此时已是菊花盛开的九月。这是诗句表面所写的内容，实际要表达的则是唐人王维诗句“独在异乡为异客，每逢佳节倍思亲”的意蕴。因为菊花开时，正是重阳佳节。而重阳节是中国人非常重视的合家团聚、登高赏菊的时刻。那么菊花盛开之时，人在“客中”，将意味着什么呢？其无限的乡愁已尽在其中矣。

乡泪客中尽，孤帆天际看。

【注释】出自唐·孟浩然《早寒江上有怀》。

【译文/点评】此写江上思乡之情。前句写人在异乡，思乡流干了眼泪。这是夸张，意在突显其乡思之深切。后句写家在远方而遥不可及的孤寂悲苦之情。“孤帆”，明写船单影只，暗写船上之人的寂寞之情。“天际”，夸张家乡之远，远在天之尽头，以此强调归乡而不得的悲情。

乡心正无限，一雁度南楼。

【注释】出自唐·赵嘏《寒塘》。乡心，思乡之心。

【译文/点评】前句写人在异乡，羁旅困顿，思乡之情无限，乃是直抒胸臆；后句写一只孤雁飞过南楼，看似写景，实是写心。众所周知，秋天大雁南飞越冬，皆是成群迁移。因此，“一雁度南楼”一句显然是诗人借雁自比，突显的是自己孤身在外的悲苦与无限的乡思之情。

想到家中夜深坐，还应说著远行人。

【注释】出自唐·白居易《邯郸冬至夜思家》。

【译文/点评】此以示现修辞手法，虚拟了一个冬至佳节家人深夜不睡，念着远行他乡的游子的情节，从家人想念自己的视角着笔，推己及人，表达了对家乡与家人的深切思念之情。

向晚多愁思，闲窗桃李时。

【注释】出自唐·王维《晚春归思》。向晚，黄昏。

【译文/点评】此写黄昏时分的乡思之愁。日暮黄昏，正是家人团聚之时。而今人在异乡，正是寂寞难耐之时，况见异乡桃李绽放得如此绚丽，教人如何不触景生情，顿生乡思之愁？“闲”之一字，暗中点出“寂寞”之意，也由此交代了黄昏思乡的缘由。因为人在寂寞之时，最易引发乡思之情。

萧萧梧叶送寒声，江上秋风动客情。

【注释】出自宋·叶绍翁《夜书所见》。萧萧，风吹树叶之声。

【译文/点评】风吹梧叶萧萧下，游子江上动乡情。此写诗人身在异乡，忽见秋风扫落叶而顿起念乡思归之情。

新诗淡似鹅黄酒，归思浓如鸭绿江。

【注释】出自金·完颜璹《思归》。鹅黄酒，指蜀中名酒。鸭绿江，在今中朝边境。

【译文/点评】此写诗人思归北方故乡的深切之情。此二句的最大特色是比喻新颖、贴切自然。前句以“鹅黄酒”比喻新诗冲淡的风格，后句以“鸭绿江”水之绿比喻归思的浓郁。“鹅黄酒”是蜀中名酒，诗人身在南面，以南方之酒比喻新诗的风格，是就近取譬，因此显得质朴自然。以“鸭绿江”水比归思之浓，那是因为诗人的故乡在东北，是取其故乡之水而设喻，也在情理之中，系出于自然，而非为比喻而比喻。

行人无限秋风思，隔水青山似故乡。

【注释】出自唐·戴叔伦《题稚川山水》。

【译文/点评】此写游子思乡之情。前句写游子秋风中而动乡思之情，后句写游子见他乡之山而忆及家乡之山。前后配合，突显出游子触景生情的乡思之愁。

行行循归路，计日望旧居。

【注释】出自晋·陶渊明《庚子岁五月中从都还阻风于规林二首》。循，沿着。

【译文/点评】此写诗人循着回家的路，扳着手指计算回到家乡的日期的真切情状，表现的是诗人思乡情深、归乡心切之情。

休梦江南路，路长梦短无寻处。

【注释】出自宋·范成大《惜分飞》。休，不要。

【译文/点评】千万莫做回乡梦，只怕路长梦太短，更怕日久路生认不得。此写对故乡江南的深切思念之情。前句提出观点，后句说明原因。

雪声偏傍竹，寒梦不离家。

【注释】出自唐·戎昱《桂林腊夜》。

【译文/点评】人在异乡，寒夜听雪打竹枝竹叶瑟瑟有声，梦里又回到了故乡。此写天寒岁暮、人在他乡的深切思乡之情。雪声敲竹之声虽响，但若是人在梦中，自然是听不见的。既然听见，且有心烦的感觉（“偏”字点出其对竹的不满之意），说明人未睡着。那么，何以雪夜难眠呢？后句作了交代：梦中想家。“寒”字，既写出了雪夜的身体感受（气温），也写出了心理感受（故乡难归的悲凉感）。

颜衰重喜归乡国，身贱多惭问姓名。

【注释】出自唐·卢纶《至德中途中书事却寄李僩》。颜，容颜。乡国，故乡。身贱，指地位低，没做到大官。

【译文/点评】此写归乡的复杂心情：年老而归，有一种落叶归根的喜悦；但是，大志难展，功业未成，又有一种愧对父老乡亲之感。

眼中高岸移深谷，愁里残阳更乱蝉。

【注释】出自金·元好问《外家南寺》。

【译文/点评】此写故国故乡的哀思之情。前句化用《诗经·小雅·十月之交》中“高岸为谷，深谷为陵”句义，写国破家亡的沧桑之感。后句承前感伤之意而写眼前之景，以具体意象补足前句之义。“残阳”、“蝉鸣”都是令人感伤的意象，何况又在“愁里”所见，则诗人心中的悲哀可知矣。

野岸柳黄霜正白，五更惊破客愁眠。

【注释】出自宋·欧阳修《沐河闻雁》。

【译文/点评】此写游子秋夜思乡难眠的悲苦之情。前句交代“客愁眠”的季节是秋天，因“柳黄”、“霜正白”，都是秋天的季节征候。后句写夜半难眠的愁苦之情。“惊破”一词，承前启后，交代了“客愁眠”的原因是“霜降”。霜落无声，竟然能惊破愁客之眠，客人睡眠极不稳定的状态可想而知。由此，反衬出“客愁眠”的真正原因是思乡，而不是别的什么。

一川晚照人闲立，满袖杨花听杜鹃。

【注释】出自宋·郑协《溪桥晚兴》。一川，整个原野。

【译文/点评】此写夕阳西下，杨花飞舞的暮春时节，诗人独立平川，听杜鹃“不如归去”的声声呼唤之景，意在表达其无限的乡思之情。

一见湖边杨柳风，遥忆青青洛阳道。

【注释】出自唐·孙逖《山阴县西楼》。洛阳道，指洛阳道的杨柳。

【译文/点评】“一见”与“遥忆”的对仗，从“见”与“忆”时间相隔之短方面突出了诗人情不自禁的乡思之情。

一叫一回肠一断，三春三月忆三巴。

【注释】出自唐·李白《宣城见杜鹃花》。三春，指初春、仲春、暮春，此指暮春。三巴，指四川，东汉末年益州牧刘璋置巴郡、巴东、巴西三郡，故称三巴。

【译文/点评】此写触景生情的乡思之愁。人在他乡，见杜鹃花而忆及家乡蜀中的杜鹃鸟。由杜鹃鸟的“不如归去”的叫声，自然引出对家乡三巴的深切思念之情。前句是运用夸张手法，意在突显其听杜鹃鸟叫声的深切感受。后句巧妙地利用季、月、地都带“三”的特点，表达暮春的乡愁。因为“三”在古代有指称“多”之意。“三春”是指暮春，暮色花事已渐趋凋谢，这是通过节候名称而暗点出伤春怀乡之情。

一年将尽夜，万里未归人。

【注释】出自唐·戴叔伦《除夜宿石头驿》。

【译文/点评】前句点出了此时正是除夕之夜；后句暗示出此人尚在旅途，而且还在遥遥万里之外，纵然登高极目，望穿秋水，也无由望见乡关。此时此刻，此情此景，在“旅馆谁相问？寒灯独可亲”的石头驿，诗人到底是怎样的感受呢？虽然诗句表面未著一字，但一切都在其中矣。“一年将尽”与“万里未归”的并提，形式上构成了工整的对仗，内容上则将悠远的时间与广漠的空间连通，从而在对比、对照中突显了诗人除夕之夜“独在异乡为异客”的情感苦痛，令人感同身受，心有戚戚焉。

一片洞庭心，聊凭塞鸿写。

【注释】出自宋·韩丕《寄岳阳刘从事》。心，情。聊，姑且。塞鸿，塞外南飞的大雁。古有鸿雁传书的传说，因此这里的“塞鸿”乃是指书信。

【译文/点评】此写望雁南飞，触景生情而起的思乡之情。

一去紫台连朔漠，独留青冢向黄昏。

【注释】出自唐·杜甫《咏怀古迹五首》（其三）。紫台，汉代宫殿名。朔漠，北方大漠，指匈奴。青冢，指王昭君墓。

【译文/点评】此二句是写王昭君的悲剧人生，却写得雄浑有力。“一去紫台连朔漠”，以“紫台”对“朔漠”，由环境的反衬，写其生前为了国家远嫁匈奴，离别汉宫，独往万里之遥的大漠异域，终其一生的凄苦之状；“独留青冢向黄昏”，以“青冢”、“黄昏”两个特定的空间与时间相结合，写其死后不得归葬故乡，孤魂野泊，独在他乡异域的孤寂之恨。此二句，从来源上看，是化自南朝梁人江淹《恨赋》中“明妃去时，仰天太息。紫台稍远，关山无极。望君王兮何期，终芜绝兮异域”等句，却以更精练的语言大大扩展了其叙写的思想与情感内涵。因此，清人朱瀚《杜诗解意》说：“‘连’字写出塞之景，‘向’字写思汉之心，笔下有神。”

一声梦断楚江曲，满眼故园春草绿。

【注释】出自唐·柳宗元《闻黄鹂》。

【译文/点评】此写耳闻他乡之曲，恍见故乡之春的乡思之情。

一时今夕会，万里故乡情。

【注释】出自唐·杜甫《季秋苏五弟缨江楼夜宴崔十三评事韦少府侄三首》。

【译文/点评】古人有人生四大快事之说：“久旱逢甘霖，他乡遇故知，洞房花烛夜，金榜题名时。”诗人这里所说的与故人“今夕会”，应该是“他乡遇故知”的快乐之情。但是，诗人想到的却不是这个，而是由“故人”想到了“故乡”，其乡思的深切之情，则尽在其中矣。

一树梨花一溪月，不知今夜属何人？

【注释】出自唐·无名氏《杂诗》。

【译文/点评】此二句是以写景寄托怀乡之情。它的前面还有两句：“旧山虽在不关身，且向长安过暮春。”所谓“旧山”，即指故乡。因为要到京都长安博取功名，只得远离家乡，不能再看到家乡的山水、春色了，权且就在长安过个暮春了。乍看起来，颇是豁达、想得开，实际上紧接着的一句“一树梨花一溪月”，通过“一树梨花”与“一溪月”二景的并置，以无声胜有声，将强烈的思乡之情烘托了出来。而“不知今夜属何人”的反问，则将此层意思作了清楚的强化。读之不禁让人睹景伤春，顿起无限的思乡之情。

一夕高楼月，万里故园心。

【注释】出自唐·白居易《江楼闻砧》。

【译文/点评】“一夕”对“万里”，不仅是为了对仗，更是为了突显诗人一夕万里的思乡之情。

一枝红艳出墙头，墙外行人正独愁。

【注释】出自唐·吴融《途中见杏花》。

【译文/点评】此二句之妙，在于以美景写悲苦之情，于反衬中益显其意。红杏出墙，乃是春天到来的象征。春天到，万物复苏，生机勃勃，是令人激动的，怎么“一枝红艳出墙头”，却要引得“墙外行人正独愁”呢？因为他是“行人”，是个流离颠沛、人生不得意的过客，春天及春天里的美景，只能使他睹物伤情，益发感叹其人生。后来宋人有名句曰：“春色满园关不住，一枝红杏出墙来”，正是由此二句化用而来。不过，他的诗句表达的是对春天的欣喜之情，正好与诗人此二句意趣相反。

移舟泊烟渚，日暮客愁新。

【注释】出自唐·孟浩然《宿建德江》。渚（zhǔ），水中的小块陆地、小洲。

【译文/点评】日暮时分，应是归家与家人团聚的时刻。而今人在旅途，漂在江上，晚宿无着，正移舟而靠小洲，看着依依而去的夕阳，如何不教游子顿生思乡之情。上述两句正是写出了此情此景中的游子思乡之情。“客愁”是在情理之中，而“新”字的强调，则意在说明新一轮的乡愁又开始了，弦外之音则是每天都在思乡。

已过才追问，相看是故人。

【注释】出自清·吴伟业《遇旧友》。

【译文/点评】此写战乱中故人异乡相逢的欣慰之情。前句写久无消息，突然路遇，乍见之下似信非信的疑惑之情。清人沈德潜评论此句说：“起语得神，与‘乍见翻疑梦’同妙。”后句写犹豫不定后仔细端详的结果，表现的是确认后的喜悦之情。

悠然念故乡，乃在天一隅。安得如浮云，来往方须臾。

【注释】出自唐·储光羲《闲居》。悠然，思念的样子。乃，却。隅（yú），角落、靠边的地方。安得，怎么能。方，只。须臾（yú），极短的时间。

【译文/点评】虽然深切地思念着故乡，但是故乡却在遥远的地方。如何才能像浮云那样，转眼之间就能有一个来回呢？此写对故乡的深切思念之情。前两句写故乡遥远，归而不得的悲苦之情。后两句以比喻修辞手法写急切回归故乡的心情。

欲携斗酒答秋光，山深无觅黄花处。

【注释】出自宋·刘克庄《踏莎行》。秋光，秋天的景色。黄花，菊花。

【译文/点评】重阳节古人有登高望远、喝酒赏菊的习俗。但是，人在异乡，登高望远，故乡何在？岂不更是令人悲愁吗？于是，改变主意，携酒入山看秋山。可是，山深无处可看菊，这酒如何喝得下？此写重阳节人在异乡的痛苦之情。

远梦归侵晓，家书到隔年。

【注释】出自唐·杜牧《旅宿》。

【译文/点评】家在遥遥远方，梦中回家也要到天亮；今年写的家书，到明年才能收到。这是以夸张修辞手法写游子所在之地与故乡距离的遥远状况，从而突显诗人强烈的乡思之愁。

月落乌啼霜满天，江枫渔火对愁眠。

【注释】出自唐·张继《枫桥夜泊》。

【译文/点评】此写身在异乡之客秋夜泊船江上，睹落月、江枫、渔火，感霜降，听啼鸦，而顿起乡思之愁、彻夜难眠的痛苦之情。

云蔽望乡处，雨愁为客心。

【注释】出自唐·谈戭《清溪馆作》。

【译文/点评】此写身在异乡、触景生情的乡思之愁。浮云蔽日，乃是平常的天候现象，诗人却要责怪浮云，因为它遮蔽了他望乡的视野。天有阴晴雨雪，本属正常，但诗人却认为下雨是上天因客心忧愁而致。这是运用拟人修辞手法，将雨人格化，使其带有人的生命情态，以此借雨说人，表现诗人深切的乡思之愁。

早秋惊落叶，飘零似客心。翻飞未肯下，犹言惜故林。

【注释】出自唐·孔绍安《落叶》。犹言，好像。

【译文/点评】此以落叶为比，写游子思乡之情。前两句运用比喻修辞手法，将落叶比游子，写其飘零他乡的凄苦之情。后两句以比拟（拟人）修辞手法，将落叶人格化，使其带有人的生命情态（“肯”、“惜”），从而反衬出游子对故乡的依恋之情。

早是有家归未得，杜鹃休向耳边啼。

【注释】出自唐·无名氏《杂诗》。杜鹃，即杜鹃鸟，又名杜宇，据说是蜀帝所化，啼声非常悲哀。

【译文/点评】有家难归，本就令人心碎，如何还能听得了啼血的杜鹃之声？此以怕听杜鹃之声，暗中点出游子深切的思乡之情。

展转不能寐，披衣起彷徨。彷徨忽已久，白露沾我裳。

【注释】出自三国魏·曹丕《杂诗二首》（其一）。展转，即辗转，翻来覆去不能入眠之状。寐，入眠。

【译文/点评】此写游子思乡夜不能寐，披衣彷徨，露湿衣裳而不觉之情状，表现了游子深切的乡思之情。

鹧鸪声里夕阳西，陌上征人首尽低。

【注释】出自清·尤侗《闻鹧鸪》。陌，路。征人，此指出门在外的人。

【译文/点评】夕阳西下，鹧鸪声声“行不得也哥哥”的叫唤，让异乡路人无限伤感，低头沉思。此写征人身在异乡，闻鹧鸪之声而起乡思之情。

征夫怀远路，游子恋故乡。

【注释】出自汉 · 无名氏诗［旧题《苏武诗四首》（其四)］。征夫，被征发在外的人，如守边的战士、为国家服役的征夫等。怀远路，与后文恋故乡是同义。

【译文/点评】此写征人与游子对故乡的思念之情。

只余鸥鹭无拘管，北去南来自在飞。

【注释】出自宋 · 杨万里《初入淮河四绝句》（其一)。余，剩。拘管，拘束、管束。

【译文/点评】此句通过写鸥鹭毫无拘束地飞行于淮河南北的情景，表达的是诗人对沦陷于金人统治下的宋朝故国及其人民的深切怀念之情。

伫立望故乡，顾影凄自怜。

【注释】出自晋 · 陆机《赴洛道中作二首》（其一)。伫立，长时间站着。顾，回头看。凄，凄凉。

【译文/点评】长时间企踵而望，故乡并不能望见，无奈中回头看看，只见一个孤零零的身影陪着自己。这是何等之悲凉！他乡道中望故乡，其悲何如？个中滋味给人以深深的回味。

浊酒一杯家万里，燕然未勒归无计。

【注释】出自宋 · 范仲淹《渔家傲》。燕然，即杭爱山，在今蒙古境内。勒，指勒石记功。

【译文/点评】前句写“借酒浇愁愁更愁”的思乡苦情。“一杯”对“万里”，意在说明一杯浊酒的分量太少了，根本浇不了家在万里之外的乡愁。后句踵继前句，直叙不得归乡的原因：因为还没有彻底打败敌军（指西夏），宋军还处于守势，边境还非常不稳定。但是，作者没有这样直说，而是用了汉将窦宪勒石记功的典故（《后汉书·窦宪传》记汉大将军窦宪曾大败匈奴，穷追北单于，“登燕然山，去塞三千余里，刻石勒功”而还的事迹），以此与自己目前功业未成的现状作比较，表达了对边境安全的深深忧虑之情。

自叹不如华表鹤，故乡常在白云中。

【注释】出自金·高士谈《晚登辽海亭》。华表，指古代宫殿、陵墓等大型建筑前用作装饰的高大石柱，上刻龙凤等图案。

【译文/点评】鹤踞华表之上，随时可以振翅重回白云之间，而自己则不如鹤，身无双翅，家在万里之外（诗人家在湖南潇湘，身居关外），虽有归乡之意，但归乡之日遥遥无期。此以人鹤对比写思故乡而不得归的悲苦之情。

醉梦入江南，杨花数千里。

【注释】出自宋·严参《看雪》。杨花，柳絮。

【译文/点评】此写看雪而梦见江南柳絮漫天如雪的情景，表达的是深切思念家乡的诚挚之情。

醉眼渺河洛，遗恨夕阳中。

【注释】出自宋·方岳《水调歌头》词。渺，渺茫、遥远。河洛，指黄河、洛水，代指中原地区。

【译文/点评】此写醉眼看夕阳、遗恨失中原的痛苦之情，表达的是词人对中原故土不能恢复、国家不能统一的深切遗憾之情。

座中亦有江南客，莫向春风唱鹧鸪。

【注释/点评】出自唐·郑谷《席上贻歌者》。鹧鸪，指

《鹧鸪曲》。鹧鸪叫声类似于“行不得也哥哥”。

【译文/点评】人在他乡，本就比较敏感，不经意间便会触景生情，感物而生怀乡思亲之情。江南客身在北方，自然也有这种情况。因此 ，诗人特别叮嘱歌者千万别当着自己这个江南客唱《鹧鸪曲》，因为那“行不得也哥哥”的鹧鸪声，实在很难让自己控制思乡的强烈情绪。这是运用折绕修辞手法，曲折婉转地道出了诗人身在异乡的强烈思乡之情。

离情别绪

岸花飞送客，樯燕语留人。

【注释】出自唐·杜甫《发潭州》。樯（qiáng），船上的桅杆。

【译文/点评】此以拟人修辞手法写诗人离开潭州时的依依不舍之情。船行水上，两岸花飞，燕鸟逐舟，本是自然平常现象，但诗人却将落花、飞燕人格化，说是“送客”、“留人”，明里说花鸟，暗里烘托出自己离岸出发时的留恋之情，表情达意可谓形象生动，意味隽永。

黯然销魂者，唯别而已矣。

【注释】出自南朝梁·江淹《别赋》。黯然，神情沮丧的样子。销魂，灵魂离开肉体，此指极度悲伤的样子。别，离别、分别。矣，句末语气助词。

【译文/点评】世上让人神情沮丧、悲苦难抑的事，只有离别一事罢了。此言离别是一件让人极度感伤忧愁的事。

白云如有意，万里望孤舟。

【注释】出自唐·刘长卿《上湖田馆南楼忆朱宴》。

【译文/点评】此以拟人修辞手法，将白云人格化，使其带有人的生命情态，从而借云而写人，突出离别友人的悲伤之情。

悲莫悲兮生别离，乐莫乐兮新相知。

【注释】出自先秦·屈原《楚辞·九歌·少司命》。莫，没有。兮，语气助词，相当于“啊”、“呀”。

【译文/点评】人生的悲哀莫过于生离死别，人生的快乐莫过于结识新友。这是两千多年前屈原的人生认知。但今天的人们仍然有此同感，这就是屈原思想的深刻性所在。

碧芦围野水，落日满行舟。

【注释】出自宋·蕴常《别苏养直》。

【译文/点评】此写送别友人的悲伤之情。诗意在伤别，但文字上不见伤别，而以青青芦苇、茫茫野水、夕晖满舟的景象表现之。这是以景写情之法，以哀景写悲情。

碧山终日思无穷，芳草何年恨即休。

【注释】出自唐·杜牧《登池州九峰楼寄张祜》。恨，憾。即，就。

【译文/点评】思念如青山无穷无尽，又像芳草无边无际，什么时候才能结束这种不能相见的遗憾呢？此以比喻修辞手法，将无尽的思念之情比作无尽的青山与无边的芳草，化抽象为具象，形象地表现出思念友人的深切之情。

碧云天，黄花地，西风紧，北雁南飞。晓来谁染霜林醉，总是离人泪。

【注释】出自元·王实甫《西厢记》第四本第三折。黄花，指菊花。西风，秋风。

【译文/点评】此乃崔莺莺长亭送别张生时痛苦心情的写照。秋风阵阵，北雁南飞，碧空万里，菊花满地，林叶尽红，这是一个令人感伤的时候。在此最易让人触景伤怀的季节送别情人，其悲伤的心情自然可以想见。但是，崔莺莺没有直接自道心曲，而是通过写景与随后的反问句“晓来谁染霜林醉”来间接地表达，最后以“离人泪”来全盘托出。前写景，后议论，相互衬托印证，遂将其悲伤之情淋漓尽致地展露出来。

别鹤声声远，愁云处处同。

【注释】出自南朝陈·江总《别袁昌州诗二首》。

【译文/点评】此以拟人修辞手法，将鹤、云人格化，使其带有人的生命情态，借说鹤离别、云忧愁，表达诗人离别朋友的忧苦之情。是因为人有离别之愁，才会觉得鹤、云有愁，这是心理学上的“移情”作用。

别后唯所思，天涯共明月。

【注释】出自唐·孟郊《古怨别》。

【译文/点评】情人即将离别之时，应该有千言万语要倾诉。但是，这里诗人却突破寻常思维，以悬想示现修辞手法，想象着男女主人公分别后的唯一愿望（“唯所思”）：天各一方共看一轮明月（“天涯共明月”），彼此思念、彼此祝愿的情景，从而构拟出一幅“望月千里寄相思”的生动图画，突显男女主人公彼此深切的思念之情。

别离岁岁如流水，谁辨他乡与故乡。

【注释】出自唐·李颀《失题》。

【译文/点评】此写离别故乡的痛苦之情。前句言时间过去匆匆，在外时间之长；后句写对故乡记忆的模糊，言别离故乡时间之久。

别离滋味浓于酒，著人瘦。

【注释】出自宋·张耒《秋蕊香》词。著，此指“使”。

【译文/点评】此以“浓酒”比“别离之愁”，从而化抽象为具体，形象地写出了“为伊消得人憔悴”的怀人意蕴与意境。

不曾远别离，安知慕俦侣？

【注释】出白晋·张华《情诗五首》。安，哪里。俦

(chóu)，同伴、伴侣。

【译文/点评】此言只有经历过离别的痛苦，才会对他人的成双成对心生羡慕之情。

不敢要佳句，愁来赋别离。

【注释】出自唐·杜甫《偶题》。

【译文/点评】此言不是要求佳句才做诗，而是因为愁来心情无法排解才做诗，意谓别离之愁太浓而无法排遣。

彩舟载得离愁动，无端更借樵风送。

【注释】出自宋·贺铸《菩萨蛮》。彩舟，有彩饰的船只。樵风，指顺风，又称樵公风。此典出于《后汉书·郑弘传》注引南朝宋孔灵符《会稽记》："汉太尉郑弘尝采薪，得一遗箭，顷有人觅，弘还之。问何所欲，弘识其神人也，曰：'常患若耶溪载薪为难，愿旦南风，暮北风。'后果然。"无端，没办法。

【译文/点评】此写离别的忧愁情绪。离别之愁要用彩舟来载，言其离愁之深。虽然彩舟勉强能够承载，可是没办法让彩舟借得神风相送。意谓离愁太重，舟能载，却开不动，由此曲折地表达了离愁别绪的深重之状。

曾与美人桥上别，恨无消息到今朝。

【注释】出自唐·刘禹锡《杨柳枝》。

【译文/点评】此写与美人久别难逢的痛苦之情。

蝉声驿路秋山里，草色河桥落照中。

【注释】出自唐·韩翃《送人归青州》。

【译文/点评】此写送人的哀伤之情，但诗人不直抒胸臆，而是通过凄凉的蝉声、漫漫驿路、萧瑟的秋山以及荒草河桥、夕阳落照等景象，以哀景写哀情，表达了离别友人的深切忧伤之情与依依不舍之意。

长安陌上无穷树，唯有垂杨管离别。

【注释】出自唐·刘禹锡《杨柳枝词九首》（其八）。陌，田间小路。垂杨管别离，古人有折柳送别的习惯，故有此说。

【译文/点评】此言长安城外的小道上有树木无数，只有垂杨见之让人伤怀。因为见了依依杨柳，不免让人想起远别的亲人或故旧。

长啸万里风，扫清胸中忧。

【注释】出自唐·李白《留别贾舍人至二首》。

【译文/点评】此言留别友人的深切忧郁之情。离别友人的忧伤之情需要长啸万里风才能扫清，其忧伤的程度可见。这是运用夸张修辞手法，意在写送别的忧伤心情。

车马去迟迟，离言未尽时。看花一醉别，会面几年期。

【注释】出自唐·戴叔伦《灞岸别友》。

【译文/点评】此写离别的缠绵难舍之情。前两句写难舍难分的情状，后两句写借酒浇愁的原因（不知何时会面）。

愁看陌上青青草，送尽行人总不知。

【注释】出自明·王云凤《送客》。陌，田间小路。

【译文/点评】此写送别行人的不舍之情。说青草无知无情，乃是反衬送客者之有知有情，由此曲折地表达出对行客的依恋不舍之情。

垂杨只解惹春风，何曾系得行人住。

【注释】出自宋·晏殊《踏莎行》。解，懂得。

【译文/点评】此言杨柳只知在春风中摆动枝条，作依依惜别之状，实际丝毫也不起作用，根本无法将行人留住。这是以拟人修辞手法，将杨柳人格化，使其具有人的生命情态（解、惹、系行人），从而借物写人，形象地表达出留人不住的惆怅感伤之情。

春草如有情，山中尚含绿。

【注释】出自唐·李白《金门答苏秀才》。如，像。尚，还。

【译文/点评】此言山中葱绿是因春草有情，此是拟人修辞手法，借说春草有情来曲折地表达其对友人苏秀才的深切留恋之情。

春愁离恨重于山，不信马儿驮得动。

【注释】出自宋·石孝友《更漏子》。

【译文/点评】此以比拟修辞手法，将抽象的“春愁”与“离恨”具象化，并将之与马联系起来（说马也驮不动），从而突出强调春愁离恨的深重程度。

春风知别苦，不遣柳条青。

【注释】出自唐·李白《劳劳亭》。

【译文/点评】此以拟人手法，将“春风”人格化，使其带有人的生命情态（知道离别痛苦，故意不让柳条返青。因为古代有折柳送别的风俗，柳条不青，就可以不别友人），从而借柳而写人，表达了自己对友人的依依惜别之情。

春未绿，鬓先丝，人间别久不成悲。

【注释】出自宋·姜夔《鹧鸪天》词。丝，指头发白。

【译文/点评】此言离别时间太久，痛苦已经变成麻木了。这便是“哀莫大于心死”的境界，更让人为之悲伤。“春未绿，鬓先丝”的对比，表现的正是这种深沉的悲伤之情。

此地一为别，孤蓬万里征。

【注释】出自唐·李白《送友人》。蓬，蓬草。万里，是夸张，形容路途极远。

【译文/点评】此写对友人远去的惜别之情，但不直抒本意，而是从远行路途的艰难与孤寂去体会友人之苦，从而反衬出其对友人的深情。

此去与师谁共到？一船明月一帆风。

【注释】出自唐·韦庄《送日本国僧敬龙归》。

【译文/点评】日本与中国是一衣带水的邻邦，在唐代国势鼎盛之时，日本曾向唐朝派遣了大批请益僧与学问僧。这里诗人所送别的敬龙，便是其中即将学成归国的日本僧人之一。在古代，日本与中国远隔重洋，交通只有木帆船，困难险阻重重，因此最怕的就是两样：一是狂风暴雨，二是大雾迷航。对于归国的日本遣唐使与僧人来说，他们心里最犯嘀咕的也就是这两样了。那么，诗人应该说些什么送别的话，以宽慰日本友人之心，让他带着轻松愉快的心情扬帆远航呢？诗人以设问手法，于一问一答中给出了答案："此去与师谁共到"，是个问句，说的是此去日本，路途遥遥，谁会伴随着大师呢？接着自己回答道："一船明月一帆风。""一船明月"，暗示是天气晴好，没有狂风暴雨，也不会有大雾迷航；"一帆风"，暗示有信风相送，船行顺利畅快，归程指日可待，不会旷日持久，遥遥无期。如此巧妙的祝愿，仅仅以"一船明月一帆风"七字表达出来，可谓言简意丰，含而不露，真正达到了唐人司空图所说的"不著一字，尽得风流"的至高境界。今日我们祝愿别人旅途顺利还有"一帆风顺"之语，未尝不与此诗句有关。

从此别却江南路，化作啼鹃带血归。

【注释】出自宋·文天祥《金陵驿》。啼鹃带血，指杜鹃啼血的传说。

【译文/点评】此写诗人离别故国的悲伤之情。此诗乃诗人被元人俘虏押往燕京（今北京），途中经金陵（今南京）时所作。

登高伤远别，鸿雁几行飞。

【注释】出自元·萨都剌《送景南亨上人归江西》。

【译文/点评】此写登高望友人、唯见鸿雁飞的送别愁情。登高望远，往往会令人顿生豪情。那么诗人何以登高而生悲伤之情？因为登高远望，他看到了南飞的大雁越飞越远，不禁触景生情，由雁及人，想到渐行渐远的友人。如此由景及情，借雁写人，达意非常巧妙，表情非常自然，一份对友人远离的深切眷念之情油然而出。

东去长安万余里，故人何惜一行书。

【注释】出自唐·岑参《玉关寄长安李主簿》。故人，老友。

【译文/点评】此乃通过责怪朋友无情的口吻而反衬自己对朋友的思念之情。

渡头杨柳青青，枝枝叶叶离情。

【注释】出自宋·晏几道《清平乐》。渡头，渡口。

【译文/点评】此写渡口杨柳青枝悬垂之状，意在借物写人，表现送行女子与情人难舍难分的痛苦之情。

多情只有春庭月，犹为离人照落花。

【注释】出自唐·张泌《寄人二首》（其一）。犹，还。

【译文/点评】此以拟人手法，将月亮人格化，使其带有人的生命情态（月多情），从而借月照落花之景，写出诗人自己对离别之人深切的怀念之情。

多情自古伤离别，更那堪，冷落清秋节。

【注释】出自宋·柳永《雨霖铃》。

【译文/点评】此写与情人离别的悲伤之情。有情人离别本就是一件非常伤感的事，况又是令人睹物生愁的秋天，岂能不让人由物之萧瑟而联想到情人分别后情感的萧索凄凉？

多谢月相怜，今宵不忍圆。

【注释】出自宋·朱淑真《菩萨蛮》。

【译文/点评】此以拟人修辞手法，将月亮人格化，使其带有人的生命情态（相怜、不忍），从而借月写人，表达了月将圆、人难聚的怀人凄苦之情。

帆带夕阳千里没，天连秋水一人归。

【注释】出自唐·刘长卿《青溪口送人归岳州》。

【译文/点评】前句写朋友之舟在夕阳之中愈行愈远之景，后句遥想天水相连之处朋友独处一舟的孤寂之情。“千里没”是夸张，是说目送朋友之舟走得极远，意在反衬对朋友依依不舍之情。“天连秋水一人归”是示现修辞手法的运用，通过写想象中的情景表达对朋友远行的惦念之情。

芳草不迷行客路，垂杨只碍离人目。

【注释】出自宋·辛弃疾《满江红》。

【译文/点评】此写对离人的深切留恋之情。前句说“芳草不迷行客路”，语有埋怨之意，意在希望芳草迷住行客路，好使行客走不了；后句说“垂杨只碍离人目”，意谓不碍送者目，让离人眼睁睁地从眼前走掉而无可奈何。

芳草有情皆碍马，好云无处不遮楼。

【注释】出自唐·罗隐《魏城逢故人》。

【译文/点评】此写离别友人的不舍之情，但不直说，而是以拟人手法，将芳草、云彩人格化，使其带有人的生命情态（“有情”、“碍马”、“好”）。不说人有情，而说草留人；不说不忍登楼远望，而说好云遮楼无法望远。如此借物写人，更能表达出对故人依依惜别的深情。

飞花落絮满河桥，千里伤心送客遥。

【注释】出自唐·钱起《送孙十尉温县》。

【译文/点评】此写送人远行的伤别之情。“飞花落絮”是春去的象征，春去本来就令人伤感，而今春去友也去，这如何不让诗人在“送客千里遥”时而为之伤心呢?

风高帆影疾，目送舟痕碧。

【注释】出自宋·李弥逊《菩萨蛮》。疾，快。舟痕碧，指船已经行远，只见碧水而不见船行过后的白浪。

【译文/点评】此写对远行人的深切留恋之情。前句写“风高帆影疾”，意在抱怨风顺船快而把行人送走，表达的是对远行人的深切留恋之情。后句写“目送舟痕碧”，意在表现目送时间之久，表达的也是对远行人的依依不舍之情。

浮云游子意，落日故人情。

【注释】出自唐·李白《送友人》。

【译文/点评】前句以飘浮不定的“浮云”比浪迹天涯的“游子”，后句以徐徐落山的“落日”喻诗人对所送别的友人之依依不舍的深情，达意形象生动，表情真挚感人。

浮云终日行，游子久不归。

【注释】出自唐·杜甫《梦李白二首》。

【译文/点评】此以白云比游子，形容其行踪的飘浮不定，以此寄托对被流放夜郎的友人李白的思念之情。

更吹羌笛关山月，无那金闺万里愁。

【注释】出自唐·王昌龄《从军行七首》（其一）。无那，无奈。

【译文/点评】此二句乃是写戍边征人思乡念亲之情。前句说征人以羌笛吹奏《关山月》的曲子，表面上只是客观的叙事，实则另含一层深意。因为羌笛乃塞外胡人之乐器，《关山月》则是伤离别的曲子（《乐府解题》："关山月，伤离别也。"）。身在边塞，以胡人之乐器，吹奏伤离别的《关山月》曲子，其念亲怀乡之情自是不言而喻。后句以悬想示现修辞手法，突然从边塞转到万里之外的"金闺"，写征人妻子的闺阁之愁与无奈之情。前句的近景与后句的远景相形对比，遂将征人怀乡思亲与征人之妻思夫怀远之情皆突显出来。

孤舟夜泊东游客，恨杀长江不向西。

【注释】出自明·李梦阳《夏口夜泊别友人》。

【译文/点评】此写离别友人的忧伤留恋之情。友人是"东游客"，自然要顺流东下，但诗人却希望长江之水向西流。这是意欲借江水之力阻止友人东去，以此表达对友人深切的留恋之情。

鼓声随听绝，帆势与云邻。

【注释】出自南朝陈·阴铿《江津送刘光禄不及》。帆势，指船帆之影。与云邻，指帆影远去看不见。

【译文/点评】开船的鼓声已经消歇不闻，远去的帆影望之不及。此写送别友人不及的惆怅之情。

故人西辞黄鹤楼，烟花三月下扬州。孤帆远影碧空尽，唯见长江天际流。

【注释】出自唐·李白《黄鹤楼送孟浩然之广陵》。故人，老友，此指孟浩然。黄鹤楼，在今湖北武汉市。

【译文/点评】此写送别友人的依依不舍之情。前两句是叙事，后两句是写景。前者叙事直白，却趣味横生。乘舟出行本是一件极其平凡的事，但由于主人公所辞别的黄鹤楼与所前往的扬州都别带历史的烟云（黄鹤楼有仙人骑鹤而过的传说，扬州有隋炀帝东游的风流佳话），所以“烟花三月下扬州”之举在诗人笔下就平添了许多浪漫的情调，让人遐思无尽。后者抒情，表意婉约含蓄，通过写景而将对友人的依恋不舍之情表现出来。“孤帆”是说友人远行的寂寞，是站在对方立场想问题，表现的是对友人的体贴。“远影”写诗人目送友人船去时间之久，意在表达对友人的留恋之情。“碧空尽”、“天际流”皆是借景写情，前者表现的是友人走后的失落感（心里如同空荡荡的天空），后者表现的是对友人的依恋难舍之情（江水脉脉流去，绵绵不绝，正是离别忧愁之情不绝的象征）。

海上生明月，天涯共此时。

【注释】出自唐·张九龄《望月怀远》。

【译文/点评】前句写景，虽全是平常字眼，却写出了阔大雄浑的气象。后句议论，虽表面不及怀人一字，却紧承前句的“明月”将此层意思全部托出。与南朝宋谢庄“隔千里兮共明月”（《月赋》）、宋代苏轼“但愿人长久，千里共婵娟”（《水调歌头》）等名句所要传达的主旨有异曲同工之妙，都是望月怀人的千古名句。

花发多风雨，人生足别离。

【注释】出自唐·于武陵《劝酒》。

【译文/点评】花儿虽美，但在其开放的过程中免不了要伴随着许许多多的风雨吹打；人生世上，亦不会一帆风顺、万事遂意，总有别离与不得意之事。“花发多风雨，人生足别离”，以花发遭风雨喻人生有别离，形象生动地表达了中国自古便有的一句老话“人生不如意事常八九”所含的人生哲理。

花落一杯酒，月明千里心。

【注释】出自宋·郑思肖《送友人归》。

【译文/点评】此写送别友人的依依难舍之情。前句写送别的时间与方式。“花落”表明是暮春时节，“一杯酒”表明作别是以把酒相送的方式进行的。花落暮春时节，本就令人伤感，更何况又要与友人惜别，情何以堪？所以，只能借酒浇愁。后句写别人相思之苦。“千里”表明彼此相距遥远，难以再会。“月明”表示今后相会的方式只能是在月明之夜彼此相忆，作心灵的交会。

淮山隐隐，千里云峰千里恨。

【注释】出自宋·淮上女《减字木兰花》。淮山，指淮河两岸之山。隐隐，指朦胧的样子。

【译文/点评】此言离别之恨绵绵不断，就像淮河两岸望之不尽、连绵不断的云峰。这是以比喻和夸张修辞手法突出强调淮上女与情人离别的深切苦痛之情。

淮水悠悠，万顷烟波万顷愁。

【注释】出自宋·淮上女《减字木兰花》。淮水，指淮河之水。悠悠，指水流绵长的样子。万顷，是夸张，代指极广的面积。

【译文/点评】此言离别之恨就像淮河之水绵绵不绝，又像淮河水面浩渺无际。这是以夸张手法强调突出淮上女离别情人深重的忧愁之情。

黄鹤晓别，愁闻命子之声；青枫暝色，尽是伤心之树。

【注释】出自唐·李白《春于姑熟送赵四流炎方序》。命子，父母叮嘱、教育子女。暝色，暮色。

【译文/点评】此言清晨离别父母，听着父母反复地叮咛教导，心中涌起无限哀愁；夜色沉沉，人在异乡，看着满目青青枫树，不禁触动伤心之情。此写离别父母、流贬远方的游子之悲情。但这层意思的表达，作者并不直言，而是通过拟人手法，将黄鹤人格化，使其带有人的生命情态（黄鹤愁闻晓别命子之声）；通过移就手法，将人特定情境中凝神观照的情感移注到青枫之上，使其带有人的情感态度（伤心），从而借物写人，将游子离别父母、流浪远方的痛苦之情形象生动地展露出来，读之让人不禁为之潸然泪下。

挥手自兹去，萧萧班马鸣。

【注释】出自唐 · 李白《送友人》。萧萧，马鸣之声。班马，离群的马。

【译文/点评】此写挥手作别朋友时的恋恋不舍之情。写马鸣萧萧，意在通过分手时两匹马的依恋不舍而写人的依依之情。

会得离人无限意，千丝万絮惹春风。

【注释】出自唐 · 郑谷《柳》。会得，体会到。

【译文/点评】此以拟人修辞手法，将杨柳人格化，使其具有人的生命情态（体会离人之意、柳絮飘飞和柳枝摆动是招惹春风），从而借物写人，表达与人离别的依依不舍之情。

嘉会难再逢，三载为千秋。临河濯长缨，念子怅悠悠。

【注释】出自汉 · 无名氏诗（旧题《李少卿与苏武诗》三首其二）。嘉会，美好的相聚时光。三载，三年。千秋，千年。濯，洗。长缨，此指马缨。子，您。怅，失意、不称心。悠悠，此指水流不绝貌。

【译文/点评】因为嘉会不可能再有，所以三年愉快相聚的时光才显得比千年还要绵久。朋友就要离去了，还能为他做些什么呢？就替他洗一洗马缨吧。然后看着悠悠流去的河水，怅然若失之情恰似这悠悠之河水绵绵不绝。此以写景而抒情，便将朋友间离别之深情突显无余，不禁让人为之深切感动。

剪不断，理还乱，是离愁，别是一般滋味在心头。

【注释】出自南唐·李煜《相见欢》。

【译文/点评】此以比拟修辞手法，将抽象的“离愁”具象化，从而与“剪丝”、“理丝”联系搭挂在一起，由此形象地写出了“离愁”这种让人心神不宁、五味杂陈的复杂情感体验。

渐行渐远渐无书，水阔鱼沉何处问。

【注释】出自宋·欧阳修《玉楼春》。书，书信。鱼沉，古代有鱼雁传书的传说，说鱼沉即意指无鱼传说。

【译文/点评】此言离别时间愈来愈久，连书信也少了，意在抒发思念情人的痛苦之情。

江城烽火连三月，不堪对酒长亭别。

【注释】出自宋·李弥逊《菩萨蛮》。烽火，指代战争。不堪，不能忍受。

【译文/点评】长亭送别，本是人生苦痛之事，更何况又是在战火连绵不绝的战乱时刻，是否能够活着都是个问题，遑论把酒相逢了。此情此景，岂能不悲上心头？

江春不肯留归客，草色青青送马蹄。

【注释】出自唐·刘长卿《送李判官之润州行营》。

【译文/点评】此以拟人修辞手法，将江水、碧草人格化，说江水奔流不息没有留客之意，碧草青青是有意送别客人，借怨恨江水、碧草之无情而反衬诗人对朋友之有情，表达的是依依惜别的深情。

江南江北旧家乡，三十年来梦一场。

【注释】出自南唐·李煜《渡中江望石城泣下》。

【译文/点评】此乃南唐后主在国破家亡、被北宋掳往北方时触景生情所抒发的亡国之痛、离乡之愁。

解缆君已遥，望君犹伫立。

【注释】出自唐·王维《齐州送祖三》。犹，还。

【译文/点评】前句写朋友去舟已远，后句言自己目送时间之久。由此，前后对比，将诗人对朋友深切的留念之情不着痕迹地表露无遗。

今日一杯成远别，烟波眇眇恨重重。

【注释】出自唐·裴夷直《别蕲春王判官》。眇眇，即“渺渺”，遥远之貌。

【译文/点评】此写友人远离，把酒话别而惆怅不已之情。

今宵酒醒何处，杨柳岸、晓风残月。

【注释】出自宋·柳永《雨霖铃》。

【译文/点评】此写男女离别的凄凉之情。前句提问，后句以写景回答。“杨柳”依依不舍的形象，“晓风”寒冷侵骨的感受，“残月”孤悬天空的冷清，将离人的凄苦心情淋漓尽致地展露出来。

今朝一杯酒，明日千里人。

【注释】出自唐·刘禹锡《送华阴尉张苕赴邕府使幕》。

【译文/点评】此写送别友人的依依不舍之情。前句写今日一起饮酒的快乐，后句写别后千里相隔的相思之苦。“今朝”与“明日”、“一杯酒”与“千里人”相对，不仅形式上对仗工整，而且于意义、意境对比中不着痕迹地暗衬出离别的痛苦之情。

金陵子弟来相送，欲行不行各尽觞。请君试问东流水，别意与之谁短长。

【注释】出自唐·李白《金陵酒肆留别》。金陵，今江苏南京市。觞（shāng），酒杯。

【译文/点评】此写金陵子弟送别的深情与诗人离别他们的悲伤之情。三四两句以东流之江水与别意的短长相比较，在对比中强调突出其惜别金陵子弟的依依不舍之意。

酒后留君待明月，还将明月送君还。

【注释】出自唐·丁仙芝《余杭醉歌赠吴山人》。将，和、伴。

【译文/点评】此写送别朋友的依依难舍之情。喝酒本是为了给朋友饯行，结果酒后却要留下朋友等待明月出来。明月出来后，又要伴着明月相送朋友。这种通过不断拖拉时间的细节来写诗人留恋朋友的心理，非常逼真，也非常令人感动。

可意湖山留我住，断肠烟水送君归，三春不是别离时。

【注释】出自宋·张元幹《浣溪沙》。可意，可爱。三春，指暮春。

【译文/点评】暮春时节，花谢春残，最让人伤感。然而，就在这“落花流水春去也”的背景下，友人也要归去了。那么，这可意的湖山岂不看了更让人触景生情，让人悲伤断肠？此写别离友人的痛苦之情。

客愁旧岁连新岁，归路长亭间短亭。

【注释】出自宋·范成大《东郊故事》。

【译文/点评】此写久在异乡、故乡难归的痛苦之情。前句言在外时间之久，后句言离家距离之远。

蜡烛有心还惜别，替人垂泪到天明。

【注释】出自唐·杜牧《赠别二首》。

【译文/点评】此以拟人修辞手法，将蜡烛人格化，使其带有人的生命情态（有心惜别、替人垂泪），从而借物写人，表达离别友人的深切悲伤之情。

离愁渐远渐无穷，迢迢不断如春水。

【注释】出自宋·欧阳修《踏莎行》。

【译文/点评】此写离家远行的忧愁之情。但写忧愁之情而不直抒其意，而是运用比喻修辞手法，将无尽的忧愁比作“迢迢不断”的“春水”，通过春水不断的意象，将离乡远行的悲伤之情形象地展现出来。

离恨恰如春草，更行更远还生。

【注释】出自南唐·李煜《清平乐》。

【译文/点评】此以比喻修辞手法，将抽象的“离恨”与具体可感的“春草”联系搭挂在一起，从而以“春草日日长”的形象写出“离恨日日生”的意蕴。构思巧妙，比喻贴切，形象感极强，让人由草及情，思味无穷。

离心不异西江水，直送征帆万里行。

【注释】出自唐·许浑《送卢先辈自衡岳赴复州嘉礼二首》（其一）。离心，离别之忧愁。

【译文/点评】此写送别朋友的痛苦之情。前句运用比喻修辞手法，将离别之忧愁比作滔滔不绝的西江之水，形象地表现了离愁别绪的深重程度。后句以夸张修辞手法写对朋友的依依不舍之情，表现的是对朋友深厚的情谊。

李白乘舟将欲行，忽闻岸上踏歌声。桃花潭水深千尺，不及汪伦送我情。

【注释】出自唐·李白《赠汪伦》。

【译文/点评】此写对汪伦友情感念不已的深切之情。虽是非常私人化的情感表达，却能深切感动千古以降无数人的心。前两句叙事，写一行一送的情景。后两句以桃花潭水与汪伦友情相比，通过较喻修辞手法，在对比夸张中突出表现了汪伦真挚待友的深情。

良时不再至，离别在须臾。屏营衢路侧，执手野踟蹰。

【注释】出自汉·无名氏诗（旧题《李少卿与苏武诗》三首其一）。良时，指朋友相聚的美好时光。须臾，片刻、一会儿。屏营，彷徨。衢，大道。执手，牵手、拉手。踟蹰（chí chú），徘徊、犹豫。

【译文/点评】一对知心的朋友因为不得已的原因就要分别了，大路旁、野旷中“执手相看泪眼”的难舍难分的凄苦之情，自可想见。

烈烈悲风起，泠泠涧水流。挥手长相谢，哽咽不能言。

【注释】出自晋·刘琨《扶风歌》。烈烈，秋风劲吹之声。泠泠（líng），此指涧水流淌之声。谢，辞别。

【译文/点评】此写告别故乡的难舍之情。前两句乃为写景，以“烈烈”摹秋风劲吹之声，“泠泠”拟流水潺潺之声。这种写景是为后两句抒情作铺垫的，以风声之悲、水声之响，衬托离别故乡的悲情。

楼前绿暗分携路，一丝柳，一寸柔情。

【注释】出自宋·吴文英《风入松》。分携，指分手、分别。

【译文/点评】此写离别的依依难舍之情。以“一丝柳，一寸柔情”比喻分别的依恋之情，既贴切生动，又更能让人有回味的空间。

落日川渚寒，愁云绕天起。

【注释】出自南朝宋·鲍照《赠傅都曹别》。川，河流。

渚（zhǔ），水中的小块陆地、小洲。

【译文/点评】此以拟人修辞手法，将川渚、云人格化，使其带有人的生命情态（“寒”、“愁”），从而借物写人，将自己离别朋友的悲伤之情婉转而深沉地表达出来。

落日动离魂，江花泣微雨。

【注释】出自宋·寇准《南浦》。江花，指江边之花。

【译文/点评】此以拟人修辞手法，将江花人格化，使其带有人的生命情态（“泣”），从而借物写人，既生动地再现了江花带雨的形象，又将诗人望落日而触动离愁、观江花而生发悲情的心境作了真切地展露。

落日孤舟去，青山万里看。

【注释】出自唐·贾岛《赴南巴留别苏台知己》。去，离开。

【译文/点评】落日之中孤舟离去，一路之上唯有青山做伴。此言离别朋友、孤舟万里的孤寂之情。

门外若无南北路，人间应免别离愁。

【注释】出自唐·杜牧《赠别》。

【译文/点评】“门外若无南北路”的命题，虽然显得悖情无理，但正是这种悖情无理的思路，反衬出诗人离别朋友的深切痛苦之情。这便是诗歌创作中的“无理而妙”的境界。

门掩落花人别后，窗含残月酒醒时。

【注释】出自唐·韩溉《愁诗》。

【译文/点评】此写离别相思之苦。“门掩落花”、“窗含残月”，都是哀景描写。前者写“人别后”的凄凉之情，后者写借酒浇愁后夜不能寐的痛苦之情。

明发又为千里别，相思应尽一生期。

【注释】出自宋·严羽《临川逢郑遐之之云梦》。明发，天亮、拂晓。

【译文/点评】此写千里相别、后会难期的痛苦之情。“千里别”与“一生期”，都是夸张修辞手法，前者极言别后相距之远，后者极言再会时间之遥远。

莫道男儿心如铁，君不见满川红叶，尽是离人眼中血。

【注释】出自金·董解元《西厢记诸宫调》卷六。

【译文/点评】此写男女离别的痛苦之情。第一句以“铁”比男儿坚强的心灵，第二、三句以满川红叶比离人眼中之血，两相对比，更显离别的痛苦之情。心如铁的男儿尚眼中带血，那么本就多愁善感的女主人公又该有多么的伤心呢？一切尽在不言中。

莫听声声催去棹，桃溪浅处不胜舟。

【注释】出自唐·王之涣《宴词》。棹（zhào），划船的工具，类似于桨，此代指船。

【译文/点评】此以拟人修辞手法，将抽象的“离愁”具象化（言离愁太重，船吃水太深而显溪浅），以此突出强调离愁的强烈程度。

暮蝉不可听，落叶不堪闻。共是悲秋客，那知此路分。

【注释】出自唐·郎士元《盩厔县郑礒宅送钱大》。共是，都是。

【译文/点评】此写秋天送别友人的悲伤之情。前两句言黄昏的蝉声、秋天的落叶都是令人为之伤感的，后两句说秋蝉与落叶虽然都是悲秋之物，但它们并不能理解离人中路而别的痛苦之情。

琵琶起舞换新声，总是关山旧别情。

【注释】出自唐·王昌龄《从军行七首》（其二）。

【译文/点评】此言伴舞的乐曲虽然换了新词，但关山难越的离愁别恨仍然挥之不去。

飘零疏酒盏，离别宽衣带。

【注释】出自宋·秦观《千秋岁》。疏酒盏，指喝酒少。宽衣带，指人瘦，因为人瘦便觉衣带宽大。

【译文/点评】此写飘零异乡、怀想情人的痛苦之情。飘零异乡，本是精神痛苦之事，想借酒浇愁，可是连酒也难得喝上，其间的痛苦可见矣。离别情人太久，“为伊消得人憔悴”，衣带也宽大了不少，则其相思之苦情可知矣。

平芜尽处是春山，行人更在春山外。

【注释】出自宋·欧阳修《踏莎行》。平芜，平野。

【译文/点评】前句写景，描写原野茫茫、无边无际、春山隐隐、似见非见的景象。后句承前写景而议论：远行之人比望不见的隐隐春山还要遥远。如此前后结合，便将远行人离乡的悲苦之情与闺中人望之不即的痛苦之情都一笔写尽矣。

青枫江上秋天远，白帝城边古木疏。

【注释】出自唐·高适《送李少府贬峡中王少府贬长沙》。青枫江，在湖南长沙一带。白帝城，在今重庆市奉节县。

【译文/点评】此以示现修辞手法二友贬所的秋景来表达伤别之意。青枫江代表的是王少府所贬谪的湖南，白帝城代表的是李少府所贬谪的峡中（四川）。青枫江上秋浓天远，白帝城边古木萧疏，都不是诗人送别王、李二友时所亲见。诗人之所以要这样写，是要借想象中的朋友所处的环境来烘托其离别的悲伤之情。

青青一树伤心色，曾入几个离恨中。

【注释】出自唐·白居易《青门柳》。

【译文/点评】此写离别之人望青树而伤怀的悲情。“伤心色”，是移就修辞手法的运用，是人在特定情境下将自己的情感移注于物的结果。这里写离别之人见树色青青而伤心，正是他不忍离别的忧伤心境的外向投射。

秋草不堪频送远，白云何处更相期。

【注释】出自唐·李益《送贾校书东归寄振上人》。不堪，经受不住。频，屡。期，约定。

【译文/点评】此写送别友人远去的痛苦之情，但不直写，而是通过拟人修辞手法，将秋草人格化，使其带有人的生命情态（“不堪”、“送”、白云“相期”），从而借物写人，表达不忍送别、后会难期的痛苦之情。

曲岸马嘶风袅袅，短亭人散柳依依。

【注释】出自宋·刘筠《送客不及》。袅袅，此指柔风轻吹的样子。依依，此指柳条轻柔摆动的样子。

【译文/点评】此写送客不及的惆怅之情，但不直抒情怀，而是通过写景来表达。“曲岸”、“短亭”是古代送别特定的地点，本身就带有一种惜别的意味。“马嘶”与“人散”对举，通过马之有情而曲写行人与送者分别时的不忍之情；“风袅袅”、“柳依依”，则通过风、柳温柔依恋的形象揭示行人与送者依依难舍的深情。

曲终过尽松陵路，回首烟波十四桥。

【注释】出自宋·姜夔《过垂虹》。松陵，即今上海松江。

【译文/点评】此写离别松陵的不舍之情。“曲终过尽”，是说送别之曲未终就过尽了松陵所有的桥，语有怨怪船行太快之意，婉约地透露出留恋不舍之情。“烟波”，是说船行很远。

而船行很远，看不清已经经过的“十四桥”，还要“回首”，则其留恋之情自是不言而喻。

去年花里逢君别，今日花开又一年。

【注释】出自唐·韦应物《寄李儋元锡》。

【译文/点评】此写触景生情、睹物思人的离别之情。

去年相送，余杭门外，飞雪似杨花；今年春尽，杨花似雪，犹不见还家。

【注释】出自宋·苏轼《少年游》。杨花，指柳絮。

【译文/点评】此以比喻修辞手法，将“飞雪”与“杨花”互喻，以景衬情，写去年离别与今年期逢的痛苦之情。前两句追忆去年离别的情景，后两句写今年等待伊人的心情。前句写依依不舍之情，后句写殷殷盼归之意。

劝君更尽一杯酒，西出阳关无故人。

【注释】出自唐·王维《渭城曲》。阳关，在今甘肃敦煌县西南，在玉门关以南。故人，老友。

【译文/点评】与友人故旧一起饮酒，乃是中国人的生活常态。不过，在任何时代，中国人喝酒都是要找理由的，这里诗人劝故人再进一杯酒，也是有理由的。这个理由便是“西出阳关无故人”。这话虽然非常朴素、算不得高妙，但内含之意却是非常让人感动：“今日劝君再进一杯，不是因为喝得不够，而是对你出塞之后无人对饮的寂寞作一种心理上的补偿。”如此这般体贴友人，友人还有什么理由不“更尽一杯”呢？

劝君金屈卮，满酌不须辞。

【注释】出自唐·于武陵《劝酒》。金屈卮，是古代一种名贵的酒器。

【译文/点评】此二句与唐人王维“劝君更尽一杯酒，西出阳关无故人”之句一样，都是临别送友的劝酒语。但是，“金屈卮”表示的是一种敬重；“不须辞”表示的是豪爽，有劝友人振作之意，与王维之句所要表现的“惜别”之意有所区别。

人分千里外，兴在一杯中。

【注释】出自唐·李白《江夏别宋之悌》。兴，兴致。

【译文/点评】此写对酒怀友的深情。把酒在手而想到千里之外的朋友，其怀念之意的深切尽在字里行间矣。

人生不相见，动如参与商。

【注释】出自唐·杜甫《赠卫八处士》。动，动辄、往往。参（shēn），星宿名，二十八宿之一。商，星宿名，亦为二十八宿之一。参与商，参星与商星，因不能同时出现于天空，彼出则此没，故常用以比喻分离不得相见，或指不和睦。

【译文/点评】以参星与商星不能同时出现于天空为喻，感叹人生相聚不易而相离则恒常的道理，形象生动，朴素隽永。

人生何处不离群？世路干戈惜暂分。

【注释】出自唐·李商隐《杜工部蜀中离席》。干戈，指代战争。

【译文/点评】此二句写人生分离之苦。“人生何处不离群”，以激问的方式，凌空起势，表现出一种对于离别的达观态度。但是，紧接着又以“世路干戈惜暂分”相承，以“欲擒故纵”之法，一下子就将离别朋友（杜甫）的忧伤之情推到了极点。因为这次离别不是一般的原因，而是因为战乱的缘故。一般的离别还有可能相见，而战乱情况下的分离，以后是否还能相见，就令人忧心了。

若教眼底无离恨，不信人间有白头。

【注释】出自宋 · 辛弃疾《鹧鸪天》。

【译文/点评】此言离愁别恨是“人间有白头”的根本原因，意谓离愁别恨最让人伤感。

三分春色二分愁，更一分风雨。

【注释】出自宋 · 叶清臣《贺圣朝 · 留别》。

【译文/点评】此言因离别而觉得春色全无，意在强调离别的痛苦程度。

山牵别恨和肠断，水带离声入梦流。

【注释】出自唐 · 罗隐《绵谷回寄蔡氏昆仲》。

【译文/点评】此二句乃是以拟人修辞手法，将山水人格化，说自己离别友人而去，使山水都牵愁带恨，为之肠断。由此，侧面写出自己离别友人、告别绵谷山水的依依不舍之情。

身如巢燕年年客，心羡游僧处处家。

【注释】出自宋 · 陆游《寒食》。

【译文/点评】此写离家到处漂泊的痛苦之情。以巢燕自比，言人不如燕可以定时回家的苦情；以游僧为参照，表现对家的眷恋之情与有家难归的痛苦。

世上万般哀苦事，无非死别与生离。

【注释】出自明 · 冯梦龙《古今小说 · 蒋兴哥重会珍珠衫》。

【译文/点评】此言生离死别是人世间最痛苦的事。

数杯黄菊酒，千里白云天。

【注释】出自唐 · 姚合《九日寄钱可复》。黄菊酒，指重阳节所喝的菊花酒。

【译文/点评】此写重阳节登高饮酒、遥想友人的深切之情。“千里”是夸张，意在强调与友人相隔距离之远。

思君又是东风起，楼倚浮云目千里。

【注释】出自宋·鲁交《有寄》。东风，春风。

【译文/点评】此写登高怀人的深情。前句言离别时间之久，等待中又过了一年。后句以夸张修辞手法，强调楼台之高与目光所望之远，意在突出其想念之深切。

思子沉心曲，长叹不能言。起坐失次第，一日三四迁。

【注释】出自汉·刘桢《赠徐幹》。子，古代对男子的尊称，此指徐幹。沉心曲，内心深处非常沉重。失次第，失了次序。迁，移动。后两句意为想念对方而坐立不安。

【译文/点评】此写刘桢对好友徐幹的深切想念之情：思念朋友，以致心情沉重；思念朋友，以致生活乱了方寸，甚至坐立不安。这是何等深切的朋友之情，读之不禁令人动容。

送春滋味，念远情怀，分付杨花。

【注释】出自宋·万俟咏《诉衷情》。杨花，柳絮。

【译文/点评】此写暮春时节看柳絮飞舞、叹春天将逝、念不归远人的感伤之情。

送君肠断秋江水，一去东流何日归。

【注释】出自唐·沈宇《武阳送别》。

【译文/点评】此写送别朋友远行的伤感之情。“肠断”是夸张，意在强调送别时的痛苦心情。

送君江浦已惆怅，更上西楼看远帆。

【注释】出自唐·韦应物《送王校书》。

【译文/点评】此写惜别友人的深情。前句写送行的惆怅之情，后句写登高望舟之景，情景结合，其对友人深切的留恋之意尽在其中矣。

送君千里，终须一别。

【注释】出自明·施耐庵《水浒传》第二十三回。

【译文/点评】此言离别之情虽苦，但终须面对。

算空有并刀，难剪离愁千缕。

【注释】出自宋·姜夔《长亭怨慢》。并刀，指并州之刀，古代并州以出刀著名。

【译文/点评】此以比拟修辞手法，将抽象的离愁具象化，从而将离愁与并州刀联系起来（说并州刀难剪离愁），突出强调离愁的深重程度。

踏阁攀林恨不同，楚云沧海思无穷。

【注释】出自唐·韦应物《登楼寄王卿》。同，此指同道游览。

【译文/点评】此写思念友人的深切之情。前句言不能与友人一同登楼入山的遗憾之情，后句言与友人相隔遥远、思念无穷。

听雨寒更彻，开门落叶深。

【注释】出自唐·无可《秋寄从兄贾岛》。

【译文/点评】此乃诗人（僧人，贾岛堂弟）写秋夜思念贾岛之句。前句写秋夜难眠，更阑听到寺外雨声沙沙，顿有“寒更彻”之感。后句写天明开门所见之景：无边落叶落满一寺。由此，便于写景之中否定了前句的听觉：原来昨夜并未落雨，只是落叶沙沙如秋雨。如此比喻，不仅让人有恍然大悟之感，更让人由落叶而联想到秋雨，使诗境顿开，蕴意无限。

万里因循成久客，一年容易又秋风。

【注释】出自宋·陆游《寒食》。因循，阻滞、滞留。

【译文/点评】此写路远难归的痛苦之情。“万里”，是夸张，极言故乡的遥远，同时说明了“成久客”的原因。“又秋风”，是借代，代指又一年。

万水千山路，孤舟几月程。

【注释】出自唐·贾岛《送耿处士》。

【译文/点评】此以示现修辞手法，想象友人远行的辛苦之状，以此表达对友人离去的留恋之情。

惟有新离恨，东风吹不开。

【注释】出自宋·陆宦《别友人》。东风，指春风。

【译文/点评】东风吹，春天到，这本是令人欣喜的事。但是，由于友人离去，诗人为之无限伤感，吹面不寒的杨柳春风也吹不散他心头的忧愁。此言离别友人的痛苦之情。

为报洛桥游宦侣，扁舟不系与心同。

【注释】出自唐·韦应物《自巩洛舟行入黄河即事寄县僚友》。洛桥，指洛阳。游宦侣，指同僚。扁舟，小船。

【译文/点评】此以比喻修辞手法，将思念同僚而心神不宁的情感状态比作漂浮的小舟，以此表达时刻难忘同僚的深切之情。

问君别后愁多少，得似春潮夜夜添。

【注释】出自宋·蔡襄《书小阁壁上》。

【译文/点评】此以比喻修辞手法，将离别之愁比作春潮，从而化抽象为具象，形象突出地表现了离别的痛苦情状。

问人间，谁管别离愁？杯中物。

【注释】出自宋·辛弃疾《满江红》。

【译文/点评】此言离愁最让人伤感，无法消解，只能求助于醉酒以麻木神经。

问余别恨知多少，落花春暮争纷纷。

【注释】出自唐 · 李白《忆旧游寄谯郡元参军》。

【译文/点评】此写离别友人的感伤之情。前句提问，后句回答，以落花纷纷比喻对友人忆念之情的挥之不去，形象生动。南唐后主李煜的名句“问君能有几多愁，恰似一江春水向东流”，表达方式及意境颇类于此，说不定正是脱胎于这两句。

我是行人更送行，潇潇风雨倍伤情。

【注释】出自宋 · 赵善括《鹧鸪天》。

【译文/点评】送人远行，本就是一件非常痛苦的事。更何况又是在风雨潇潇之时，自己也是一个身在异乡的行人。行人送行人，其中的况味自然不难体味。

梧桐树，三更雨，不道离情正苦。一叶叶，一声声，空阶滴到明。

【注释】出自唐 · 温庭筠《更漏子》。

【译文/点评】此写男女离别的痛苦之情。秋雨打梧桐，在夜半三更时分虽然声音分外清晰，但若不是夜不能寐之人，恐怕也很难听得“一叶叶，一声声，空阶滴到明”那般真切。可见，这六句之所以那么特意强调雨声，意在强调主人公“离情正苦”、辗转反侧、夜不能寐的痛苦之状。后来宋人周紫芝《鹧鸪天》词“梧桐叶上三更雨，叶叶声声是别离”二句，即化用此六句的意境与意蕴。

梧桐叶上三更雨，叶叶声声是别离。

【注释】出自宋 · 周紫芝《鹧鸪天》。

【译文/点评】此写主人公秋夜怀人、夜不能寐的痛苦之情。此二句是化用唐人温庭筠《更漏子》词中“梧桐树，三更雨，不道离别正苦。一叶叶，一声声，空阶滴到明”几句而来，其妙处是以较少的字数来概括原词的意蕴，再造原词的意境，以整齐的形式创造出另一种苍凉感人的美感。

五更千里梦，残月一城鸡。

【注释】出自宋·梅尧臣《梦后寄欧阳永叔》。

【译文/点评】此写思念友人的深切之情。“千里梦”，说明相距遥远。月残、满城鸡鸣，说明天将亮。前者说明思念的原因，后者说明思念时间之久。

昔去雪如花，今来花似雪。

【注释】出自南朝梁·范云《别诗》。

【译文/点评】此写离别的痛苦之情，但字面上则不及一字。两句全运用比喻修辞手法，以“雪”与“花”互喻来写来去分别的情景，以景写情，不仅表意含蓄，而且雪与花特有的形象也使诗句的意境更能配合离别的伤感氛围，让人遐想无穷。

携手上河梁，游子暮何之？徘徊蹊路侧，悢悢不得辞。

【注释】出自汉·无名氏诗（旧题《李少卿与苏武诗》三首其三）。河梁，河上之桥。何之，到哪里。蹊，小路。悢悢(liàng)，悲伤、惆怅的样子。不得，不能。辞，告辞、告别。

【译文/点评】送朋友至河梁，还未分手，就想象着朋友晚上会到哪里。真到分手之时，却又徘徊在小路旁，惆怅悲伤，不忍告辞。这是何等深厚的朋友之情，这是何等难舍的送别之苦！

相见时难别亦难，东风无力百花残。

【注释】出自唐·李商隐《无题》。亦，也。东风，春风。

【译文/点评】此写男女离别的悲苦之情。前句直言其意，后句以百花凋零、春风无力的景物描写，从意象上补足前句的意蕴，从而以景衬意，益显其离别的苦痛。

相去日已远，衣带日已缓。

【注释】出自汉·无名氏《行行重行行》。去，离开。缓，松弛。

【译文/点评】有情人天各一方，随着时间的流逝，相思之情日渐强烈，以致人消瘦、衣带缓。以衣带缓突出女子的消瘦，更能见出其对远行他乡的情人的强烈思念之情。

寻常相见了，犹道不如初。

【注释】出自宋·晁补之《临江仙》。

【译文/点评】即使如以前一样天天见面，也不可能像当初那样可以无话不谈了。此言在政治高压的环境中不能与昔日同道旧友相聚叙怀的痛苦之情。脱离原词语境，此语可作多种语义理解。若运用在男女感情方面，则可表达“时过境迁，旧情难再”之意。

浔阳江头夜送客，枫叶荻花秋瑟瑟。

【注释】出自唐·白居易《琵琶行》。浔（xún）阳江，长江流经九江市北一段的别名。荻（dí），一种多年生草本植物，与芦苇相似，生于水边。瑟瑟，风吹草木之声。

【译文/点评】此以枫叶、荻花在秋风中瑟瑟作响的景象写秋夜送客的凄凉之情，是以哀景写哀情的笔法。虽不及哀伤一字，却让人由景而生悲。

杨柳东门树，青青夹御河。近来攀折苦，应为别离多。

【注释】出自唐·王之涣《送别》。攀折，指折柳，古人有折柳送别的习俗。

【译文/点评】此写送别友人的依依之情。前两句写杨柳，意在以杨柳依依的形象表达送别友人的依依之情。后两句以拟人修辞手法，将杨柳人格化，使杨柳具有人的生命情态（有苦的感受），从而借物写人，将离别友人的惆怅痛苦之情形象地表达出来。

一步一回首，迟迟向近关。

【注释】出自唐·王维《留别丘为》。

【译文/点评】此写依依离别之情。“回首”、“迟迟”二词将不忍离别之意表达得淋漓尽致。

一船风雨分襟处，千里烟波回首时。

【注释】出自唐·黄滔《旅怀寄友人》。分襟，此指分别、分手。

【译文/点评】此言当初顶着漫天风雨与友人分别，而今回首朋友已在千里烟波之外了。前句以“一船风雨”暗寓分别时的悲伤之情，后句以“千里烟波”写远离友人的孤独之感与依恋之情。“千里”是夸张，意在突出强调与友人相距之远，同时也为了与前句“一船”构成形式上的对仗，造就一种诗歌形式上的视觉美感。

一曲古阳关，莫惜金尊倒。

【注释】出自宋·美奴《卜算子》词。阳关，指阳关三叠乐曲，是抒发离情别绪的琴曲。莫，不要。金尊，指精美的酒杯。

【译文/点评】此写在哀怨的琴声中朋友对饮而抒依依惜别之情的情景。朋友对饮，本是人生一大快事。但若是惜别时对饮，那心情自然就不一样了。正因为如此，为了解除喝闷酒气氛的凝固压抑之感，便想到了以琴曲解闷。可是，琴声所奏出的却是《古阳关》乐曲的离情别绪之音，这益发增添了离情别绪的悲情。此与李白所写的“抽刀断水水更流，举杯消愁愁更愁”的境界有异曲同工之妙。

一向年光有限身，等闲离别易销魂。

【注释】出自宋·晏殊《浣溪沙》。一向，即一饷，一会儿。年光，时间。等闲，平常。销魂，指极度的悲伤。

【译文/点评】此写生命有限，故平常的离别也常引发无限的悲伤。

忆君遥在潇湘月，愁听清猿梦里长。

【注释】出自唐·王昌龄《送魏二》。

【译文/点评】此写送友怀别之情。前句写朋友身在潇湘、眼望他乡一轮冷月之景，后句写朋友旅途之中惊听猿鸣而梦中也起愁绪之情。朋友尚未离去，何以有此情景？其实，这是诗人运用示现修辞手法，展开联想与想象，将未曾发生的事情写得如在目前，以此突显对朋友即将离去的依依不舍之情。

欲凭江水寄离愁，江已东流，那肯西流。

【注释】出自宋·范成大《南柯子》。

【译文/点评】此以拟人修辞手法，将“江水”人格化，使其带有人的生命情态（“寄”、“肯”都只能用于人），从而借物而写人，突出强调离愁的深重。

欲问江深浅，应如远别情。

【注释】出自唐·刘禹锡《鄂渚留别李二十一表臣大夫》。

【译文/点评】此言离别难舍之情就像江水一样深，这是以比喻修辞手法形象地表达朋友之间难舍难分的深切之情。

欲寻芳草去，惜与故人违。

【注释】出自唐·孟浩然《留别王侍御维》。寻芳草，指归隐山林。故人，老友。违，离别。

【译文/点评】此言想归隐山林，不想久留长安（唐朝首都），却又舍不得与老人离别，表现的是朋友间难以割舍的深情。

预愁明日相思处，匹马千山与万山。

【注释】出自唐·李嘉祐《夜宴南陵留别》。

【译文/点评】想到明日离别之后匹马孤身，既有惜别相思之苦，又有万水千山的旅途之苦，这如何不让人顿生忧愁呢？此写欢聚时设想分别后的苦情，运用的是示现修辞手法，将未曾发生的事写得如在目前，让人有一种身临其境、感同身受的感觉。

猿啼客散暮江头，人自伤心水自流。

【注释】出自唐·刘长卿《重送裴郎中贬吉州》。

【译文/点评】前句叙事，写送别的时间、地点与背景：日暮、江头、客散猿啼；后句抒情，以有情之人与无情之水作对比，从而突出送别友人的无限悲伤之情。

远芳侵古道，晴翠接荒城。

【注释】出自唐·白居易《赋得古原草送别》。远芳，指远处的花草。侵，蔓生。道，指驿道。

【译文/点评】芳草连天，蔓延而至古道之上；丽日翠木，延展而到远处荒城。此写春日景色，而与“古道”、“荒城”相关联，意在以景抒情，为后面紧接着的两句（“又送王孙去，萋萋满别情”）蓄足情愫，从而强烈地表现出送别友人的凄苦心境。

远风南浦万重波，未似生离别恨多。

【注释】出自唐·杜牧《见刘秀才与池州妓别》。

【译文/点评】此以万重风波与离愁别恨相比，强调有情男女离别的痛苦程度。

远水迢迢分手去，天边山色待人来。

【注释】出自唐·皇甫冉《舟中送李八》。

【译文/点评】此以拟人修辞手法，将山色人格化，使其带有人的生命情态（“待人”），借物写人，表达了送别友人的依依不舍之情。

云帆望远不相见，日暮长江空自流。

【注释】出自唐·李白《送别》。云帆，指白色如浮云的船帆，夸其高。

【译文/点评】此写送别友人的依依不舍之情。前句写目送友人时间之久，后句言黄昏孤独之情。因为对友人相舍不下，所以久久凝望其归帆；因为友人远去，人在异乡黄昏最易生愁之时便倍感孤寂。

真个别离难，不似相逢好。

【注释】出自宋·晏几道《生查子》。

【译文/点评】此写人类相见欢悦别离愁的情感体验。

醉不成欢惨将别，别时茫茫江浸月。

【注释】出自唐·白居易《琵琶行》。

【译文/点评】此写饮酒作别、冷月在江的情景，表现的是一种离别的悲伤之情。

樽罍饮散长亭暮，别语缠绵不成句。

【注释】出自宋·黄大临《青玉案》。樽罍（léi），酒杯。

【译文/点评】此写长亭送别的不忍之情。前句写送别酒喝到日暮才散，后句言分别的话哽咽难以成句。由此，将离别难舍的深情表露无遗。

伤秋惜春

把酒共留春，莫教花笑人。

【注释】出自宋·张元幹《菩萨蛮》。把，持、拿。

【译文/点评】此以拟人修辞手法，将春与花人格化，使其带有人的生命情态（春可留、花笑人），从而借物写人，形象地写出了留恋春光、不忍花谢的惜春之情。

把酒送春春不语，黄昏却下潇潇雨。

【注释】出自宋·朱淑真《蝶恋花》。把，持、拿。

【译文/点评】留春不住，只得无奈地持酒送春，春却默然无语，毫无反应。转身而去后，春以黄昏的潇潇细雨相回应。此乃以拟人修辞手法，将春人格化，使春带有人的生命情态，从而借春而写人，表达诗人留春不住的无限惆怅之情。

把酒祝东风，且共从容。

【注释】出自宋·欧阳修《浪淘沙》。东风，春风。

【译文/点评】此以拟人修辞手法，将春风人格化，通过“与春风从容饮酒”的浪漫之想，表达诗人想多留住春天几天的殷切之情。

悲哉秋之为气也，萧瑟兮草木摇落而变衰。

【注释】出自先秦·宋玉《楚辞·九辩》。哉，感叹词，相当于“啊”。也，句末语气词。萧瑟，秋风吹拂枝叶的声音。兮，语气助词，相当于“啊”、“呀”。摇落，动摇脱落。

【译文/点评】秋之氛围真悲伤，草黄叶落秋风凉。这是两千多年前宋玉悲秋的名句，一读便让人为之神伤，可谓开中国文人悲秋伤感之先河。

残花半树悄无语，细雨满天风似愁。

【注释】出自唐·崔橹《春晚泊船江村》。

【译文/点评】此以拟人修辞手法，将花树、风雨人格化，使其带有人的生命情态（花树“无语”、风“似愁”），从而生动形象地再现了暮春时节落花飘飞、落地无声，细雨绵绵、风声呜咽的景象，同时借景写情，表达了诗人对春天即将远逝的无比伤感之情。

残杏枝头花几许，啼红正恨清明雨。

【注释】出自宋·晏几道《蝶恋花》。几许，多少。啼红，指带雨的落花。

【译文/点评】此以拟人修辞手法，将花人格化，使其带有人的生命情态（花“正恨”），形象生动地再现了残花带雨、飘落纷飞的景象，同时借景抒情，表达了词人对“落花流水春去也”的悲伤之情。

晨风动乔木，枝叶日夜零。游子暮思归，塞耳不能听。

【注释】出自汉·无名氏诗（旧题《李陵赠苏武诗》）。乔木，大树。零，凋零。

【译文/点评】此写深秋树叶凋零之景与游子睹物伤秋、思乡之情。中国古人都有一种“黄昏起愁”、“秋风起愁”的共同情感体验，此句即是写这种情感体验的。

持酒劝云云且住，凭君碍断春归路。

【注释】出自宋·秦观《蝶恋花》。

【译文/点评】此以拟人修辞手法，将云人格化，使云带有人的生命情态（可以喝酒，接受人情而帮忙阻断春归路），从而借云写人，表达诗人意欲留住春天的殷切之情。

惆怅春归留不得，紫藤花下渐黄昏。

【注释】出自唐·白居易《三月三十日题慈恩寺》。留不得，不能留。

【译文/点评】此写春天即将过去的惆怅之情。前句直抒其情，后句写黄昏花下的景象，意在以景写情，与前句呼应。

愁心伴杨柳，春尽乱如丝。

【注释】出自唐·刘希夷《春女行》。

【译文/点评】春天虽好，杨柳虽美，但也有春尽柳老之时。因此，看到依依之柳的万缕垂丝，最易让人特别是年轻女子触景生情，生发无限感慨。此二句所写，即是表现女子青春易逝、终身难托的感伤之情。结合前两句“自怜妖艳姿，妆成独见时”，其表意倾向则更为明显。

初秋凉气发，庭树微销落。凝霜依玉阶，清风飘飞阁。

【注释】出自三国魏·曹植《赠丁仪》。微，稍微。销落，即飘落。凝霜，指落叶为霜所凝结。依，依附。玉阶，指台阶。飘飞阁，指落叶飘飞到高阁之上。

【译文/点评】此写初秋庭树凋零、寒霜初生之景，读之让人顿起悲秋之情。

春残已是风和雨，更著游人撼落花。

【注释】出自宋·黄庭坚《同元明过洪福寺戏题》。更著，更有、加上。

【译文/点评】此写风雨送春去、游人撼落花的惜春心情。引申之，则比喻一个人本已处于危险境地，别人又在此时乘机落井下石。

春风堪赏还堪恨，才见开花又落花。

【注释】出自唐·雍陶《过南邻花园》。堪，能、可。

【译文/点评】此言春风吹开了花，也吹落了花，送来了春天，也送走了春天，意在抒发春光难留的无限感慨。

春光冉冉归何处，更向花前把一杯。尽日问花花不语，为谁零落为谁开？

【注释】出自唐·严恽《落花》。冉冉，慢慢地。把，持、握。

【译文/点评】此以拟人修辞手法，将花人格化，使其带有人的生命情态（能与人对饮、不语、为谁），从而借花写人，表达自己对花落的惆怅之情和对春去的留恋之意。

春眠不觉晓，处处闻啼鸟。夜来风雨声，花落知多少。

【注释】出自唐·孟浩然《春晓》。

【译文/点评】此写爱春怜春之情。全诗以声音为着笔点，前两句以鸟啼之声反衬春眠的酣足之乐，后两句以风雨之声追索花落之因，从而在写景叙事中暗寓出诗人的“春来之乐”与“春去之悲”。

春去也，飞红万点愁如海。

【注释】出自宋·秦观《千秋岁》。也，句中语气助词。飞红，指落花。

【译文/点评】此写“花落春去也”的无限悲愁之情。“飞红万点”是夸张，极言落花之多。“愁如海”是比喻，形象地说明了春愁之浓重。

春色无多，开到蔷薇，落尽梨花。

【注释】出自元·张可久《双调折桂令·村庵即事》。

【译文/点评】此言蔷薇开后、梨花落尽之时，便是春天远去之时，表现的是一种怜春惜春的文人情怀。

春婉娩，客飘零，残花浅酒片时清。

【注释】出自宋·范成大《鹧鸪天》。婉娩（miǎn），柔顺的样子。清，清醒。

【译文/点评】此写暮春时节繁花凋零、人在异乡的哀愁之情。“残花”表示花事已到尾声，说明已是暮春。暮春时节本就易于引发文人的愁绪，况又是“独在异乡为异客”。无法排遣心中之愁，对于文人来说也只有借酒浇愁一途。然而，酒少不足以浇愁（“浅酒片时清”言酒不多，即使喝醉，也很快清醒），这又是何等的悲伤呢！其意已不言而喻矣。

春宵一刻值千金，花有清香月有阴。歌管楼台声细细，秋千院落夜沉沉。

【注释】出自宋·苏轼《春宵》。

【译文/点评】此写春夜的欢乐之情。前一句以夸张修辞手法直言春宵值得珍惜的主旨，后三句是写景，以美好形象补足前句的意蕴。第二句写花香、月阴，有视觉形象，也有嗅觉形象；第三句写管乐之声，表现的是听觉形象；末一句写夜色、秋千、院落，则又是视觉形象。由此，视觉、听觉、嗅觉三者结合，遂将春夜之美、春夜之乐淋漓尽致地表现出来，让人顿有身临其境之感。

春与繁华俱欲谢，愁如中酒不能醒。

【注释】出自元·倪瓒《三月一日自松陵过华亭》。繁华，指繁花。中酒，醉酒、病酒。

【译文/点评】春天将随繁花落尽而逝去，忧愁就像喝醉了酒不能醒。此写春暮感伤之情，表现的是一种伤春惜春的文人情怀。

春早见花枝，朝朝恨发迟。及看花落后，却忆未开时。

【注释】出自唐·刘禹锡《抛毬乐词》。

【译文/点评】春天刚到时，盼着花儿快快开放；而等到花开凋落之后，则又怀念花儿未开之时。此言盼春惜春之情，虽然表现的只是文人的闲情逸致，但其逼真的心理刻画却极具审美价值，令人玩味不已。

共君今夜不须睡，未到晓钟犹是春。

【注释】出自唐·贾岛《三月晦日送春》。君，指春。犹是，还是。

【译文/点评】此以拟人修辞手法，将春人格化，使其带有人的生命情态（“不须睡”），从而形象地突显出诗人对春的依依不舍之情。

古木鸣寒鸟，空山啼夜猿。

【注释】出自唐·魏徵《述怀》。

【译文/点评】此写秋冬时节山中万木萧条、寒风瑟瑟、鸟猿哀鸣的凄清景象。

关城树色催寒近，御苑砧声向晚多。

【注释】出自唐·李颀《送魏万之京》。关城，指潼关。御苑，古代供帝王游乐或狩猎的园林。砧声，捣衣声。向晚，傍晚。

【译文/点评】此写秋风萧瑟中潼关树木开始现出寒色，傍晚时分御苑周围人家的捣衣声也多了起来。叙事写景之中，寄寓了深深的悲秋之慨。

寒花隐乱草，宿鸟择深枝。

【注释】出自唐·杜甫《薄暮》。

【译文/点评】此写秋日薄暮之景，描写花寒、花隐，强调鸟择深枝而宿，其意是通过花鸟来表现动荡不安的战乱局势下人们的生活情状与处境。后两句是“旧国见何日，高秋心苦悲”，将诗人忧国伤秋的情绪一泄而尽。

寒树依微远天外，夕阳明灭乱流中。

【注释】出自唐·韦应物《自巩洛舟行入黄河即事寄府县僚友》。依微，依稀，仿佛。明灭，忽明忽暗。

【译文/点评】此二句写诗人舟行黄河之中所见深秋之景。前句写远景，突显的是冬日天高地远、风寒树枯的静景。强调“远天外”，既极言所见“寒树”之遥远，又极言黄河两岸平原的一望无际。后句写近景，呈现的是夕阳西下、余晖在水、或明或暗的动景。突出“夕阳”与“乱流”两个特定的悲哀景象，意在表达诗人夕阳西下时分舟行于忽明忽暗的黄河乱流之上的悲秋之情。前句的“寒”、后句的“乱”二字，移情于物，尤其能突显出诗人这种悲秋的心境。

何物最关情，黄鹂三两声。

【注释】出自宋·王安石《菩萨蛮》。何物，什么事。关情，牵挂于心。

【译文/点评】此言自己最关心的事是什么时候春天能到来（黄鹂初啼，预示着春天的到来），表达的是一种盼春的殷切之情。

荷叶生时春恨生，荷叶枯时秋恨成。

【注释】出自唐·李商隐《暮秋独游曲江》。

【译文/点评】荷叶长成之时，便是“落花流水春去也”的春暮季节；荷叶枯萎之时，即是“西风萧瑟寒风起”的深秋节候。此写春去秋至的感伤之情。

鸿雁飞兮木叶落，楚歌悲兮雨潇潇。

【注释】出自唐·高适《东征赋》。潇潇，雨声。

【译文/点评】此写北雁南飞、树叶飘零、楚歌声悲、秋雨潇潇的深秋景象，表达的是一种伤秋感时之情。

花飞有底事，老去愿春迟。

【注释】出自唐·杜甫《可惜》。底事，何事。老去，指花落。

【译文/点评】此言花飞落去是为了留住春天。这是以拟人修辞手法将花人格化，使花带有人的生命情态（“老去”、“愿”），从而借花写人，婉转地表达出诗人的惜春之情。

花开又花落，时节暗中迁。

【注释】出自唐·杜牧《惜春》。

【译文/点评】此言时节在花开花落中悄悄转换了，表达的是一种惜时怜春的情感。

花落柴门掩夕晖，昏鸦数点傍林飞。

【注释】出自宋·周敦颐《题春晚》。柴门，指极简陋的门。

【译文/点评】此写夕阳照落花、柴门掩余晖、归鸦傍林飞的暮春晚景。表面写的是景物，实是借夕阳、落花、昏鸦的特定意象表达“落花流水春去也”的惜春怜春的惆怅之情。

寂寞向秋草，悲风千里来。

【注释】出自唐·高适《宋中十首》（其一）。

【译文/点评】此写秋草枯黄、寒风动野的悲秋寂寞之情。

江花何处最肠断，半落江流半在空。

【注释】出自唐·元稹《江花落》。江花，指江边之花。

【译文/点评】此写怜花伤春之情。花开花落，春去春来，本是自然现象。但是，在多情敏感的文人眼里，却蕴含了人生的景象。由花落春去，就会联想到韶华已去、青春不再，就会感慨时光无情、功业未成。上面两句所写的意蕴正在于此。

客心惊落木，夜坐听秋风。

【注释】出自唐·薛稷《秋朝览镜》。落木，落叶。

【译文/点评】此写悲秋的感伤之情。人在旅途、身在异乡，昼见落叶萧萧、夜听秋风阵阵，不免感物伤怀，陡起惆怅之情。这便是此二句所要表达的意蕴。

枯藤老树昏鸦，小桥流水人家，古道西风瘦马。夕阳西下，断肠人在天涯。

【注释】出自元·马致远《天净沙·秋思》。

【译文/点评】此写流落天涯的游子的悲秋伤怀之情。它的妙处是全曲除了“下”、“在”两个动词外，其余全用名词叠砌成句，剔除所有的虚词，荡开一切逻辑与语法的桎梏，使各名词叠砌起来的句子就像是电影“蒙太奇”的镜头组接，从而合成了一幅旷古未有的凄凉画面：黄昏时，荒郊外，枯藤缠老树，乌鸦绕树飞；小桥静无人，流水绕人家；秋风瑟瑟起，古道荒且长，游子骑瘦马，独行夕阳下。这种列锦修辞手法的运用，不仅表达上形象、生动、含蓄，而且给欣赏者留足了想象的空间，并根据自己的生活经验予以自由联想，从而产生“一千个读者有一千种感受”的效果，大大提升了作品的审美价值。

泪眼问花花不语，乱红飞过秋千去。

【注释】出自宋·欧阳修《蝶恋花》。乱红，指落花。

【译文/点评】此以拟人修辞手法，将花人格化，通过人花对话，表达诗人意欲挽留春光的深情。“泪眼问花”与“花不语”、“乱红飞过秋千去”的对比，突出了人的有情与花的无情，从而展露出诗人对“春去不可留”的惆怅无奈之情。

林花落处频中酒，海燕飞时独倚楼。

【注释】出自唐·戴叔伦《寄司空曙》。中酒，指醉酒。

【译文/点评】此写对花饮酒频频醉、独倚高楼看燕飞的情景，表达的是一种惜春之情。

林花谢了春红，太匆匆，无奈朝来寒雨晚来风。

【注释】出自南唐·李煜《相见欢》。

【译文/点评】此写寒雨晚风使林花凋谢的惆怅之情。

流水落花春去也，天上人间。

【注释】出自南唐·李煜《浪淘沙令》。

【译文/点评】此句表面写春光逝去的惆怅，实则是借春去写自己帝王生活结束之悲哀。“天上人间”，将昔日帝王的奢华生活与今日沦为阶下囚的生活作了概括的对比，寄寓了对往日生活的无限留恋之意与对今天现实的无限感叹。

流莺不许青春住，催得春归花亦去。

【注释】出自宋·王千秋《菩萨蛮》。青春，春天。

【译文/点评】此言春天逝去是因为流莺从中作梗，将花催落、将春催回。这是以拟人修辞手法，将流莺人格化，从而“嫁祸”于流莺，以此表达诗人留春不住的嗟怨之情。

落花不解留春住，似欲随波渡江去。

【注释】出自元·萨都刺《江南曲》。不解，不懂。

【译文/点评】此以拟人修辞手法，将落花人格化，使其带有人的生命情态（“不解留春”、“欲随波渡江”），从而化平淡为生动，借物而写人，将诗人对春天即将过去的惋惜之情展露得淋漓尽致。

落红满路无人惜，踏作花泥透脚香。

【注释】出自宋·杨万里《小溪至新田四首》（其一）。

落红，落花。

【译文/点评】此写花落坠地、入泥透香的景象，意在表达怜花惜春的心情。

满地榆钱，算来难买春光住。

【注释】出自金·董解元《哨遍》。榆钱，榆荚形似钱串，故名。

【译文/点评】此写春光难留的伤感之情，但诗人不如此直言，而是通过拟人修辞手法，将春光人格化，使其带有人的生命情态（可用钱来收买），从而使平淡情事的叙述顿然显得生动形象起来，读之令人情趣盎然。

漫漫秋夜长，烈烈北风凉。

【注释】出自三国魏·曹丕《杂诗二首》（其一）。

【译文/点评】此写秋天夜长风劲之情状。“漫漫”写秋夜之长，“烈烈”状北风之凉，叠字成句，音韵悠长。

莫道不消魂，帘卷西风，人比黄花瘦。

【注释】出自宋·李清照《醉花阴》。西风，秋风。黄花，菊花。

【译文/点评】此写感物悲秋之情。西风渐紧，“东篱把酒黄昏后”，面对渐趋凋零的菊花，敏感的女词人如何能不感物伤情，由花及人，想到女人韶华易逝而陡生悲伤之情呢？“人比黄花瘦”，将花比人，正好契合此情此景，既写了眼前之花，又写了词人之心。其造语的新颖，其达意的贴切，都堪称妙绝。正因为如此，这三句不仅成为整首词的亮点，更成为历代文人掉头苦吟的佳句。词作一出，即得到包括词人丈夫赵明诚在内的宋代文人的极力推崇。据伊世珍《瑯嬛记》记载：“易安（即李清照）以重阳《醉花阴》词函致明诚（李清照丈夫赵明诚）。明诚叹赏，自愧弗逮，务欲胜之。忘食忘寝者三日夜，得五十阙。杂易安作，以示友人陆德夫。德夫玩之再三，曰：‘只三句绝佳。’明诚诘之。答曰：‘莫道不消魂，帘卷西风，人比黄花瘦。’政（正）易安作也。”也许这个传说有些夸张，但这三句的传神生动，却是不争的事实。

秋风起兮白云飞，草木黄落兮雁南归。

【注释】出自汉 · 刘彻《秋风辞》。

【译文/点评】秋风起，落叶飘，雁南归，皆是易于令人见而起愁的物象。刘彻（汉武帝）虽是一代雄主，但毕竟是人，故亦有常人见秋而起愁的人生感叹。

秋风秋雨愁煞人，寒宵独坐心如捣。

【注释】出自清 · 陶澹人《沧江红雨楼诗集 · 秋暮遣怀》。

【译文/点评】此写秋雨之夜的感伤之情。前句直言伤秋之意，后句以比喻修辞手法写风雨之夜独坐悲秋的复杂心情。

秋风萧瑟天气凉，草木摇落露为霜。

【注释】出自三国魏 · 曹丕《燕歌行二首》（其一）。萧瑟，风吹树木之声。

【译文/点评】此乃写秋风吹落叶、天凉露为霜之秋景，为历代传诵之悲秋名句。

人闲易有芳时恨，地迥难招自古魂。

【注释】出自唐 · 韩偓《春尽》。芳时，指春天。地迥，地远、地偏。

【译文/点评】此二句乃是写暮春孤寂之感。“人闲易有芳时恨”，以“闲”与“恨”二字，着力强调了诗人闲散之中眼见大好春光匆匆而过而无所作为的惆怅之情。“地迥难招自古魂”，表面上是说闽南地处偏僻，连“死人”（古人）的阴魂也招不来，实际要抒发的是没有“活人”（今人）知己、朋友的孤寂之情与心灵苦痛。

若问此愁深浅，天阔浮云远。

【注释】出自宋·郑域《桃源忆故人·春愁》。

【译文/点评】此以设问与比喻修辞手法，先问后答，在比喻中将抽象的“春愁”具象化，从而让人由“天阔浮云远”的喻体形象去体会感受诗人的“春愁”。

若有人知春去处，唤取归来同住。

【注释】出自宋·黄庭坚《清平乐》。

【译文/点评】此以痴人说梦的方式，表达了其对春天的无限留恋之情。

山空松子落，幽人应未眠。

【注释】出自唐·韦应物《秋夜寄邱二十二员外》。

【译文/点评】此二句乃是秋夜怀人之作，以示现修辞手法，遥想所怀之人秋夜之所为。“山空松子落”是写景，遥想所怀之人所居山中秋夜的寂静情状：山野空空如也，唯听松子落地之声。“幽人应未眠”是议论，紧承前句“松子落”而下，推想所怀之人秋夜不眠之情景，由此表达了对所怀之“幽人”的深切思念之情。

疏林一路斜阳里，飒飒西风满耳蝉。

【注释】出自唐·李中《秋日途中》。飒飒（sà），风吹树叶之声。西风，指秋风。

【译文/点评】此写秋日傍晚途中所见景象：夕阳西下，叶落疏林，秋风阵阵，蝉声满耳，表现的是一种秋日萧瑟悲凉的意境。

水调数声持酒听，午醉醒来愁未醒。

【注释】出自宋·张先《天仙子》。水调，指《水调》

之曲。

【译文/点评】此写伤春怜春之情，也是哀叹青春年华易逝之辞。花落春去，多情的文人不免触景生情，由“花落春去也”而想到人生易老，由此忧上心头。忧则需解，“何以解忧，唯有杜康”。于是，词人倒了杯酒，一边喝着一边听着《水调》的乐曲，希望能够消解心中的郁闷。然而，“借酒消愁愁更愁”，酒醉了，睡着了，但是酒醒之后，愁仍未消。那么，词人的忧愁有多少，其意尽在其中矣。

水流花谢两无情，送尽东风过楚城。

【注释】出自唐·崔涂《春夕》。

【译文/点评】此二句乃是写惜春、伤春之情。但是，诗人却不直抒胸臆，而是以拟人修辞手法，将水、花人格化，使其有“无情”、“送尽东风”等人的情感与行为，形象生动地写出了对“春去也”的无限依恋不舍之情，让人有更多联想、回味的空间，从而大大提升了诗句的审美价值。

天荒地变心虽折，若比伤春意未多。

【注释】出自唐·李商隐《曲江》。

【译文/点评】此二句表层意思是说，曲江由盛唐盛极一时的繁华到晚唐颓败荒凉的巨大变化，虽然看了让人心情沮丧，但是若与叹惜春光已去的的悲愁相比，实在还算不得什么。这是明里说“伤春”，暗里则是感慨大唐盛世之春已经不再，是一种双关表达。

晚叶红残楚，秋江碧入吴。

【注释】出自唐·江为《岳阳楼》。楚，指古楚国的地方，在今湖南一带。吴，指古吴国的地方，在今江苏浙江一带。

【译文/点评】此写秋深叶红、寒江水碧的景象。“红残”，言秋深。“碧入吴”，言洞庭湖的水流入长江而进入吴地。由此，将楚、吴连为一体，通过水的流动而扩展了诗句所描绘的画面幅度，使诗句所表现的气象更为阔大。

万点飞花愁似雨。

【注释】出自宋·杨炎正《蝶恋花》。

【译文/点评】此写春暮感伤之情。“万点飞花”是夸张，表现的是落花纷飞的景象。“愁似雨”是比喻，以抽象之“愁”比具象之“雨”，使人读之对其“春愁”感同身受。

渭城朝雨浥轻尘，客舍青青柳色新。

【注释】出自唐·王维《渭城曲》。浥（yì），沾湿。客舍，旅店。

【译文/点评】此写初春时节朝雨洒轻尘、客舍柳初青的景色。“柳色新”，言初春也。“青青”，用叠字修辞手法描写柳叶之色，突出其青绿可爱之状。

无边落木萧萧下，不尽长江滚滚来。

【注释】出自唐·杜甫《登高》。

【译文/点评】秋风摇落叶，万物肃杀，无边落叶，“萧萧”而下，闻之让人顿起悲秋之情；春去秋又来，水涨水落，长江之水，“滚滚”不绝，见之使人陡起感时之慨。“萧萧”摹落叶之声，“滚滚”写江水之状，一听觉，一视觉，让人如闻其声，如睹其景，不禁涌起悲秋感慨之情。

无端又被春风误，吹落西家不得归。

【注释】出自唐·韩愈《落花》。

【译文/点评】此以拟人修辞手法，将花人格化，使其带有人的生命情态，借花对春风的埋怨，表达诗人自己对春风吹落花儿的遗憾之情。

无可奈何花落去，似曾相识燕归来。

【注释】出自宋·晏殊《浣溪沙》。

【译文/点评】此写花落春去的惆怅之感与惊见旧燕归来的欣慰之情。前句以“无可奈何”写春天必然逝去的自然规律，表现的是人在自然面前的无奈与无助之感。后句以“似曾相识”写偶见旧燕归来的惊喜心理，展露的是“失中有得”的欣慰之情。前句后代引申之，也用以形容某一势力的颓势已经无可挽回。

梧桐叶上三更雨，惊破梦魂无觅处。

【注释】出自宋·苏轼《木兰花令》。

【译文/点评】此写秋夜闻雨惊醒，感慨秋天已至的惆怅之情。后两句是：“夜凉枕簟已知秋，更听寒蛩促机杼。”

惜春不觉归来晚，花压重门带月敲。

【注释】出自宋·赵葵《过扬子桥》。重门，多道门。

【译文/点评】此写赏春流连忘返、月夜穿花敲门的情景，表现的是对春天的喜爱与珍惜之情，显现的是文人的一种闲情逸致。

惜春长怕花开早，何况落红无数。

【注释】出自宋·辛弃疾《摸鱼儿》。落红，落花。

【译文/点评】因为怕春天逝去，所以希望花晚点儿开，原因是怕看到落花无数的凄凉之景。此写盼春天早点到来，又怕春天很快逝去的复杂心情。

细水浮花归别涧，断云含雨入孤村。

【注释】出自唐·韩偓《春尽》。

【译文/点评】此二句乃是写惜春、伤春之情，但是表面却“不著一字”，含蓄隽永，令人回味无穷。“细水浮花归别涧”一句，表面不说春已暮，但花落水中，并随涓涓细水流入别涧，“春暮”之意已在其中矣。“断云含雨入孤村”一句，写残断之云随风吹下一阵细雨之景，暗示的正是南方春尽的节候。同时，两句所用的“细”、“浮”、“别”、“断”、“孤”五字，都有令人顿生悲凉的感情色彩。因此，此二句诗若结合写作的大背景看，则既是伤春，又有悲叹唐王朝灭亡的意味。

小庭花落无人扫，疏香满地东风老。

【注释】出自荆南·孙光宪《菩萨蛮》。东风，春风。

【译文/点评】此写落花满地、春天已逝、小庭人去的凄婉之情。“无人扫”，言人去屋空。“疏香”，言花香不多，落花将尽，春天将去。

信宿渔人还泛泛，清秋燕子故飞飞。

【注释】出自唐·杜甫《秋兴八首》（其三）。信宿，隔宿、隔夜，意谓天天如此。泛泛，指漂荡的样子。飞飞，指飞的样子。

【译文/点评】此写渔人水上泛舟、燕子盘旋飞翔之清秋景象。明是写景，实是有所寄托，即表达诗人漂荡江湖、无所归宿的慨叹。

寻花不问春深浅，纵是残红也入诗。

【注释】出自唐·朱庆余《同友人看花》。不问春深浅，指不管是早春还是暮春。残红，残花。

【译文/点评】此言只要有惜春怜花之意，什么样的春景都是可以入诗的，表达的是深切的惜春爱花之情。

眼看春色如流水，今日残花昨日开。

【注释】出自唐·崔惠童《宴城东庄》。

【译文/点评】此写春天易逝的伤感之情。前句用比喻修辞手法，将春色易逝比作滔滔流去的水；后句用夸张修辞手法，极言花谢之快。由此，表达了深切的怜春惜春之情。

眼随片片沿流去，恨满枝枝被雨淋。

【注释】出自唐·韩偓《惜花》。

【译文/点评】此写望着花落随水流、雨淋花枝稀的惆怅惋惜之情。

燕子不来春又去，满庭红雨落无声。

【注释】出自明·申从濩《伤春》。红雨，落花。

【译文/点评】此写燕子飞去，春天过去，满院落花的景象，表现的是文人惜春的深情。

燕子不来花又落，一庭风雨自黄昏。

【注释】出自元·赵孟頫《绝句》。

【译文/点评】此写燕去花落、风雨黄昏的景象，表现的是留春不住的惆怅无奈之情。

燕子未归梅落尽，小窗明月属梨花。

【注释】出自宋·法具《绝句春日》。

【译文/点评】燕子飞去，梅子落尽，春天逝去而踪迹难求，唯有小窗前还有明月照着梨花。此以燕去梅落与明月梨花对照，是以乐景衬哀景，意在表达强烈的伤春之情。

燕子又将春色去，纱窗一阵黄昏雨。

【注释】出自宋·司马槱《黄金缕》。将，持、带。

【译文/点评】燕子离去，春天也跟着远去了，只有黄昏时分的沥沥细雨在窗前下个没完没了。此乃感伤春天逝去之辞，表达的是文人惜春的情感。

野竹疏还密，岩泉咽复流。

【注释】出自唐·杜牧《秋晚与沈十七舍人期游樊川不至》。

【译文/点评】此写野竹或疏或密、山泉潺潺的景象。“咽”字的运用，是以拟人修辞手法写山泉流动的响声，是诗人移情作用的结果，表达的是晚秋的感伤之情。

一场愁梦酒醒时，斜阳却照深深院。

【注释】出自宋·晏殊《踏莎行》。

【译文/点评】借酒浇愁，逃入梦中，确实都能让人暂时摆脱现实的烦愁，但是醉酒总有醒来的时候，好梦也有惊破之时。酒醒梦残之后，夕阳西下、庭院深深，面对此景，又会产生何情呢？让人回味，让人沉吟。此写伤春的郁闷之情。花落春暮，春去夏至，这是再自然平常不过的现象。但是，多情敏感的文人看到“花落随流水”的景象，却会顿起“韶华易逝”的人生感慨，这便是中国古代文人在笔端反复吟咏的伤春之情。这里的两句，所写也是这种情感。前句叙事（伤春而醉酒），后句写景（夕阳斜照院），前后配合，遂将词人的伤春之愁淋漓尽致地表现出来。特别是后一句的写景，景中寓情，既使伤春的意蕴尽含其中，又以夕阳深院的境界让人回味无穷。格调缠绵，最符合文人轻歌慢吟、细细品味的欣赏口味。故历来让许多文人掉头苦吟，为之叹赏不已。

一片花飞减却春，风飘万点正愁人。

【注释】出自唐·杜甫《曲江二首》（其一）。

【译文/点评】此二句之妙在于借景写心，让人回味无穷。“一片花飞”，已暗示出“春已暮”。而紧承的“减却春”，在语意上又予以了强化。这正是借写景而抒伤春、惜春之情。“风飘万点”，是写落英缤纷的情状，也是写景。但是，由于有“正愁人”三字紧承其后，这写景之句顿然衬托出了作者人生不如意、对美景益悲的伤感之情。

游人不管春将老，来往亭前踏落花。

【注释】出自宋·欧阳修《丰乐亭游春三首》（其三）。

【译文/点评】游人并没意识到春天即将过去，只知来往于亭前，踏在了落花之上而不知痛惜。此以批评游人不知惜花的口气，婉转地表达了对春天即将逝去的无比哀愁。

雨横风狂三月暮，门掩黄昏，无计留春住。

【注释】出自宋·欧阳修《蝶恋花》。

【译文/点评】此写“风雨送春归”、“无计留春住”的惆怅之情。

猿啼洞庭树，人在木兰舟。

【注释】出自唐·马戴《楚江怀古》五律三章其一。

【译文/点评】此二句乃唐代写景抒情的名句。“猿啼洞庭树”，写物、写听觉；“人在木兰舟”，写人、写视觉。前句动中有静，“猿啼”是动，“洞庭树”是静；后句静中有动，“人在舟中”是静，但舟是水中行进，则是动。由此，通过两幅画面将诗人伤秋怀远之情婉而不露地表现出来了。

远望正萧条，百里无人声。豺狼鸣后园，虎豹步前庭。

【注释】出自汉·无名氏诗（旧题《李陵赠苏武诗》）。

【译文/点评】此乃写秋天的肃杀之气。万物的萧条，人迹的不见，豺虎的横行，不禁让人陡生无限的悲情。

愿教青帝常为主，莫遣纷纷点翠苔。

【注释】出自宋·朱淑真《落花》。愿，希望。青帝，即春神。莫，不要。遣，让。纷纷，指落花。点，落。

【译文/点评】希望春神常做主，莫让花落春逝去。此写对春天的留恋之情。

子规夜半犹啼血，不信东风唤不回。

【注释】出自宋·王令《送春》。子规，杜鹃鸟。犹，还。东风，春风。

【译文/点评】此写对春天的无限留恋之情。但诗人不直言，而是通过拟人修辞手法，将杜鹃鸟人格化，使其带有人的生命情态（说它夜半啼血而鸣，是为了将逝去的春风唤回来），从而借鸟来写人，表达诗人对春天逝去的无限感伤之情。

醉貌如霜叶，虽红不是春。

【注释】出自唐·白居易《醉中对红叶》。

【译文/点评】此言枫叶经霜变红，就像喝醉了酒的人脸，虽然红艳，但毕竟不如春花之美丽，表达的是悲秋惜春之情。前句的正常语序应该是“霜叶如醉貌”，之所以如此作文字次序的颠倒，是出于诗律平仄的需要。

醉眠芳树下，半被落花埋。

【注释】出自唐·卢纶《春词》。

【译文/点评】此写暮春时节把酒赏花、醉眠花下的文人情趣。“落花埋”是夸张，言落花之多，由此呼应了前句“醉眠”，表达了诗人惜春的感伤之情（因为春去感伤而借酒浇愁）。

醉莫插花花莫笑，可怜春似人将老。

【注释】出自宋·李清照《蝶恋花》。

【译文/点评】醉酒插花头上，花别见笑，因为春和醉人一样都将老去。此以拟人修辞手法，将花、春人格化，使其带有人的生命情态（花会笑人、春会老），从而化平淡为生动，形象地表现了诗人对春天即将逝去、青春岁月不再的惆怅之情。

怀才不遇

巴山楚水凄凉地，二十三年弃置身。

【注释】出自唐·刘禹锡《酬乐天扬州初逢席上见赠》。

【译文/点评】此写被贬谪荒远之地的悲怨之情。

白发徒自负，青云难可期。

【注释】出自唐·岑参《虢中酬陕西甄利官见赠》。青云，指高位。

【译文/点评】此言才高不为用、年老徒自负、高升无指望的痛苦之情。

白云在青天，可望不可即。

【注释】出自明·刘基《登卧龙山写怀二十八韵》。即，接近。

【译文/点评】此以青山可望不可即为喻，说明自己远大的抱负不能实现的痛苦之情，颇有怀才不遇之感。因为后两句“浩歌梁甫吟，忧来凭胸臆”，已作了清楚的注解。

鬓底青春留不住，功名薄似风前絮。

【注释】出自宋·毛滂《渔家傲》。

【译文/点评】此言韶华易逝、功名未就、事业难成的痛苦之情。

不才明主弃，多病故人疏。

【注释】出自唐·孟浩然《岁暮归南山》。

【译文/点评】此言不被皇帝重用、不为朋友亲近的痛苦之情。“不才”乃是自谦，实指“有才能”。“明主”是反语，意指皇帝是不会用人的昏君。“多病”喻指仕途不得意。这是诗人怀才不遇的牢骚之言。史载，王维引见诗人面见唐玄宗时，玄宗久闻诗人之名，令其当场吟诗，待其吟到此二句，唐玄宗勃然大怒，认为诗人是自己不求仕，反而来“诬”他，遂将其“放还”。从此，诗人与官场无缘。可见，诗人的这两句牢骚确实是发得不好，同时得罪了皇帝与朋友（王维）。

不逢高枝引，未得凌空上。

【注释】出自唐·岑参《石上藤》。高枝，喻指高官。凌空上，指官场上飞黄腾达。

【译文/点评】此以比喻修辞手法，借物喻人，表达没有高官援引而不得高升的痛苦之情。

才高行洁，不可保以必尊贵；能薄操浊，不可保以必卑贱。

【注释】出自汉·王充《论衡·逢遇》。可，能。以，就。必，一定。

【译文/点评】才能很大、道德高洁，不能保证就一定有尊贵的地位；才能低下、名声不好，不能保证就一定处于卑贱的地位。此言有时机遇比能力、德行更重要，才能道德与身份地位的取得并不完全成正比例。

才疏志大不自量，西家东家笑我狂。

【注释】出自宋·陆游《大风登城》。

【译文/点评】此乃诗人自嘲之语，意在表达自己能力得不到施展，理想不被他人理解的痛苦之情。

出门即有碍，谁谓天地宽。

【注释】出自唐·孟浩然《赠别崔纯亮》。

【译文/点评】此以行路难为喻，形容自己处世难、进身难的苦境。

大道如青天，我独不得出。

【注释】出自唐·李白《行路难三首》（其二）。

【译文/点评】前句以比喻修辞手法，极写大道的宽广。后句急转直下，说辽阔如青天的大道上，竟然没有自己走的地方。明里是说“行道”，实际双关着人生与仕途。由此，在对比与双关中将自己怀才不遇的悲愤之情淋漓尽致地表露出来。但是，读来却有含蓄蕴藉的韵味，并非一览无余。

当路谁相假，知音世所稀。

【注释】出自唐·孟浩然《留别王侍御维》。当路，指当权者。相假，相助。

【译文/点评】此言知音难遇、求仕无门的痛苦之情，表达的是强烈的怀才不遇之情。

道不行，乘桴浮于海。

【注释】出自先秦《论语·公冶长》。道，此指政治主张。不行，行不通、无人采纳。桴（fú），木排或竹排，大的叫筏，小的叫桴。海，指海外。

【译文/点评】如果我的政治主张没人采纳，那我只好坐着木筏漂流到海外了。这是孔子在周游列国推销其政治主张而四处碰壁之后所发出的绝望的慨叹，也是他生不逢时、怀才不遇的悲号。这虽是孔子在失意之后所说的泄气话，但也不乏人生的智慧。用今天的俗语说，就是“东方不亮西方亮”，此路不通，又何必一条道儿走到黑、一棵树上吊死呢？别寻他途，未必不是解决之道。

笛里谁知壮士心，沙头空照征人骨。

【注释】出自宋·陆游《关山月》。空，徒然。

【译文/点评】此言无人了解壮士报国之心，所以壮士只能在《关山月》凄凉曲调的笛声里，在一弯冷月下，看着边塞上死去战友的累累白骨而徒唤奈何。其意是要表达诗人意欲杀敌立功、为国收复失地，却报国无门、英雄无用武之地的悲苦之情。

地虽生尔材，天不与尔时。

【注释】出自唐·白居易《寓意诗五首》。尔，你。材，才。

【译文/点评】此言有才干未必有机会施展。

读书成底事，报国是何人。

【注释】出自宋·郑思肖《德祐二年岁旦》。成底事，有什么用处。

【译文/点评】读书有什么用处，看看有机会做官的都是些什么人。此言读书人满腹经纶不被重用，空有报国理想而无用武之地的悲哀。

对案不能食，拔剑击柱长叹息。

【注释】出自南朝宋·鲍照《拟行路难十八首》。案，食案、饭桌。

【译文/点评】此写怀才不遇者郁郁不得志、壮志难酬的愤激之情。

冯唐易老，李广难封。

【注释】出自唐·王勃《滕王阁序》。冯唐，西汉人，历仕汉文帝、汉景帝、汉武帝三朝，文、景二帝时都没能得到及时任用，到武帝求贤而想任用时，他已年过九十了。李广，西汉武帝时代的名将，汉朝与匈奴的每次战役都参加了，可是按照汉朝封侯的标准，他始终没能达标，以致终身不得封侯。

【译文/点评】冯唐虽是贤才，不用就会老去；李广虽然一生杀敌守边，但始终没能实现封侯的愿望。此以“冯唐易老”、“李广难封”为喻，说明人尽其才、才为所用的不易，同时也婉约地表达了作者自己怀才不遇的悲哀之情。

芙蓉生在秋江上，不向东风怨未开。

【注释】出自唐·高蟾《下第后上永崇高侍郎》。

【译文/点评】此二句是以双关修辞手法，婉转地倾诉了诗人没有贵人相助而不得进士及第的苦衷。前句以秋江芙蓉自比其洁身自好而又孤寂寡合的人格，后句以芙蓉生的不是地方（秋江）而吹不到东风比喻自己得不到贵人相助之苦。“东风”喻贵人，这里即指高侍郎。所谓“不向东风怨未开”，表面是说芙蓉花不开放，那是因为它生的地方不对，不能向东风抱怨为什么吹不到它；实则暗中隐含这样一层意思：我之所以没有考上，都是我自己不好，没有主动请求您（高侍郎）提拔（唐代科举是推荐与考试相结合，推荐即是考生自己投诗赋给考官，让他们事先了解自己的才华，叫“温卷”）。表情达意婉约含蓄，话中有请托之意，但辞面上则不卑不亢，不失读书人的斯文体面。结果，诗人第二年就考中了。可见，话说得好不好，诗做得妙不妙，那是与前途大有干系的。

孤臣昧死欲自荐，君门万里无由通。

【注释】出自宋·陆游《夜观秦蜀地图》。孤臣，指诗人自己。昧死，冒死。

【译文/点评】此言自己虽有意报国而一展抱负，但苦无自荐的机会。这是怀才不遇、报国无门的牢骚之言。

关山难越，谁悲失路之人；萍水相逢，尽是他乡之客。

【注释】出自唐·王勃《滕王阁序》。

【译文/点评】此以“关山”、“萍水”等为喻，婉转地道出了这样一种心声：仕途遥远而没人提携，交情不够而没人帮助。其意是想参加滕王阁盛会的达官贵人能够提携自己，使自己也有报国效力的机会。

冠盖满京华，斯人独憔悴。

【注释】出自唐·杜甫《梦李白二首》。冠盖，车盖冠冕，代指官员。京华，指唐都长安。斯人，这人，指李白。憔悴，指不得志。

【译文/点评】此言长安到处都见达官贵人、得意之士，唯独只有李白郁郁不得志。这是为李白才高不为世用而抱屈，为其怀才不遇的遭际鸣不平。

何世无奇才，遗之在草泽。

【注释】出自晋·左思《咏史八首》（其七）。遗，遗留、沦落。草泽，代指民间、社会底层。

【译文/点评】天下奇才沦落草泽之间，不为重用，自古皆有。诗人以反问的口气说出此意，看似达观，实则透露着激切的怀才不遇之情。

鹤鸣于九皋，声闻于天。鱼潜在渊，或在于渚。

【注释】出自先秦《诗经·小雅·鹤鸣》。皋（gāo），沼泽。九皋，指水很深的沼泽。渚，水中的小洲。

【译文/点评】鹤鸣在深泽，声响闻于天。鱼潜在深渊，或游至洲边。此以鹤在皋、鱼在渊比喻贤士在野、不被重用。意在表达贤士怀才不遇的心情，同时也有规劝统治者招贤纳士、振作朝纲之意。

骅骝拳跼不能食，蹇驴得志鸣春风。

【注释】出自唐·李白《答王十二寒夜独酌有怀》。骅骝，骏马、千里马。拳跼（jú），弯曲。蹇（jiǎn），跛、行动迟缓。

【译文/点评】此以千里马“拳跼”于角落而不得食料，而蠢驴却受宠爱为喻，形象地再现了贤士受屈、庸才得意的社会现实，从而借此表达了自己强烈的怀才不遇的怨愤之情。

怀此王佐才，慷慨独不群。

【注释】出自三国魏·曹植《薤露行》。王佐才，辅佐帝王之才，指非常杰出的人才。

【译文/点评】身怀治国安邦、辅佐帝王的旷世奇才却得不到发挥的机会，只能空怀慷慨之志，孤独地走自己的路。此乃曹植怀才不遇之言，其意是抱怨没做成魏国之主。

即今白发如霜草，一饱茫然身已老。

【注释】出自宋·陆游《贫甚作短歌排闷》。

【译文/点评】年老白头，除了吃饱，不知还能做什么。此话表面是埋怨自己年老无用，实则是抒发大志难伸、怀才不遇的怨情。

荆王未辨连城价，肠断南州抱璧人。

【注释】出自宋·钱惟演《泪》。荆王，楚王。连城价，指和氏璧。南州抱璧人，指抱玉哭于荆山之下的楚人卞和。

【译文/点评】此言楚王不辨宝玉，而让献玉的卞和哭得非常伤心。这话表面是叙述史实，实则表达英雄无用武之地的怨屈之情。

君王虽爱蛾眉好，无奈宫中妒杀人。

【注释】出自唐·李白《玉壶吟》。蛾眉，代指美女。

【译文/点评】此二句乃是运用双关修辞手法，表面是说蛾眉美女虽为君王所爱，但是无奈宫女多有妒忌之心；内里则是说自己虽然有才干，但是由于佞臣谗言，无法得到君王的重用，不能为国家社会尽力，一展才干抱负。屈原《离骚》中有“世溷浊而不分兮，好蔽美而嫉妒”之语，与此语同义，皆是借美人以自比的表达。意在揭示贤才易遭人妒的世态，表达的是诗人怀才不遇的怨苦之情。

空怀向日之心，未有朝天之路。

【注释】出自唐·刘禹锡《夔州谢上表》。向日、朝天，皆指朝见皇帝。

【译文/点评】此言自己虽有忠君报国之心，但无法当面向皇帝表白。表达的是一种怀才不遇、报国无门的痛苦之情。

力拔山兮气盖世，时不利兮骓不逝。

【注释】出自秦·项羽《垓下歌》。兮，句中语气助词，约略相当于“啊”。气，气势。骓，骏马。逝，跑、向前。

【译文/点评】项羽与刘邦争霸天下，本居强势地位，然终因刚愎自用，屡失良机而渐居弱势。最后兵败垓下，四面楚歌，落得个自刎于乌江的可叹结局。死前感叹身世，面对美人虞姬，慷慨饮酒作此歌。此是前两句，后两句是“骓不逝兮可奈何，虞兮虞兮奈若何”。既表现了无与伦比的豪迈与自信，又表露了“天不佑人”的嗟怨之情。虽然有些至死不知反省的味道，但也深切感人，终能赚得千古以降无数人同情的眼泪。

怜君白面一书生，读书千卷未成名。

【注释】出自唐·岑参《与独孤渐道别长句兼呈严八侍御》。

【译文/点评】此二句在赞颂朋友胸有锦绣的同时，亦为其有才华却不能成名而打抱不平。

凌烟阁上人，未必皆忠烈。

【注释】出自唐·于濆《戍卒伤春》。凌烟阁，是唐太宗为了表彰功臣，在宫内特辟一阁，让画家阎立本画功臣像于其上，后世代指功臣榜。

【译文/点评】此言上了功臣阁的人，也不一定都是忠烈之士，意在指斥统治者论功行赏时不一定能令人心服。

落日胡尘未断，西风塞马空肥。

【注释】出自宋·辛弃疾《木兰花慢·席上呈张仲固帅兴元》。胡尘，指金人南侵的战争。塞马，指骏马、战马。

【译文/点评】“落日胡尘未断”写金人进犯不止、咄咄逼人之势；“西风塞马空肥”表面是叙事，写南宋统治者一味苟且偷安，不肯对金用兵作战，收复旧山河，让无数有志之士复国之志难伸、报国用武无地的痛苦之情。于对比中突显了作者忧国之情与英雄无用武之地的嗟怨之情，读之让人不禁为之扼腕长叹。

凭谁问，廉颇老矣，尚能饭否。

【注释】出自宋·辛弃疾《永遇乐》。凭，依靠。廉颇，战国时代赵国名将。矣，了。尚能饭否，意谓饭量怎么样。

【译文/点评】据《史记·廉颇蔺相如列传》记载，廉颇本是赵国名将，后因事负气出走魏国，但不受重用，年老时就有了归赵之心。而赵悼襄王有感于自廉颇出走后赵国屡受秦国侵犯，于是就想到重新起用廉颇，但又不知他身体状况如何，于是，就派使者到魏国探查。廉颇见到赵王使者，非常高兴，当着使者的面，一顿吃了一斗米、肉十斤，然后披甲上马，表示自己尚是可用之将才。但是赵使者因为收了廉颇仇人之贿，回报赵王时说廉颇虽然饭量很好，但一会儿就上了三次厕所。赵王听后，认为廉颇老而不可用，遂打消了召回廉颇的计划。此叙廉颇旧事，意思是说，廉颇虽年老不受重用，但赵王还算记得他，还派人问他饭量如何。而在南宋朝廷，有谁还记得自己这样一位终生志在恢复中原的老臣呢？这是借叙典故而来表达自己怀才不遇之情。

前不见古人，后不见来者，念天地之悠悠，独怆然而涕下。

【注释】出自唐·陈子昂《登幽州台歌》。古人，指古代礼贤下士的明主。来者，指现实中的贤君。悠悠，长久的样子。怆（chuàng）然，悲哀、伤感的样子。涕，泪。

【译文/点评】此写诗人空有旷世奇才而不见用、空抱一腔报国热情而无用武之地的怨嗟之情，抒发了其强烈的怀才不遇的悲愤之情。前两句直抒不见明主贤君的痛苦之情，后两句写才高于众的孤独之情。语言劲拔，格调苍凉，极富感染力，读之不禁令人为之深切感动。

千秋万岁名，寂寞身后事。

【注释】出自唐·杜甫《梦李白二首》（其二）。身后事，婉指死。

【译文/点评】此二句是杜甫为李白一生不得志，晚年又被流放夜郎失去自由而感到不平的感慨之论。前句以夸张修辞手法，极力赞颂李白的才华与诗名；后句则对此予以否定：生前不能一展才华、尽遂平生抱负，人死寂寞无知，纵有虚名，又有何益呢？一赞一叹之间，不禁让人唏嘘再三。

清时有味是无能，闲爱孤云静爱僧。

【注释】出自唐·杜牧《将赴吴兴登乐游原一绝》。有味，指生活情趣。

【译文/点评】此言自己安逸有情趣，言外之意是说自己无事可做，有才干无处施展。这是讽刺世道不清明，抒发自己怀才不遇之情。

请君暂上凌烟阁，若个书生万户侯。

【注释】出自唐·李贺《南园十三首》（其五）。若个，哪个。万户侯，食禄万户的侯爵。

【译文/点评】请您到凌烟阁上看一看，绘像于其上的大人物哪个是书生出身？此乃怀才不遇的牢骚之言，意指皇帝不重用文人，使自己没有用武之地。

却将万卷平戎策，换得东邻种树书。

【注释】出自宋·陆游《鹧鸪天》。平戎策，指诗人《美芹十论》所献平金奏论。

【译文/点评】此写文韬武略不为朝廷所用，志在恢复中原的理想无法实现，只得归隐乡里种地的痛苦之情。“万卷”是夸张，强调其奏论的洋洋万言。

却望长安道，空怀恋主情。

【注释】出自唐·李白《听胡人吹笛》。长安，唐代都城。长安道，代指朝廷。恋主情，代指报国情。

【译文/点评】此言自己虽有志报国，却不为皇帝所用，徒怀一腔报国热情而终究是英雄无用武之地。这是怀才不遇的牢骚之言。

人生识字忧患始，姓名粗记可以休。

【注释】出自宋·苏轼《石苍舒醉墨堂》。忧患始，忧患的开始。

【译文/点评】此言人只要粗识自己的姓名就可以了，不必多学，学习从一开始就不是什么好事。这是用《史记·项羽本纪》中项羽所说“书足记姓名而已，不足学”之典故，表达“才高难为用”的怀才不遇的愤激之情。

人生在世不称意，明朝散发弄扁舟。

【注释】出自唐·李白《宣州谢朓楼饯别校书叔云》。称意，如意。扁舟，小船。

【译文/点评】此言人生的理想难以实现，倒不如索性学古代圣贤谢绝俗世，隐于江湖之上，从而保全自己的清厉节操。这是诗人在大志难伸、功名难成的失意挫折后所发出的灰心失望之言，也是怀才不遇的牢骚之辞。

上林如许树，不借一枝栖。

【注释】出自唐·李义府《乌》。上林，汉武帝时的皇家园林。如许，那么多。

【译文/点评】此以“上林”喻官场，以“树”喻官位，以“一枝”喻官职，从而借鸟写人，表达没有机会走上仕途施展自己才干的痛苦之情。

少年无事学诗赋，岂意文章复相误。

【注释】出自唐·戎昱《苦辛行》。

【译文/点评】此写满腹经纶而不为世用、落泊潦倒的痛苦之情

少年心事当拿云，谁念幽寒坐呜呃。

【注释】出自唐·李贺《致酒行》。拿云，指凌云壮志。幽寒，指不得意。呜呃，唉声叹气的样子。

【译文/点评】此言少年时代即有凌云壮志，但至今没有机会一展才干，只能空自悲伤而已。

谁怜未得青云志，琴剑年年西复东。

【注释】出自宋·王奇《旅中有感》。青云志，宏大的志向。琴剑，指代文韬武略。

【译文/点评】谁怜惜一个没有实现远大理想的人呢？只好年复一年满怀文韬武略而东奔西走。此言有志难实现、英雄不为用的痛苦之情。

盛年处房室，中夜起长叹。

【注释】出自三国魏·曹植《美女篇》。盛年，最好的年华。中夜，半夜。

【译文/点评】此以美女不得良配而徒然长叹为喻，婉约地表达了自己不为重用、壮志难酬的怀才不遇的悲苦之情。

诗称国手徒为尔，命压人头不奈何。

【注释】出自唐·白居易《酬赠刘二十八使君》。国手，指技能为全国最高水平者。徒为尔，徒然无益。

【译文/点评】此言刘禹锡虽然诗才天下一流，但命运不佳也奈何不得。这是为刘禹锡被贬西南荒僻之所二十三年的遭遇鸣不平。

十年一觉扬州梦，赢得青楼薄幸名。

【注释】出自唐·杜牧《遣怀》。青楼，妓院。薄幸，薄情。这里的“薄幸”代指薄幸之人，是倒反说法，意即“亲爱的人”、“知己”，是妓女对狎客的昵称。

【译文/点评】此二句表面是反省自己十年在扬州的放浪形骸生活，实则是抒发自己仕途不得志，流落江湖，潦倒落泊，心情郁闷的悲苦之情。“十年一觉扬州梦”，点出了不堪回首的悔意，更表达了迫不得已的深深无奈之情。“赢得青楼薄幸名”，看似轻松、诙谐，实则饱含辛酸。“赢得”一词用得尤其精彩。它是调侃之中有悔恨、自嘲之中有辛酸，是对前句“十年一觉扬州梦”的根本否定。由此昭示，扬州十年风花雪月、放荡不羁的荒唐生活不是自己的本意，而是一种心灵伤痛无法解脱的借酒浇愁之举罢了。

世胄蹑高位，英俊沉下僚。地势使之然，由来非一朝。

【注释】出自晋·左思《咏史八首》（其二）。世胄，世家子弟。蹑，登。下僚，低级小官。之，它。一朝，代指某一时期。

【译文/点评】无能的世家子弟总是高居国家政权的高层，而有才华的寒门子弟却只能屈居低层担任小吏。这种情况就像地势一样，高低乃先天形成，不在人为。虽然明显不公平，但它由来已久，无由改变。对此，诗人只能发发牢骚而已，其强烈的愤激之情夹杂着无可奈何之情，让人扼腕长叹，却又徒唤奈何。

书生报国无地，空白九分头。

【注释】出自宋·袁去华《水调歌头》。九分头，指头发差不多都白了。

【译文/点评】此写书生终其一生而报国无门的愤激之情。

顺风激靡草，富贵者称贤。文籍虽满腹，不如一囊钱。

【注释】出自汉·赵壹《刺世疾邪赋》。靡，倒下。囊，袋。

【译文/点评】此诗乃讽刺当时道德、才学不为世人所重，有钱便是圣贤，有钱便可做官的恶浊世风，展露了广大志士仁人的无比愤怒与怀才不遇的心灵苦痛。

虽有群书万卷，不及囊中一钱。

【注释】出自唐·卢照邻《悲今日》。

【译文/点评】此言学问渊博、满腹经纶毫无用处，表面是感叹学问不值钱，暗里要表达的是怀才不遇的愤恨之情。

天若有情天亦老，月如无恨月常圆。

【注释】宋·石延年自题联语。

【译文/点评】上句是引唐人李贺《金铜仙人辞汉歌》之句，下句是依例而对。不仅形式上对仗工整，千古独步，而且意义上借题发挥，于不露痕迹中抒发了自己仕途坎坷、郁郁不得志之情，堪称是“夺他人之酒杯，浇心中之块垒”的绝妙好辞。

天上碧桃和露种，日边红杏倚云栽。

【注释】出自唐·高蟾《下第后上永崇高侍郎》。

【译文/点评】此二句明是写景，实则是运用双关修辞手法，表面写“天上碧桃”、“日边红杏”生长环境的优势，内里则是讽刺唐代科举考试的弊端，说有些士子进士及第是有达官贵人作为背景凭恃的结果。唐代进士地位极高，待遇极优，因此诗人以“天上碧桃”、“日边红杏”来比及第进士。而“和露种”与“倚云栽”，暗喻一些及第进士是凭靠山而得中的，“露”、“云”都是比喻达官贵人的。中国传统诗歌推崇“不著一字，尽得风流”的境界，不主张把话说得太白，把意思说尽。此二句之妙，正是因为其表意达情的含蓄婉约，怨而不怒。

徒然排云心，何由生羽翼。

【注释】出自唐·韦应物《谢栎阳令归西郊赠别诸友生》。排云心，指大展宏图的志向。何由，怎样。生羽翼，指仕途通达。

【译文/点评】此以鸟想冲天而飞为喻，形象地表达了诗人希望一展长才、报效国家的强烈愿望及其理想不能实现的痛苦之情。

纨绔不饿死，儒冠多误身。

【注释】出自唐·杜甫《奉赠韦左丞丈二十二韵》。纨绔（wán kù），古代贵族子弟所穿的细绢裤，此指代富贵人家的子弟。儒冠，儒生所戴的帽子，此指代儒生、读书人。

【译文/点评】此言富贵人家的子弟不学无术，却过着养尊处优的生活；而寒窗苦读的儒生则一生蹉跎，衣食无着。这是对不合理的社会现象的指斥，也包含了诗人有志难伸、有才难用的抱怨之意。

我未成名君未嫁，可能俱是不如人。

【注释】出自唐·罗隐《赠妓云英》。君，你。

【译文/点评】此言自己没有成名、云英没有嫁人，都与自己的才能有关。表面看来好像是自我检讨，实则是抒发其怀才不遇之情。意谓我未成名，那是因为世无慧眼识人的伯乐：云英未嫁，那是没人懂得什么叫美、什么叫真情。

无情有恨何人见？露压烟啼千万枝。

【注释】出自唐·李贺《昌谷北园新笋四首》（其二）。无情有恨，是互文手法，意即有无情、有无恨。

【译文/点评】竹本非人，无论它有情无情、有恨无恨，何人会关心它呢？但是，浓露在叶、烟雾绕园之景何尝不让人感觉到它的千万枝都在哭泣呢？这是在运用设问手法，在一问一答中借写竹园之景而抒发诗人自己郁郁不得志之情。因为竹子本就是中国古代高士人格的象征，故咏竹实是咏人。

吾岂匏瓜也哉？焉能系而不食？

【注释】出自先秦《论语·阳货》。吾，我。匏（páo）瓜，葫芦。也，语气助词。哉，语气助词，相当于“吗”。焉，怎么。系，拴。

【译文/点评】我难道是葫芦吗？怎么能悬挂在那儿给人看而不能食用呢？这是孔子自比葫芦，表达自己有才干而不为世用的愤激之情。

物不得其平则鸣。

【注释】出自唐·韩愈《送孟东野序》。

【译文/点评】此以物不得其平就要发出响声为喻，说明人在受到压抑或冤屈时有抱怨之言的必然性与合理性。

小舟从此逝，江海寄余生。

【注释】出自宋·苏轼《临江仙》。逝，离开。

【译文/点评】此写失意者泛舟江湖、漂泊天涯的生活情境。

心如老马虽知路，身似鸣蛙不属官。

【注释】出自宋·陆游《自述》。

【译文/点评】此以老马知途、身似鸣蛙为喻，形容自己虽有报国之才能，却因不在其位而难谋其政的痛苦之情。

虚负凌云万丈才，一生襟抱未曾开。

【注释】出自唐·崔珏《哭李商隐》。襟抱，大志。

【译文/点评】此写身怀治国安邦之才，而终无施展用武之地的极度痛苦之情。“万丈才”是夸张，强调才能之大，以此与后句形成对比，突显其怀才不遇的强烈悲愤之情。

许国虽坚，朝天无路。

【注释】出自宋·陆游《沁园春》。许国，报国。朝天，指见皇帝。

【译文/点评】此写虽有坚定的报国之志，却不为朝廷所用，得不到施展才干的机会之痛苦。

杨意不逢，抚凌云而自惜；钟期既遇，奏流水以何惭。

【注释】出自唐·王勃《滕王阁序》。杨意，指杨得意，蜀人，汉武帝时为狗监，曾向汉武帝推荐司马相如。凌云，指司马相如所作的赋，汉武帝读司马相如的赋飘飘有凌云之感。钟期，指钟子期，先秦时代善于听音之人。流水，指《高山流水》古曲，相传先秦时伯牙善弹此曲，别人皆听不懂，只有钟子期知音。

【译文/点评】不能遭逢杨得意，只能抚着凌云之赋而空自叹息；幸逢钟子期，奏《高山流水》雅曲又有何惭愧呢？此以司马相如遇杨得意、伯牙遇钟子期的典故，婉转地表达了作者希望得到参加滕王阁雅集的达官贵人能做自己的知音，推荐自己，使自己也有机会一展长才，报效国家，做出一番事业。这话虽是求官、求人之语，却用典巧妙，表意婉转，又透着才学。

养拙江湖外，朝廷记忆疏。

【注释】出自唐·杜甫《酬韦韶州见寄》。

【译文/点评】此乃抒发被朝廷遗忘而流落江湖的不平之意。

夜半醒来红蜡短，一枝寒泪作珊瑚。

【注释】出自唐·皮日休《春夕酒醒》。

【译文/点评】人生不得志，便会借酒浇愁。然而，酒醒之后，已是“夜半醒来红蜡短”，看着那燃融的蜡脂化作了美丽多姿的红珊瑚，诗人不禁睹物感伤，凝神观照之间，那蜡脂便成了自己的“寒泪”。红蜡何以有泪？泪何以寒？全是拟人手法的运用，借景抒情，以喜衬悲（珊瑚衬寒泪），形象地抒发了诗人人到中年，壮志未酬，来日苦短，犹若残蜡的身世之叹。

夜来西风里，九天鹏鹗飞，困煞中原一布衣。

【注释】出自元·马致远《金字经》。西风，秋风。九天，指极高的天空。鹏鹗，指大雕鹏之类的猛禽。布衣，指没有官职的平民。

【译文/点评】此以鸟飞于天、人困于地的景象对比，表现壮志难酬、大才难用的痛苦之情。因为无官无职，纵有凌云之志、旷世奇才，也无从施展其才华。

一封朝奏九重天，夕贬潮州路八千。

【注释】出自唐·韩愈《左迁至蓝关示侄孙湘》。一封朝奏，指作者为谏止唐宪宗迎佛骨之事而上的《论佛骨表》奏章。

【译文/点评】以“朝奏”、“夕贬”的对应，暗写出遭贬之快；以“九重天”对“路八千”，用夸张修辞手法写上达唐宪宗天听之不易与自己被贬边地之远。虽然表面没有嗟怨一字，但报国之心不被理解的不平之意尽在其中矣，可谓含蓄隽永，曲尽其妙。

一穷到骨不自治，虚负胸中书万卷。

【注释】出自金·段克己《乙巳清明游青阳峡》。

【译文/点评】满腹经纶而得不到任用，空抱旷世之才而自叹报国无门的感慨，这已是让人难抑心中的激愤之情了。更何况还要直面温饱难以保证的生活困境，这又是何等的悲哀呢？“一穷到骨”、“书万卷”，虽都是夸张手法的运用，但强烈地表达出了诗人怀才不遇的愤激之情，给人留下了深刻印象，读之不禁令人悲从中来，为其不公的境遇而鸣不平。

一身去国六千里，万死投荒十二年。

【注释】出自唐·柳宗元《别舍弟宗一》。去国，离开国都。投荒，流放荒远边地。

【译文/点评】诗人因为参与永贞革新的政治运动而被贬谪至边远的柳州，其心中的愤懑、不平与愁苦之情可以想见。“一身去国六千里，万死投荒十二年”，所写“去国六千里”、“投荒十二年”虽然都是实写，并非夸张，但是，“一身”对“万死”，则是有意而为之的夸张，以此与“六千里”、“十二年”等数字配合，于不露痕迹中表达了对被贬的郁郁不平之情，读之让人不管同意不同意他的政治主张，都能为其悲苦之情所感动。

吟诗作赋北窗里，万言不值一杯水。

【注释】出自唐·李白《答王十二寒夜独酌有怀》。

【译文/点评】唐代是以诗赋取士的，读书人要想实现“朝为田舍郎，暮登天子堂”的人生理想，在事业上有一番作为，就必然要吟诗作赋，而且一定要做得好。可是，李白却说“吟诗作赋北窗里，万言不值一杯水”，这岂不是“读书无用”的论调？其实这只是表面现象，实际上是为了抒发其怀才不遇的不平之情而已。尽管此二句纯粹是牢骚之言，但“万言不值一杯水”的夸张表达，还是使人心灵受到了震撼，不禁对他的境遇予以深切的同情。

英雄无用武之地。

【注释】出自宋·司马光《资治通鉴·汉献帝建安十三年》。

【译文/点评】此言有才能的人得不到重任而发挥不了作用的痛苦之情。

郁郁涧底松，离离山上苗。以彼径寸茎，荫此百尺条。

【注释】出自晋·左思《咏史八首》（其二）。郁郁，茂盛貌。离离，下垂貌。苗，初生的草木。彼，那个。径寸茎，直径一寸的茎干。荫，遮盖。百尺条，百尺之枝条，此指涧底松。

【译文/点评】此以“涧底松”比喻有才干的寒门子弟，以“山上苗”比喻高门望族的无能子弟，说明了“山上苗”以“径寸茎”而遮盖“涧底松”的“百尺条”是因为地势的原因，形象地表达了诗人对高门大族子弟凭借身世而不是才干占据社会高位的愤慨之情以及自己怀才不遇的苦闷之情。

欲陈济世策，已老尚书郎。

【注释】出自唐·杜甫《暮春题瀼西新赁草堂五首》。欲，想。陈，陈述、进献。济世策，指治国安邦的策略。尚书，封建时代中央政府部门的最高行政长官，相当于今日我们所说的部长（如兵部部尚书即相当于今天的国防部长）。

【译文/点评】此写心有报国之志，但老而不得机会的痛苦之情。

欲济无舟楫，端居耻圣明。

【注释】出自唐·孟浩然《临洞庭湖赠张丞相》。济，渡河。楫，船桨。端居，端坐。耻，有辱。

【译文/点评】此以求船桨渡河为喻，婉转地表达了希望得到做官的机会，好为国家效力，以不负圣明的皇帝。虽有怀才不遇之情，更有赤裸裸的求官之意，但意思说得非常婉转，理由也说得冠冕堂皇，不说自己想做官，而是怕自己不出来做官而让皇帝的名声受损。

欲将心事付瑶琴，知音少，弦断有谁听？

【注释】出自宋·岳飞《小重山》。

【译文/点评】此以弹琴为喻，写知音难觅的英雄孤独之情。

欲取鸣琴弹，恨无知音赏。

【注释】出自唐·孟浩然《夏日南亭怀辛大》。

【译文/点评】此以弹琴而无知音欣赏为喻，表达了其怀才不遇的痛苦之情。

欲献济世策，此心谁见明。

【注释】出自唐·李白《邺中赠王大》。济世策，指治国安邦的计策。

【译文/点评】此言胸有治国安邦策、难遇慧眼识才人的痛苦之情。

愿为双鸿鹄，奋翅起高飞。

【注释】出自汉·无名氏《古诗十九首·西北有高楼》。愿，希望。鸿鹄（hú），天鹅。

【译文/点评】希望在知音的提携下像鸿鹄振翅飞翔于蓝天一样有所作为。这是一个政治上或仕途上的失意人发出的心灵呼唤，其强烈的怀才不遇、渴望有为之情跃然纸上。

丈夫五十功未立，提刀独立顾八荒。

【注释】出自宋·陆游《金错刀行》。顾，回头看。八荒，指极远的地方。

【译文/点评】此写韶华已逝、功业未成的痛苦之情，同时也包含了深深的怀才不遇、英雄孤独的怨嗟之意。

整顿乾坤手段，指授英雄方略，雅志若为酬。

【注释】出自宋·戴复古《水调歌头》。乾坤，天下。雅，平素、向来。若为，如何。酬，酬报、实现。

【译文/点评】整顿天下的手段，指教英雄的谋略，这些平素就有的大志如何实现呢？此写有旷世奇才而无用武之地的怀才不遇的痛苦。

志士凄凉闲处老，名花零落雨中看。

【注释】出自宋·陆游《病起》。

【译文/点评】此以“志士闲置老去”与“名花零落雨中”相对举，引类作比，形象而婉转地表达了诗人大志难伸、怀才不遇的痛苦之情。

志士幽人莫怨嗟，古来材大难为用。

【注释】出自唐·杜甫《古柏行》。幽人，指隐士。莫，不要。怨嗟，怨恨嗟叹。材，才。

【译文/点评】此乃以劝人的口吻，为自古以来有才能的仁人志士“才高难为用”的悲惨命运而鸣不平，是代天下不得志的才士抒发怀才不遇的牢骚。

壮年学书剑，他日委泥沙。

【注释】出自唐·杜甫《暮春题瀼西新赁草堂五首》。书剑，代指治国安邦的文韬武略。委，抛弃。委泥沙，指才能不为统治者重视。

【译文/点评】此乃抒发诗人学有所成而终无所用的怀才不遇之情。

壮志未酬三尺剑，故乡空隔万里山。

【注释】出自唐·李频《春日思归》。

【译文/点评】此写诗人壮志难酬、功业未就、有家难归的痛苦幽怨之情。

自古圣贤尽贫贱，何况我辈孤且直。

【注释】出自南朝宋·鲍照《拟行路难》。尽，都。贫，指没钱、穷困。贱，指地位低、没功名。孤，指出身寒门。直，指性格刚直。

【译文/点评】自古以来凡是圣贤之人都是身处社会底层、生活贫困，更何况我们这样出身寒微而又性格刚正、不肯阿世的人呢？此乃指斥南朝以门第取仕的不合理的社会制度，为自己也为古今圣贤之人抱不平的牢骚之言，蕴含着一股激切的怀才不遇的幽愤之情。

悲苦怨愁

哀莫大于心死。

【注释】出自先秦《庄子·田子方》。心死，指绝望。

【译文/点评】此言人生最大的悲哀是心死，即对任何事情都感到心灰意冷、麻木不仁，任何事情都勾不起其七情六欲。也就是说，其肉体虽在，精神已经死了，也就是成语“行尸走肉”所说的意思，亦类似于臧克家所说的“有的人活着，他已经死了”的那种情况。

暗牖悬蛛网，空梁落燕泥。

【注释】出自隋·薛道衡《昔昔盐》。牖（yǒu），窗户。

【译文/点评】此写战乱后城乡破败荒凉的景象。窗户本是采光的，而今却“暗”。何故？因为结满了蛛网。燕子衔泥筑巢，多于屋檐户外，而今屋梁之上却落满了燕泥，说明屋中早已无人居住，燕子才敢如此穿堂入室。而“梁”前用一“空”字修饰，则又说明现在连燕子也走了。由此将荒凉破败之意推到了极点，让人不禁触景生情，生出无限的悲哀。“空梁落燕泥”一句在中国文学史上之所以尤其有名，原因正在于此。

盎中无斗米储，还视架上无悬衣。

【注释】出自汉·乐府古辞《东门行》。盎，一种腹大口小的盛器。还视，回头看。悬衣，挂着的衣物。

【译文/点评】此写贫士家无隔夜粮、架上无悬衣的贫寒情状。人生世上，“不如意事常八九”，那是正常。因此，一个人不能飞黄腾达、荣华富贵，那是不必长吁短叹的。但是，如果一个人活在世上衣食无着，连温饱都不能解决，那么就是做人的最大悲哀了。

白发悲花落，青云羡鸟飞。

【注释】出自唐·岑参《寄左省杜拾遗》。青云，此喻指仕途顺利、飞黄腾达。

【译文/点评】此以年老看花谢而悲哀、看飞鸟翔空而艳羡的情节，抒发仕途不能通达、年老而功业未成的痛苦之情。

白发老农如鹤立，麦场高处望云开。

【注释】出自唐·雍裕之《农家望晴》。鹤立，像鹤一样单腿独立。望云开，希望乌云散去而天晴。

【译文/点评】此言老农心忧麦子不能及时收获而望晴的焦虑之情。

白发三千丈，缘愁似个长。

【注释】出自唐·李白《秋浦歌》。个（gè），这、此。

【译文/点评】此写诗人的极度忧愁之情。“白发三千丈”不是实写，而是夸张修辞手法，意在强调忧愁的程度。

白日半西山，桑梓有余晖。蟋蟀夹岸鸣，孤鸟翩翩飞。征夫心多怀，恻怆令吾悲。

【注释】出自汉·王粲《从军诗五首》（其三）。桑梓，古人常在宅旁栽种桑树与梓树，故以“桑梓”代指故乡。翩翩，轻快飞舞的样子。征夫，战士。怀，怀念，即思乡之情。恻，悲痛。怆，悲伤。吾，我。

【译文/点评】看着他乡日落西山的情景，便想到此时家乡的落日余晖；听着耳畔他乡蟋蟀在秋风中的悲鸣，看着眼前暮霭中乱窜的孤鸟，不禁悲上心头。此乃以景写情，情由景生，“征夫心多怀，恻怆令吾悲”的抒情句是由前四句的写景自然逼出的，犹如清泉涌地，汩汩流淌而出。因此读来不显造作，格外有一种感人至深的力量。

白日不照吾精诚，杞国无事忧天倾。

【注释】出自唐·李白《梁甫吟》。白日，指皇帝。吾，我。天，喻指国家。

【译文/点评】此言精诚报国之心不被皇帝体察，反而显得自己忧国忧民的行为像是杞人忧天了。这是表述自己不被任用、英雄无用武之地的牢骚之言。

白头归未得，梦里望江南。

【注释】出自唐·殷尧藩《忆家二首》（其二）。

【译文/点评】此写年老而不得回归江南故乡的痛苦之情。

悲歌可以当泣，远望可以当归。

【注释】出自汉·乐府古辞《悲歌行》。当，代替。

【译文/点评】此写欲哭无泪、欲归无期的痛苦之情。

悲欢离合总无情，一任阶前，点滴到天明。

【注释】出自宋·蒋捷《虞美人》。总无情，指总是难免。一任，放任。

【译文/点评】此言感叹人生悲欢离合而彻夜难眠的痛苦之情。“阶前点滴到天明”，说明一夜未眠，不然就不会一夜都听到雨滴阶前之声了。之所以彻夜难眠，那是因为感叹自己悲欢离合、漂泊江湖的人生际遇。

悲莫痛于伤心，行莫丑于辱先。

【注释】出自汉·司马迁《报任少卿书》。

【译文/点评】最大的悲痛是让人心灵受伤，最大的耻辱是让自己的先人受辱。此言心灵的创伤是最难疗治的，辱祖的愤怒是最难平息的。

便与先生成永诀，九重泉路尽交期。

【注释】出自唐·杜甫《送郑十八虔贬台州司户》。永诀，永别。九重泉路，指地下。

【译文/点评】此写离别朋友的悲伤之情，表白珍惜情谊的真切心声。前句写与朋友生离死别的悲哀，后句写不到黄泉不放弃交情的决心。

便做春江都是泪，流不尽许多愁。

【注释】出自宋·秦观《江城子》。

【译文/点评】此写忧愁的深重情状。以春江水比眼泪，也流不尽其愁，则其愁可知。这是运用比喻修辞手法，将抽象的情感（忧愁）具体化、形象化，以使人对其有深刻的印象。

遍问旧交零落尽，十人才有两三人。

【注释】出自唐·元稹《和乐天刘家花》。

【译文/点评】人老念旧，这是人之常情。怀着满腔期待回到故乡，意欲与老友旧交重叙情谊、共话往事；结果，遍访其人，只是十存二三，这其间的心理落差该有多大呢？其悲哀又有多深呢？上面两句，所写的正是这种人生悲哀。

不见旧耆老，但睹新少年。

【注释】出自三国魏·曹植《送应氏》。耆（qí），老。

【译文/点评】此写战乱后旧朋老友都已死光的悲痛之情。

采桑已闲当采茶。

【注释】出自宋·范成大《夔州竹枝歌九首》（其五）。当，应当。

【译文/点评】此言农妇一年没得清闲之日的辛劳。

蚕事正忙农事急，不知春色为谁妍。

【注释】出自宋·朱淑贞《东马塍》。妍（yán），美丽。

【译文/点评】此写农民整天为农桑之事而忙碌辛苦，无心欣赏大好的春色美景。

曾为江客念江行，肠断秋荷雨打声。

【注释】出自唐·李端《荆门歌送兄赴夔州》。江客，在江上旅行的人。

【译文/点评】此写深秋送别友人的痛苦之情。前句写自己孤旅他乡的经历，后句写深秋时节雨打枯荷之景。前后呼应，推己及人，从而真切地将深秋别友的肠断之愁表现了出来。

柴门何萧条，狐兔翔我宇。

【注释】出自三国魏·曹植《泰山梁甫行》。翔，飞，此指进出。宇，指房子。

【译文/点评】此写汉末战后农村萧条破败的景象。前句写此户人家极其贫寒之状，因为“柴门”是家境最贫寒人家的标志。后句写这家破败荒凉之象，因为狐兔是出没于深山的动物，而今进出于此，说明此屋早已无人居住了。那么，人呢？由此情此景，读者自然可以展开丰富的联想。

肠断故山归未得，借人篱落种黄花。

【注释】出自宋·叶绍翁《九日呈真直院》。黄花，菊花。

【译文/点评】此写重阳节不得归乡的痛苦之情。“肠断”是夸张，极言不得归乡的痛苦之情。“借人篱落种黄花”一句借行动写心理（借他乡种菊以补偿不能回家赏菊的遗憾心理），将“故山归未得”的遗憾之情真切地表现出来。

肠一日而九回。

【注释】出自汉·司马迁《报任少卿书》。

【译文/点评】此写极度忧愁之情。“九回”是夸张的表达，因为“九”在古代是表示多的概念，这里并非实指。今天我们说“愁肠百结”，正与此义相通。

嫦娥应悔偷灵药，碧海青天夜夜心。

【注释】出自唐·李商隐《嫦娥》。偷灵药，传说嫦娥偷吃成仙之药而飞天。

【译文/点评】此写嫦娥身处清冷月宫的孤寂与后悔之情。

城上高楼接大荒，海天愁思正茫茫。

【注释】出自唐·柳宗元《登柳州城楼寄漳汀封连四州》。

【译文/点评】此写诗人登楼望远，乡关茫茫，人处贬所，归期无望的忧愁之情。

赤地炎都寸草无，百川水沸煮虫鱼。

【注释】出自唐·马异《贞元旱岁》。赤地，指非常炎热、寸草不生的土地。炎都，炎热的都市。百川，泛指很多河流。

【译文/点评】此以夸张修辞手法写赤地千里、寸草不生、河流尽沸、虫鱼皆死的酷热酷旱的景象，让人印象非常深刻。

赤露两肘腹无粥，踏车辛苦歌如哭。

【注释】出自清·赵俞《踏车曲》。车，指水车。

【译文/点评】此写农民衣不蔽体、劳作辛苦的凄苦生活境况。

抽刀断水水更流，举杯消愁愁更愁。

【注释】出自唐·李白《宣州谢朓楼饯别校书叔云》。

【译文/点评】此以“抽刀难断水”为喻，说明了借酒浇愁的无效性，表达了诗人大志难酬、怀才不遇的无限忧愁。

惆怅不如边雁影，秋风犹得向南飞。

【注释】出自唐·戴叔伦《昭君词》。边雁，边塞的大雁。犹，还。

【译文/点评】此以北雁南飞与昭君北嫁相对比，强调说明王昭君为了“和亲”远嫁匈奴而不得南归的痛苦之情。

愁肠已断无由醉，酒未到，先成泪。

【注释】出自宋·范仲淹《御街行》。无由，没办法。

【译文/点评】此写忧愁难消之苦。“愁肠已断”是夸张，强调忧愁的程度。“无由醉”也是强调忧愁之深重，借酒浇愁也无效。“酒未到，先成泪”，是夸张修辞手法，属于“超前夸张”。按正常逻辑，应该是先喝醉了酒，再真情流露而流泪。这里让泪先于酒，意在强调忧愁的深重。

愁多知夜长，仰观众星列。

【注释】出自汉·无名氏《孟冬寒气至》。

【译文/点评】失眠人才知夜长，无眠才会仰观星星。此以觉夜长与观星列两个细节，生动地凸现了不眠人无尽的忧愁。

愁共落花多，人逐征鸿去。

【注释】出自宋·黄公度《卜算子》。共，与、和。征鸿，远飞的大雁。

【译文/点评】此写人在旅途见落花而伤感，望飞雁而怀乡的痛苦之情。

愁极本凭诗遣兴，诗成吟咏转凄凉。

【注释】出自唐·杜甫《至后》。

【译文/点评】此言作诗遣愁反更愁的悲苦之情。

愁生山外山，恨杀树边树。隔断秋月明，不使共一处。

【注释】出自宋·谢翱《秋夜词》。

【译文/点评】此言重重山峰、层层树木隔断了明月，使有情人不能共看一轮明月的痛苦之情。

愁心极杨柳，一种乱如丝。

【注释】出自唐·孟浩然《春意》。

【译文/点评】此以比喻修辞手法，将愁情与杨柳万条垂丝相比，从而化抽象为具象，生动地再现了诗人极度忧愁的心情。

锄禾日当午，汗滴禾下土。谁知盘中餐，粒粒皆辛苦。

【注释】出自唐·李绅《古风二首》。

【译文/点评】前两句写农民耕种的辛苦情状，后两句劝说世人要珍惜粮食，明白其来之不易的道理。

垂成穑事苦艰难，忌雨嫌风更怯寒。

【注释】出自宋·范成大《四时田园杂兴六十首》（其四十一）。垂成，接近成功。穑（sè），收获庄稼。怯，怕。

【译文/点评】此写农民在庄稼即将收获之际忧虑风雨寒冷影响收获谷物的愁苦之情，让人对农民的辛苦与“一粥一饭来之不易”的道理有更深的体会。

春不得避风尘，夏不得避暑热，秋不得避阴雨，冬不得避寒冻。

【注释】出自汉·班固《汉书·食货志》。不得，不能。

【译文/点评】此言农民的辛苦以及从事农业生产要不违农时、不避辛苦的经验。

春苔暗阶除，秋草芜高殿。黄昏履綦绝，愁来空风雨。

【注释】出自晋·陆机《班婕妤》。暗，使变暗。阶除，台阶。芜，使荒芜。履綦，指人迹。綦（qí），鞋带。

【译文/点评】此以“春苔”、“秋草”、“黄昏”、“风雨”写景叙事，既写出了汉成帝宫妃班婕妤被遗弃后的悲凉苦况与生不如死的情感苦痛，更写出了广大宫女的共同命运。

此情可待成追忆，只是当时已惘然。

【注释】出自唐·李商隐《锦瑟》。惘然，怅然若失的样子。

【译文/点评】此言不是现在回忆起来有惆怅之感，就在当时就已怅然若失了，意谓怅然若失之情到了极点。

存为久离别，没为长不归。

【注释】出自南朝宋·颜延之《秋胡诗一首》。存，活着。没，死去。

【译文/点评】活着是长时间离别，死了是永久不归。此写夫妇分别之苦。

大夫泽畔行吟处，司马江头送别时。

【注释】出自金·王寂《日暮倚杖水边》。大夫，指战国时楚国三闾大夫屈原。司马，指唐代诗人白居易。

【译文/点评】屈原忠心为国，却遭到谗言而被流放。《楚辞·渔父》篇有文记载曰：“屈原既放，游于江南，行吟泽畔，颜色憔悴，形容枯槁。”白居易感于时势混乱，忧心国事，慷慨上书言事，被人以越职奏事为名弹劾而被贬为江州司马。这两句所说内容就是上面两个典故的内容，看似叙述历史，实则是借屈原、白居易自比，于咏史中深切地表达了自己怀才不遇的悲愤之情。虽然悲愤之情尽在，但表面却不着一字，可谓是达到中国传统诗歌追求的“不著一字，尽得风流”

与表情达意“怨而不怒”的化境。

大江流日夜，客心悲未央。

【注释】出自南朝齐·谢朓《夜发新林至京邑赠西府同僚》。未央，未止、未尽。

【译文/点评】此以日夜奔流的江水比喻诗人心中的悲愁之情，形象而富于感性。

到家成远客，访旧指新坟。

【注释】出自清·施闰章《乱后郊行》。

【译文/点评】此写久别故园人不识、乱后归乡故人死的感伤之情。前句言离乡时间之久，后句言老友故旧尽死。

东方未明，颠倒衣裳。

【注释】出自先秦《诗经·齐风·东方未明》。衣裳，古代上为衣，下为裳。

【译文/点评】曙光未露天没亮，衣裤颠倒起了床。这是通过一个生动的细节突显一个小吏每日生活辛苦无奈之状。让人仿佛如临其境，体会到远古时代做小吏（办事员）的辛劳与不易。

东风吹愁来，白发坐相催。

【注释】出自唐·李白《独酌》。东风，春风。坐，因。

【译文/点评】此写诗人功业未成而人已老的悲情。在一般人看来，东风吹，春天到，应该是值得高兴的事。那么，诗人何以要怕东风吹呢？这是因为东风吹，预示着新的一年又要开始了，自己又要长一岁，头上又要多添几茎白发。功业未成，而时间不等人，这如何不让诗人忧心呢？

独抱浓愁无好梦，夜阑犹剪灯花弄。

【注释】出自宋·李清照《蝶恋花》。夜阑，夜深。

【译文/点评】此写词人思念丈夫之深情。前句直言忧愁之深，以动词“抱”来形容“愁”，将抽象化为具体，又前置一定语“浓”，以将“愁”化虚为实，从而突显愁之深切难消。后句以动作写心理。在古代，传说灯结花，便有喜事来临。夜深不睡，还剪灯弄灯芯，希望灯芯结花，这是词人期盼丈夫早些归来的心理体现。这样的表达，既使表意婉转，符合古代女子表情达意的风格，也使词作更具婉约含蓄的韵味，让人思之味之，倍感意趣无穷。

独夜不能寐，摄衣起抚琴。丝桐感人情，为我发悲音。

【注释】出自汉·王粲《七哀诗三首》（其二）。寐，睡着。摄衣，整理衣服。丝桐，指琴。琴以丝为弦，古人制琴以桐木，故以丝桐代指琴。

【译文/点评】夜不能寐，起而抚琴，琴知我心，弦发悲音。琴非人，说琴有悲音，乃是诗人移情于琴的结果。由此益见诗人独在异乡、归思难遏的悲伤之情。

断送一生憔悴，只消几个黄昏。

【注释】出自宋·赵令峙《清平乐》。

【译文/点评】此写失恋的痛苦之情。黄昏时分，最易让人引发孤独之感。“去年紫陌青门”的欢会已经烟消云散，“今宵雨魄云魂”的孤独情景，如何不让人睹物思人，顿生感伤之情？已是黄昏独自愁，为伊消得人憔悴。人非木石，这种情形能让人坚持几日呢？这便是此二句所要表达的意蕴，其所表现的刻骨相思与忆念尽在其中矣。

夺他人之酒杯，浇自己之垒块，诉心中之不平，感数奇于千载。

【注释】出自明·李贽《杂说》。垒块，指郁积于心的压抑之情。数奇，指命运不佳。

【译文/点评】此言命运不佳，心中抑郁，无以解脱，只好借说别人之事而抒发出来，就像是夺下别人手上之酒而浇自己心中之愁一样。

恩难酬白骨，泪可到黄泉。

【注释】出自清·袁枚《陇上作》。酬，报答。白骨，指死人。

【译文/点评】对死去的恩人已无法报答，只有流泪到黄泉下相见。此言有恩不能报的悲苦心情。人有恩于己，报之则心安理得，此乃人之常情。因此，不能报答他人之恩，实是一种巨大的心灵折磨与精神痛苦。

而今识得愁滋味，欲说还休。欲说还休，却道天凉好个秋。

【注释】出自宋·辛弃疾《丑奴儿》。

【译文/点评】人在经历了太多的世事沧桑之后，对于人生与生活的感慨太多，需要将这种感慨表达出来时，反而欲说无词，只能说些“天凉好个秋”之类的闲话与题外话了。此四句所写正是这种心境。它与前四句“少年不识愁滋味，爱上层楼。爱上层楼，为赋新词强说愁”形成对比，意在突显人生的沧桑感。

而今听雨僧庐下，鬓已星星也。

【注释】出自宋·蒋捷《虞美人》。僧庐，寺庙。星星，此指头发苍白。

【译文/点评】此写老年漂泊江湖，寄居僧庐，两鬓斑白而一事无成的悲苦心境。

访旧半为鬼，惊呼热中肠。

【注释】出自唐·杜甫《赠卫八处士》。旧，故旧、老友。

半为鬼，大多已经死了。热中肠，即“肠中热”，指内心痛苦难受。

【译文/点评】访旧探友，本是人生快事。然而，满怀热望而来，却是故旧老友大多早已作古，这是多么令人失望，又是多么让人为之伤感呢？寥寥十字，叙事与抒情相结合，却写尽了人生极大的悲哀之情。

风急花飞昼掩门，一帘残雨滴黄昏。

【注释】出自宋·赵令峙《浣溪沙》。

【译文/点评】此写惜春的感伤之情。“风急”、“花飞”、“残雨”、“黄昏”、“掩门”等意象都是哀景，以哀景写哀情，虽表面不及哀字，但伤春的悲哀之情则尽在其中矣。

风露饥肠织到明。

【注释】出自南宋·洪咨夔《促织》。风露饥肠，风餐露宿、饿着肚皮。

【译文/点评】此写织布女子纺织之苦，意在告诉人们：我们穿在身上的一丝一缕、一衣一裳，都浸透着织女的血泪与汗水。

风萧萧兮易水寒，壮士一去兮不复还。

【注释】出自先秦·荆轲《易水歌》。易水，在战国燕国境内，今在河北省西部。

【译文/点评】此二句是荆轲刺秦王前，燕太子丹为之送行时，荆轲在易水河畔有感而吟唱之作。前句以“风萧萧”、“易水寒”写辞行的背景与氛围，后句直言为报知己之情，不惜一死，义无反顾的决死之心。前句风啸水寒的背景烘托与后句视死如归的决心，相互呼应配合，遂将歌者慷慨赴死前难舍知己的悲壮之情突显无遗。

风也萧萧，雨也萧萧，瘦尽灯花又一宵。

【注释】出自清·纳兰性德《采桑子》。萧萧，指风雨之声。瘦尽灯花，指蜡尽灯将灭。

【译文/点评】此写女子思念情人又是一夜未眠的痛苦之情。说风雨萧萧，是暗中点出女子处于未眠状态，否则风雨之声便不会听得那么真切。说蜡尽灯将灭，是暗示一夜灯未熄，正与前句呼应，强调说明了女子一夜无眠的意思。

风雨如晦，鸡鸣不已。

【注释】出自先秦《诗经·郑风·风雨》。晦，昏暗。已，止。

【译文/点评】风急雨狂，天昏地暗如夜晚；时至清晨，鸡鸣不已。此二句之妙在于，既以“风雨鸡鸣”的哀景写出了一对久别相见的情人又将分离的凄苦心情，又以所写“风雨鸡鸣”景象的多义性，让人浮想联翩，味之无限。因此，后世引用此二句，或以之比喻为险恶环境下不改变志向节操，或以之比喻为时局动荡、社会黑暗。仁者可以见仁，智者可以见智，从而大大扩展了诗句的审美空间。

抚枕不能寐，振衣独长想。

【注释】出自晋·陆机《赴洛道中作二首》（其二）。寐，睡着。振衣，抖动衣服。此指披衣而起。

【译文/点评】身处他乡，夜不能寐，披衣而起，独自长想，那是一种什么样的凄苦之情呢？诗人虽不明言，读诗人自可想象得出。

肝胆一古剑，波涛两浮萍。

【注释】出自唐·韩愈《答张彻》。

【译文/点评】此以古剑比喻其光明磊落的人格，以浮萍比喻飘摇不定的个人处境，以此突显出诗人与朋友品格高尚而处境艰难的悲哀之情。

感时花溅泪，恨别鸟惊心。

【注释】出自唐·杜甫《春望》。

【译文/点评】此写安史之乱后山河破碎、生灵涂炭的悲伤之情。花鸟本都是愉悦人心灵之物，见之而溅泪、惊心，可见其悲从中来的深切之情。这是运用拟人修辞手法，将花鸟人格化，使其带有人的生命情态，从而借物而写人，抒发了对国家与人民苦难的深切悲伤之情。

耿耿残灯背壁影，萧萧暗雨打窗声。

【注释】出自唐·白居易《上阳人》。耿耿，灯火微明的样子。萧萧，指雨声。

【译文/点评】此写失宠宫女长夜难眠的孤寂之情。叠字"耿耿"、"萧萧"的运用，前者写灯光昏暗之状，后者写寒雨敲窗之声，形声兼备，让人有如临其境、如见其人、如闻其声之感。

公门暇日少，穷巷故人稀。

【注释】出自唐·王维《酬严少尹徐舍人见过不遇》。公门，指官府衙门。暇日，休假日。穷巷故人，指贫贱时的友人。

【译文/点评】此言慨叹身入官门的悲哀之情：忙时多于闲时，友人疏于往来。

孤村一犬吠，残月几人行。

【注释】出自宋·苏轼《倦夜》。残月，指天未亮。

【译文/点评】前句写村静，而以"一犬吠"强调之，意在以闹衬静；后句写残月孤独早行的辛苦之状，但不说孤独一人，而用反问语气"几人行"，表达更为有力。"孤村"、"残月”的意象与“犬吠”、“人行”的叙事描写，表面写的是孤村寂静、孤独早行之事，实是表达人在官场、身在异乡的漂泊不归之苦。

孤鸿号外野，翔鸟鸣北林。

【注释】出自三国魏·阮籍《咏怀八十二首》（其一）。鸿雁。外野，野外。

【译文/点评】孤雁独飞于野外，鸣鸟独翔于北林，皆是写景，但景中有情，表达的是诗人心中的孤独苦闷之情。

孤客一身千里外，未知归日是何年。

【注释】出自唐·崔涂《望韩公堆》。

【译文/点评】此写孤身异乡、有家难归的痛苦之情。

故国三千里，深宫二十年。一声何满子，双泪落君前。

【注释】出自唐·张祜《宫词》。故国，此指故乡。何满子，一种哀伤的曲调。

【译文/点评】此写宫女思乡之情。“三千里”是夸张，非实指，极言其家乡之遥远。“二十年”言离家时间之久。听曲而落泪，意在表现其深切的悲伤之情。

归来涧底磨刀斧，又作全家明日谋。

【注释】出自宋·萧德藻《樵夫》。

【译文/点评】此写樵夫刚从涧底逃出性命，晚上又磨刀斧，计划明日再入山打柴的艰苦生活境况。

寒蝉凄切，对长亭晚，骤雨初歇。

【注释】出自宋·柳永《雨霖铃》。凄切，凄凉急切。骤雨，急雨。

【译文/点评】此写黄昏雨后在秋蝉凄切声中在长亭与情

人相别的场景，虽然不及悲字，但一切的悲苦尽在此场景之中矣。

寒林残日欲栖乌，壁里青灯乍有无。

【注释】出自宋 · 晁端友《宿济州西门外旅馆》。乍有无，指灯光时明时暗。

【译文/点评】此写人在旅途的孤寂之情。“寒林残日”是哀景，意在烘托气氛，表现其人在异乡的悲苦心境。“栖乌”之景的强调，意在通过日暮鸟归林与岁寒人在异乡境遇的对照，反衬出其人在异乡的悲苦之情。

寒雨连江夜入吴，平明送客楚山孤。

【注释】出自唐 · 王昌龄《芙蓉楼送辛渐》。平明，天亮。

【译文/点评】此写送走友人后的孤独之情。前句表面是写寒雨入江而流入下游的吴地，实是象征友人即将从楚地而到吴地。后句承接而下，表达对友人的留恋之情与友人走后的孤独之情。但是，欲说客走后自己的孤独却不直说，而借说“楚山孤”来表达，表意婉转而深沉。

含情两相向，欲语气先咽。

【注释】出自唐 · 孟郊《古怨别》。

【译文/点评】此写情人离别时千言万语而一时无从说起的痛苦之情。宋人柳永有写男女离别的名句“执手相看泪眼，竟无语凝咽”（《雨霖铃》），其境界即化自于此二句。

含情欲说独无处，传与琵琶心自知。

【注释】出自宋 · 王安石《明妃曲》。

【译文/点评】此写王昭君身处异邦、孤寂难遣的情感痛苦。前句说想说说自己的心思，却无人说话。后句写孤寂之情难遣，想用乐声传情抒怀，却只能借用胡人的乐器琵琶，这其间的悲情又有谁能够理解？

何处是归程，长亭更短亭。

【注释】出自唐·李白《菩萨蛮》。

【译文/点评】此写乡关遥远、归家无期的痛苦之情。

何人把酒慰深幽，开自无聊落更愁。

【注释】出自宋·苏轼《梅花二首》。

【译文/点评】此借梅花而写自己落寞孤独的情感痛苦。花开花落乃是一种自然现象，无所谓什么“深幽”、“无聊”、“愁”等人类的情感情绪。但诗人硬把这些人类的情感情绪赋予梅花，这是拟人修辞手法的运用，是通过物的人格化，使物带有人的生命情态，从而实现借物写人的目的。其中“把酒慰”三字，写得尤其耐人寻味。“把酒慰花”的行为不仅将诗人内心深处孤寂痛苦的秘密宣泄无余，更因这出人意料的表达而使诗句别添了无限的情趣，让人思之味之，感慨无穷。

和衣拥被不成眠，一枕万回千转。

【注释】出自宋·柳永《御街行》。和衣，穿着衣服。

【译文/点评】此写和衣而眠、夜不能寐的痛苦之情。“万回千转”是夸张，意在强调其辗转反侧、难以成眠的情状。

恨如芳草，萋萋刬尽还生。

【注释】出自宋·秦观《八六子》。萋萋，草长得茂盛的样子。刬（chǎn），铲除。

【译文/点评】此以芳草比恨，化抽象为具象，既写出了恨的连绵不尽之状，也经由萋萋之草的形象而让人回味深思其意蕴、意境。

恨无千日酒，空断九回肠。

【注释】出自宋·刘彤《临江仙》。千日酒，指能醉人千日不醒的酒。

【译文/点评】此写恨难消、愁难断的情感痛苦。“千日酒”与“九回肠”都是夸张的表达，意在强调恨深愁多之意。

横江欲渡风波恶，一水牵愁万里长。

【注释】出自唐·李白《横江词六首》（其二）。风波恶，暗喻世情险恶、官场险恶。

【译文/点评】此以风大浪急渡江难为喻，表达了诗人仕途难通、大志难酬的悲苦之情。

红颜怆为别，白发时相逢。唯余昔时泪，无复旧时容。

【注释】出自唐·高适《逢谢偃》。红颜，此指年轻时代。怆（chuàng），悲伤。唯余，只剩下。无复，不再。容，容颜。

【译文/点评】此写朋友之间年少相别，年老相逢，青春已去，相对落泪的感时伤怀之情。

虎啸深谷底，鸡鸣高树巅。哀风中夜流，孤兽更我前。

【注释】出自晋·陆机《赴洛道中作二首》（其一）。中夜，半夜。

【译文/点评】虎困于谷底而长啸，鸡飞于树巅而高鸣，半夜悲风而起，孤兽跑过人前，此是何等悲哀之景！诗人写此景，非为写景而写景，乃在借景抒情，写离乡独在旅途的悲苦之情。

花间一壶酒，独酌无相亲。举杯邀明月，对影成三人。

【注释】出自唐·李白《月下独酌四首》。三人，指人与月下之人影、杯中之人影。

【译文/点评】此写花下饮酒，对饮无人，举杯对月，顾影自怜的情景，突出表现的是诗人极度的孤独之情。

黄河捧土尚可塞，北风雨雪恨难裁。

【注释】出自唐·李白《北风行》。裁，指消除。

【译文/点评】此写思妇对于丈夫战死沙场而不得归的恨怨之情，表达的是一种强烈的反战情绪。前句是夸张表达，意在以不可能的前提（黄河捧土可塞）与“恨难裁”对比，强调其恨怨之深。这与白居易《长恨歌》写唐明皇与杨贵妃的爱情悲剧的名句“此恨绵绵无绝期”同义，但感情更为强烈。

几时心绪浑无事，得及游丝百尺长。

【注释】出自唐·李商隐《日日》（又题作《春光》）。浑，全。得及，能够达到。游丝，虫类所吐之丝，春夏时飘荡于晴空里，又称晴丝。

【译文/点评】此以比喻手法来写苦闷无聊的心绪。此二句意思是说，什么时候自己心情毫无干扰，任由意念自由地生长，心绪能够像晴空中飞动的游丝那样拖得百尺长，并自由自在地飞来飞去。“几时”、“得及”二词的运用，既从反面衬托出诗人目前心情的纷乱不安，又突出了诗人渴望心绪安宁、悠然自得过活之情。

寂寂空庭春欲晚，梨花满地不开门。

【注释】出自唐·刘方平《春怨》。

【译文/点评】此写失宠宫女的孤寂凄凉的生活境况。“寂寂”，状其无声之状。“空庭”，言无人。“春欲晚”，言花事将尽，春天将去，是写景，也在写人（青春已去，花容不再）。“梨花满地”，以形象补足前句“春欲晚”。“不开门”，言无人，呼应前句“空庭”。虽然两句都是写景，所写之“人”始终未曾露面，但诗句所蕴含的“孤寂”意蕴、所要刻画的宫女形象则尽在景中矣。

佳节已从愁里过，壮心偶傍醉中来。

【注释】出自宋·苏洵《九日和韩魏公》。佳节，此指重阳节。

【译文/点评】此写愁中度重阳、壮志不得酬的痛苦之情。后句是运用折绕修辞手法，表面上说喝醉了偶生壮志雄心，暗里则是说只有在虚幻情境下才敢燃起希望，表达的是现实中壮志难酬的痛苦之情。

假如三万六千日，半是悲哀半是愁。

【注释】出自唐·杜牧《寓题》。

【译文/点评】纵使人生百年，也只是一半是悲哀，一半是忧愁，意谓无一日有快乐，强调的是人生的极度痛苦之状。

艰难苦恨繁霜鬓，潦倒新停浊酒杯。

【注释】出自唐·杜甫《登高》。

【译文/点评】人生不得意，自是平常。因生活的艰难困苦而愁白了头，也是平常。只要还有酒，借酒浇愁，也能把日子过下去。可是，年老失意、漂泊异乡之人，现在因病连酒也不能喝了，这该如何活下去？这便是此二句的意蕴所在，是诗人自写老而多病的悲哀之情。

江上往来人，但爱鲈鱼美。君看一叶舟，出没风波里。

【注释】出自宋·范仲淹《江上渔者》。

【译文/点评】此句意在告诉世人：品尝鲜美的鲈鱼之时，应该想想渔民冒着生命危险出没风浪之中的辛苦与艰难。

江声不尽英雄恨，天意无私草木秋。

【注释】出自宋·陆游《黄州》。无私，此指无情。

【译文/点评】此写时光易逝、英雄易老的感伤之情。前句写诗人怀才不遇、功业难成的悲情，后句言时间无情、韶华易去的感慨。

锦瑟无端五十弦，一弦一柱思华年。

【注释】出自唐·李商隐《锦瑟》。锦瑟，指有如锦一样花纹的瑟。无端，表示心惊之意。华年，年少的美好时光。

【译文/点评】由瑟的五十弦想到自己年将半百，顿生惆怅之情。

近泪无干土，低空有断云。

【注释】出自唐·杜甫《别太尉墓》。

【译文/点评】此写怀人的极度悲伤之情。“无干土”，言所流的眼泪多；“有断云”，言上天也被感动。两句都是运用了夸张修辞手法，意在强调诗人哭别墓主的伤心悲戚程度。

近乡情更怯，不敢问来人。

【注释】出自唐·宋之问《渡汉江》。

【译文/点评】此写久别归乡的复杂心情。离家已久，“近乡”自然是欣喜若狂。那么，何以要“情更怯”、“不敢问来人”呢？因为离家太久，音讯隔绝，家中到底会有什么变故，则不得而知。假若真有变故，则情何以堪？这种逼真的心理刻画，正是此二句之所以读来特别感人的原因所在。

旧恨春江流不断，新恨云山千叠。

【注释】出自宋·辛弃疾《念奴娇》。

【译文/点评】此以“春江”、“云山”分别比喻旧恨与新恨，使抽象的恨具象化，从而让人从“春江流不断”、“云山千叠”的形象中深刻体味出“旧恨”、“新恨”的个中况味。

旧路青山在，余生白首归。

【注释】出自唐·刘长卿《北归次秋浦界清溪馆》。

【译文/点评】此写物是人非的情感痛苦。当初离乡时走过的路依旧、家乡的青山依旧，而今归来的游子已不是当初的少年，青丝变白头，青春不再，垂垂老矣。前后两种形象的反差，将“物是人非”的意蕴包藏无余。

举世皆浊我独清，众人皆醉我独醒。

【注释】出自先秦·屈原《楚辞·渔父》。

【译文/点评】小人当道，国政日非。举国之人皆昏昏，只有一人独清醒。这固然是屈原的悲哀，是他之所以被楚王疏远并被流放的原因；但同时也是楚国的悲哀，是楚国最终被秦国所灭亡的原因所在。此乃屈原自道自己内心痛苦之言，其所表露的在浊世之中洁身自好、在昏世中保持清醒的巨大精神痛苦，虽让人为之深深同情，但也感到深深的无奈。这便是做圣人、做哲人的代价，也是做圣人、做哲人的孤独。

觉后始知身是梦，更闻寒雨滴芭蕉。

【注释】出自唐·徐凝《宿冽上人房》。觉，睡醒。

【译文/点评】此写梦醒之后的惆怅之情。

慨当以慷，忧思难忘。何以解忧，唯有杜康。

【注释】出自汉·曹操《短歌行》。慨当以慷，指慷慨激昂的样子。杜康，传说最初造酒的人，此代指酒。

【译文/点评】此写诗人思得治国安邦的英才而不得，只得借酒消愁的痛苦之情。

可恨相逢能几日，不知重会是何年。

【注释】出自宋·苏轼《浣溪沙》。

【译文/点评】此写男女聚少离多、重会无期的情感苦痛。

可堪孤馆闭春寒，杜鹃声里斜阳暮。

【注释】出自宋·秦观《踏莎行》。堪，忍受。馆，旅舍。杜鹃，杜鹃鸟。

【译文/点评】此写词人贬徙郴州途中的孤寂痛苦之情。仕途不顺，被贬流徙，本就是令人悲伤之事；人在旅途，本就有孤寂之感，更何况又是独处孤馆（“孤馆闭”，说明旅馆中只有一人），其孤寂冷清之感可以想见。因此，“春寒”一词的运用，既是写节候，更是写心情。后句继续以景写情。日暮时分，正是鸟归巢、人回家的时候，身在异乡的人更易于在此时触发乡思之情。更何况又有杜鹃鸟声声“不如归去”的啼鸣，这如何不让人更起乡思之情。可是，乡思归乡思，故乡却是回不去的，因为诗人不是一般的游子，而是戴罪流徙之人，即使想回去，也无法回去。这又是何等之苦呢！读之不禁让人思之味之，感慨无尽。

可怜身上衣正单，心忧炭贱愿天寒。

【注释】出自唐·白居易《卖炭翁》。愿，希望。

【译文/点评】此写卖炭翁的凄苦生活境况。天寒衣单，理应希望天不寒，但是为了木炭能多卖点钱而养家活口，宁愿天寒自己挨冻。虽然诗句没有直写卖炭翁的悲苦之情，但其情其意则尽在这一心理描写之中矣。

客愁浑几许，抚剑倚吴天。

【注释】出自宋·陈造《都梁》。浑，全、满。几许，多少。吴天，代指南方的天空。

【译文/点评】人在旅途、身在他乡的忧愁到底有多少，说不清，道不明，只能抚剑惆怅地看着南国的天空发呆。此写“独在异乡为异客”的愁苦心境。

客里愁多不记春，闻莺始叹柳条新。

【注释】出自唐·豆卢复《落第归乡久别长安主人》。

【译文/点评】此写落第后的抑郁之情。春天本是令人欢欣鼓舞的季节，但是落第的痛苦早已麻木了神经，对莺啼柳绿的季候变化毫无察觉。由此可见，落第对诗人精神的打击是何等沉重。

客路那知岁序移，忽惊春到小桃枝。

【注释】出自宋·赵鼎《鹧鸪天》。岁序移，季节的变化。

【译文/点评】此言人在旅途，对季节的改变已经没有感觉，连春天到来都不知，其意是强调身在异乡、人在旅途的孤苦心境。

空手无壮士，穷居使人低。

【注释】出自唐·李白《登黄山凌高欠台送族弟溧阳尉济充泛舟赴华阴》。穷，指不得志。

【译文/点评】壮士须有宝刀骏马才能驰骋沙场，建功立业；失意潦倒，英雄无用武之地，自然事事低人一等。此写怀才不遇、失意落寂的悲伤之情。

苦恨年年压金线，为他人作嫁衣裳。

【注释】出自唐·秦韬玉《贫女》。压金线，指用金线绣花。

【译文/点评】此写贫女的心灵苦痛：年年为他人作嫁衣，自己则与嫁衣及出嫁无关。后一句现代常用来形容牺牲自己而成就别人，替别人做事，为他人增光，自己的成绩则湮没不彰。

老来行路先愁远，贫里辞家更觉难。

【注释】出自金·元好问《羊肠坂》。

【译文/点评】此写年老与家贫的愁苦之情。说的虽是生活中的常情，但入诗之后便觉有一种“人人心中有，个个笔下无”的隽永感与深刻感。

老去更无儿在膝，惟君怜我我怜君。

【注释】出自清·陶琏《寄内》。

【译文/点评】此写老来无依无靠、唯与老妻相依为命的孤苦之情。

乐哉新相知，忧来生别离。

【注释】出自汉·无名氏《艳歌何尝行·白鹄》。来，此无义，仅为凑足音节，与“哉”对应。

【译文/点评】此语的高妙之处，乃在于道出了普遍的人生况味：最大的悲苦莫过于生离，最大的快乐莫过于相知。

累累花下坟，郁郁茔西树。

【注释】出自元·傅若金《悼亡四道》（其二）。

【译文/点评】此乃诗人悼念亡妻孙蕙兰之句，虽是写个人的感情体验，却能引起读诗人普遍的情感共鸣。坟茔与花树，前者让人忧伤、悲哀，令人见之便生畏惧之感；后者让人喜悦、高兴，使人望之而有生机勃勃的生命力。诗人写哀情，却以乐景反衬之，这是以喜衬悲，使悲益发显悲的烘托手法，也是古人所说的以乐景写哀情的技法，因此读来格来感人至深，让人感慨万分。

冷露滴梦破，峭风梳骨寒。

【注释】出自唐·孟郊《秋怀》。

【译文/点评】此写年老体弱的情形。前句说冷露能滴破睡梦，意在强调寒冷难耐、夜不成眠之意。后句说寒风穿骨就像梳子梳过肋骨，意在强调人瘦。此二句的妙处，乃在比喻新颖，造语奇特，将诗人又冷又瘦的情状作了生动形象地刻画。

撩乱春愁如柳絮，依依梦里无寻处。

【注释】出自南唐·冯延巳《蝶恋花》。

【译文/点评】此以柳絮比女子的春愁，让人由柳絮漫天飞舞的形象，由此及彼，体会到女子叹青春易逝、终身难托的忧苦之情。梦里还想着寻回飘飞而去的柳絮，那是要寻回春天、找回青春的心灵展露，更是她愁苦难言之所在。

岭树重遮千里目，江流曲似九回肠。

【注释】出自唐·柳宗元《登柳州城楼寄漳汀封连四州》。

【译文/点评】此写诗人被贬柳州，望乡关而不见、归故乡而无望的悲愁之情。前句写南方岭树重重叠叠、北望家乡视野受阻的情况。“千里目”是夸张，极言诗人故乡之远。后句是个比喻，以“九回肠”形容江流的弯曲之状。同时，“九回肠”本身是个夸张，强调肠的弯曲程度。以“九回肠”喻江流，表面是写江流之状，实则暗喻诗人愁肠百结的情状。

流水何太急，深宫尽日闲。殷勤谢红叶，好去到人间。

【注释】出自唐·宣宗宫人《题红叶》。殷勤，此指郑重。谢，此指拜托。

【译文/点评】不得皇上眷顾宠爱，整天无所事事，精神无所寄托。看着从宫墙内匆匆流出的河水，她将心事写在红叶之上，拜托红叶将自己的心声传到大墙之外，让世人明白做宫女真的非常痛苦寂寞。这便是此诗所要表达的意蕴，真切地再现了宫女内心的凄苦之情。

路逢相识人，附书与六亲。哀哉两决绝，不复同苦辛。

【注释】出自唐·杜甫《前出塞九首》。附书，捎信。六亲，指父母兄弟姊妹。决绝，诀别。不复，不再。

【译文/点评】此写征人出塞作战前诀别家人的痛苦之情。前两句写托人捎信的场景，后两句是说所捎信的内容。

乱山残雪夜，孤独异乡人。

【注释】出自唐·孟浩然《岁除夜有怀》。

【译文/点评】此写除夕之夜人在异乡的孤独之情。“乱山”、“残雪”、“孤烛”，都是哀景。借哀景而写哀情，表面无哀字，而实际上悲哀之情尽在其中矣。

落日见秋草，暮年逢故人。

【注释】出自唐·李端《江上喜逢司空文明》。故人，故交、老友。

【译文/点评】夕阳西下，秋草衰黄，都是让人引发无限感伤的景象，而人至暮年在此情景之下遭逢故人，相看彼此衰老的容颜，那又该作何感想呢？虽然句中未及一个“悲”字，但悲伤之情已溢于字里行间矣。

落叶他乡树，寒灯独夜人。

【注释】出自唐·马戴《灞上秋居》。

【译文/点评】此写人在他乡，秋夜难眠的痛苦之情。听秋叶飘落，本就令人伤感，况且落的还是他乡之秋叶，这如何能让身在异乡的游子不触景生情、悲从中来？

落月低轩窥烛尽，飞花入户照床空。

【注释】出自唐·李白《春怨》。轩，此指窗户。

【译文/点评】此写女子思念情人夜不能寐的痛苦之情。前句写月亮西沉，透过窗户照见闺中即将昏灭的烛光，由此暗示女子彻夜未眠，不然就不会彻夜点烛。后句写飞花入户、床空无人之景，暗中点明女子孤枕难眠的痛苦之情。

买薪须论斤，卖儿不计价。

【注释】出自清·乔莱《过高邮》。薪，柴火。

【译文/点评】此以“买薪”与“卖儿”价钱的对比，说明在封建时代劳动人民生命卑贱的社会现实。

满眼青山恨西照，长安不见令人老。

【注释】出自宋·贺铸《望长安》。长安，指代指北宋首都汴梁（今河南开封）。西照，指夕阳。

【译文/点评】此以夕阳照青山为背景，表面写望长安而不见的悲哀，实则表达仕途不顺、壮志难酬的悲苦之情。

满院落花帘不卷，断肠芳草远。

【注释】出自宋·朱淑真《谒金门》。断肠，代指极其悲痛。芳草，喻指情人。

【译文/点评】此写女子望满院落花纷飞，叹青春韶华易逝，念情人而不见的痛苦之情。

梅花如雪柳如丝，年来年去不自持。

【注释】出自唐·骆宾王《代女道士王灵妃赠道士李荣》。持，控制。

【译文/点评】看着冬天飘飞如雪的梅花、春天垂枝如丝的柳树，想着时光如水，年复一年地过去，有情人却始终不得成为眷属，这如何能让她控制住无限的伤感之情呢？此写王灵妃思念情人李荣而不得团圆的痛苦之情。

梅花眼中春，故情千里远。

【注释】出自宋·潘柽《岁暮怀旧》。

【译文/点评】梅花开后，春天就要到来。然而对着春天美丽的景色，能与自己一道欣赏无限春光的友人却远在千里之外，这如何不让人陡生悲伤之情？此写怀友念旧的深切之情。

梦断香消四十年，沈园柳老不飞绵。

【注释】出自宋·陆游《沈园》。沈园，在今浙江绍兴市。绵，此指柳絮。

【译文/点评】此写怀念前妻唐婉的深切之情。“梦断香消”是比喻，婉指唐婉已经不在人间。“柳老不飞绵”，借柳写人，表达诗人自唐婉死后心如死灰的情感状态。

梦回愁对一灯昏。

【注释】出自宋·陆游《枕上偶成》。梦回，梦醒。

【译文/点评】此写愁人梦醒后的悲愁。借酒可以浇愁，做梦也能避愁。但是，梦醒之后，独对昏昏欲灭的孤灯，那又是一种怎样的悲愁呢？自是不言而喻的。

梦里不知身是客，一晌贪欢。

【注释】出自南唐·李煜《浪淘沙》。一晌，一时。

【译文/点评】此言国破家亡，被北宋掳到汴梁（北宋都城），只有梦里才没有流落他国、成为俘虏的感觉，还可以一时有点欢乐。意谓清醒的时候都是痛苦，表达的是亡国的悔恨之情。

梦怕愁时断，春从醉里回。

【注释】出自宋·田为《南柯子》。

【译文/点评】此写伤春的悲愁之情。“花落春去也”，无限春光随流水。敏感的主人公为此不胜感伤，遂以酒浇愁，希望借此消解心中的郁闷。酒醉之后，春天又在梦中回来了，却又担心被忧愁惊破，唉，这“春”梦也做得不踏实。这两句所要表达的，便是这种情境。

莫将愁绪比飞花，花有数，愁无数。

【注释】出自宋·朱敦儒《一落索》。

【译文/点评】此将落花比忧愁，通过数量上的比较，从而形象地强调出忧愁之深重。这是比喻修辞手法中的较喻一法。

那作商人妇，愁水又愁风。

【注释】出自唐·李白《长干行》。那，奈何。

【译文/点评】夫行千里妻担忧，这是人之常情。做商人，要贩东贩西赚取蝇头小利，就免不得要经常外出，水陆颠簸，时有性命之忧。所以，商人之妇才会见风见水都生愁。

囊中恐羞涩，留得一钱看。

【注释】出自唐·杜甫《空囊》。囊，指钱袋。羞涩，指缺钱。

【译文/点评】此写经济拮据的窘迫之状，成语“囊中羞涩”即源于此。

拟把此情书万一，愁多翻搁笔。

【注释】出自宋·晏几道《谒金门》。万一，万分之一。

【译文/点评】此写情深难言的痛苦之情。“万一”是夸张，极言其感情之深，所表现的万分之一量也是很大，由此可知其全部感情有多深。

廿两棉花装破被，三根松木煮空锅。

【注释】出自明·黄宗羲《山居杂咏》。

【译文/点评】此写作者山居生活破被难御寒、空锅煮清水的贫寒生活情形。

农月无闲人，倾家事南亩。

【注释】出自唐·王维《新晴野望》。农月，指农忙时节。“事南亩”，从事农业劳动。

【译文/点评】此写农忙时节农民倾家而出田作的辛苦之状。

怒发冲冠，凭栏处，潇潇雨歇。

【注释】出自宋·岳飞《满江红》。

【译文/点评】此写词人在秋雨乍停之际凭栏远望、俯仰天地之间，感怀国土沦丧、生灵涂炭而生发的无比愤怒之情。“怒发冲冠”，乃用《史记·廉颇蔺相如列传》中写蔺相如面对秦王时“怒发上冲冠”之语。

匹马关塞远，孤舟江海宽。

【注释】出自唐·岑参《送李翥游江外》。

【译文/点评】此写漂泊塞外、江湖的孤寂之情。

翩翩堂前燕，冬藏夏来见。兄弟两三人，流宕在他县。

【注释】出自《汉乐府·艳歌行》。翩翩，轻快飞舞之状。流宕，流落、延宕。

【译文/点评】此以燕子的冬藏夏见，反衬兄弟流落他乡而不得相见，人不如燕的悲情。

片云天共远，永夜月同孤。

【注释】出自唐·杜甫《江汉》。

【译文/点评】此写自己身在异乡，就像浮在天空中的一片白云，就像孤悬于夜空中的一轮明月一样。表面感叹的是人在异乡的孤寂之情，内里还别有一层深意，这便是说自己虽身在天涯，却仍心系朝廷，关心国家大事，忠心就如在天之月，明明可鉴。

屏风有意障明月，灯火无情照独眠。

【注释】出自南朝陈·江总《闺怨》。

【译文/点评】此写少妇独守空房的孤寂之情。“屏风有意”、“灯火无情”，都是拟人修辞手法，意在将屏风、灯火人格化，使其带有人的生命情态，从而借物写人，形象地表现出少妇怕见明月、灯火的心理，因为望月会生怀远之情，看灯会想房中之人。

弃我去者昨日之日不可留，乱我心者今日之日多烦忧。

【注释】出自唐·李白《宣州谢朓楼饯别校书叔云》。

【译文/点评】此言时光易逝、功业未成的悲苦之情。前句是表达对时光易逝的无可奈何之感，后句是表达今日功业未成的烦忧。

泣尽继以血，心摧两无声。

【注释】出自唐·李白《古风》。心摧，心碎。

【译文/点评】泪尽而继之以血，心碎而相对无语。此写极度的悲痛情状。因为欲哭无泪、心碎无声，都是极度悲伤之时才会出现的生理现象。

千里归来人事改，十年犹幸此身存。

【注释】出自宋·欧阳铁《无题》。

【译文/点评】此写久别而归后的深切感慨之情。“千里”，言离家之远。“十年”，言离家之久。皆是运用夸张修辞手法，而非实写，意在突出久别而归的不易。“人事改”与“此身存”的对照，点出了“物是人非”之意，也由此展露了诗人归乡不喜反悲的痛苦之情。

千里暮烟愁不尽，一川秋草恨无穷。

【注释】出自唐·张泌《边上》。

【译文/点评】不尽的忧愁就像千里暮烟，无穷之恨就如一川秋草。此以暮烟、秋草比恨愁之情，化抽象为具象，顿使抽象的恨愁之情可感可见，仿佛触手可及，让人感同身受。

千山鸟飞绝，万径人踪灭。孤舟蓑笠翁，独钓寒江雪。

【注释】出自唐·柳宗元《江雪》。

【译文/点评】此写雪野无人、孤舟独钓的冬日景象。当然这是表面的现象，实际上诗人是在借景抒情，表达自己政治上失意后那种孤独的心情及其洁身自好的清高志向。前两句以夸张修辞手法，通过“千山”、“万径”二名词与“绝”、“灭”二动词的配合，写出了一幅极度苍茫寥廓、浩瀚无边的雪原背景，对寒江独钓翁的孤寂心境作了充分的烘托、铺垫。后两句在此背景之上再作特写：一舟、一人、一钓竿，虽然不及“孤独”一字，却将寒江独钓翁的孤寂心境渲染得淋漓尽致，从而让人对独钓翁孤傲的性格及其形成原因思虑深深。

青苔依空墙，蜘蛛网四屋。

【注释】出自晋·张协《杂诗十首》（其一）。四屋，即四壁。

【译文/点评】青苔本是生在无人的幽径，而今长到了空墙之上，此墙壁的破败已久可知；蜘蛛本应结网于扫帚不到的墙壁，而今却网住了整个房屋的四壁，此屋无人居住已久可见。诗句选取青苔与蜘蛛二物着笔，目的是以小见大，形象地再现战后农村破败荒凉的景象。

清风明月休论价，卖与愁人直几钱？

【注释】出自宋·贺铸《避少年》。直，值。

【译文/点评】沐清风，赏明月，这是让人最感愉悦之事。但是，在愁人眼里，那又如何呢？诗人给出了答案：清风明月难论价，卖给愁人不值钱。这答案看起来有些扫兴，但在扫兴之中却强调了主人公的无比忧愁之情。诗以反问的口气说出，更能突显这种强烈的情感。

情多最恨花无语，愁破方知酒有权。

【注释】出自唐·郑谷《中年》。权，此指有效。

【译文/点评】多情而无人能解，只能对花倾诉，但是花却无语；忧愁无法消解，想尽办法，最后还是喝酒最为有效。此写人到中年的寂寞、忧愁之情。前句运用拟人修辞手法，将花人格化，使其带上人的生命情态，突显的是“寂寞”之情；后句运用折绕修辞手法，说喝酒是破愁的有效手段，强调的是“忧愁”难解之意。

穷天下之声，无以舒其哀矣；尽天下之辞，无以传其酷矣。

【注释】出自唐·柳宗元《先太夫人河东县太君归祔志》。舒，同“抒”。酷，惨痛。

【译文/点评】天下没有什么声音可用以抒发这种悲哀之情，天下没有什么词句可用以传达这种惨痛的感受。此写悲伤、痛苦之情的强烈程度，虽是夸张之辞，却给人留下非常深刻的印象。

穷巷悄然车马绝，案头干死读书萤。

【注释】出自唐·杜甫《题郑十八著作丈》。车马绝，指没有达官贵人来往。读书萤，比喻微弱如萤火的灯光。干死，指灯油涸。

【译文/点评】此写无权无势、门可罗雀的冷清境况与油尽灯涸、经济拮据的窘迫之状。

茕茕孑立，形影相吊。

【注释】出自晋·李密《陈情表》。茕（qióng），没有兄弟的人。茕茕，孤独的样子。孑（jié），孤单的亲子。吊，慰问。

【译文/点评】没有兄弟，孤苦伶仃，只有身体与影子相伴相怜。此言没有兄弟姐妹的孤独之情。

人到愁来无处会，不关情处总伤心。

【注释】出自宋·黄庭坚《和陈君仪读太真外传》。无处会，此指无法理解。不关情，指不关涉人类情感，即触景生情。

【译文/点评】此言人在悲愁之时常会多愁善感，易生触景伤怀之情。

人间辛苦是三农。

【注释】出自宋·王炎《南柯子》。三农，指农民春耕、春种、秋收三个最辛苦的季节。

【译文/点评】此言农民春耕秋收的辛苦。这虽是一句大白话，没有任何的表达技巧，却道出了千古以来中国农民的处境。今天我们仍然关注“三农”问题，可见这个问题是源远流长的永恒话题。

人去空流水，花飞半掩门。

【注释】出自宋·秦观《南歌子》。

【译文/点评】此写人去楼空、落花随水的寂寥之境。流水虽无情，但临清流而吟咏，也是一种莫大的文人情趣。但是，而今人已去，所以纵然流水不息，也是“空”。花落春去，虽令人有伤春惆怅之情，但花飞满天，何尝不是一种美的景象？但是，而今半掩之门内已没有人为落花满地、花飞满天而惆怅了。此情此景，又让人生发出一种什么样的情感呢？“空流水”与“半掩门”的意象，实在是让人感伤不已而又回味无穷。

人生不满百，常怀千岁忧。

【注释】出自汉·乐府古辞《西门行》。

【译文/点评】此言人生虽短，但忧愁却很多，意谓人生乐少苦多。“千岁”不是实写，乃是夸张的说法，极言时间之长。

日典春衣非为酒，家贫食粥已多时。

【注释】出自宋·秦观《春日偶题呈上尚书钱文》。典，典当、低押。

【译文/点评】此言典衣糊口的贫寒情形。

如蜩如螗，如沸如羹。

【注释】出自先秦《诗经 · 大雅 · 荡》。如，像。蜩（tiáo），蝉。螗（táng），蝉类。沸，水翻腾的样子。羹，上古指用肉或菜做成的带汁的食物。

【译文/点评】此写在商纣王的暴虐统治下，百姓生活得就如同蝉整日悲鸣一般，又像是掉进了开水与羹汤中。这是以比喻修辞手法形容百姓生活的苦难，形象生动，让人如同亲见商朝末年人民的悲惨情状。

山河风景元无异，城郭人民半已非。

【注释】出自宋 · 文天祥《金陵驿》。元，即原。

【译文/点评】此写风景依旧、江山易主的亡国之哀。这是诗人被元军俘虏后押往元都燕京（今北京）的途中，路过六朝故都金陵（今南京）感时伤怀之辞，表达了对大宋灭亡、汉人沦于元人统治之下的深切悲伤之情。

山河破碎风飘絮，身世浮沉雨打萍。

【注释】出自宋 · 文天祥《过零丁洋》。

【译文/点评】此写诗人被元军俘虏后的忧国感怀之情。前句以“风飘絮”比喻南宋政权风雨飘摇的危险处境，表达对国家前途的深切忧虑之情；后句以“雨打萍”比喻自己漂泊、起伏不定的身世遭遇，表达处世艰难的人生感慨。

山僧独在山中老，唯有寒松见少年。

【注释】出自唐 · 刘长卿《寻盛禅师兰若》。

【译文/点评】此言山僧少年时代的音容无人见过，意谓其一生都孤独地生活在山中。

上阳秋晚萧萧雨，洛水寒来夜夜声。

【注释】出自唐·韦应物《赠王侍御》。上阳，宫殿名，代指失宠宫女所住的冷宫。

【译文/点评】此写失宠宫女孤寂凄凉的生活。“萧萧雨”是细雨，它象征的是宫女绵绵不绝的忧愁；“夜夜声”是听觉，强调的是宫女夜不能寐的凄苦心情（如果心情好，就不会失眠而听到“洛水寒来”之声）。

韶华不为少年留，恨悠悠，几时休。

【注释】出自宋·秦观《江城子》。韶华，指美好的时光。

【译文/点评】此言青春岁月都在痛苦的离别中度过，无限的遗憾让人无法释怀。

少年不识愁滋味，爱上层楼。爱上层楼，为赋新词强说愁。

【注释】出自宋·辛弃疾《丑奴儿》。

【译文/点评】没有经历世事沧桑，对生活与人生没有深刻体认的年轻人，实际上难以体会出“愁”的真正滋味，不会理解人生与生活的真谛。如果他们硬要说什么、写什么人生的愁情，那只能是装腔作势、无病呻吟。此四句所表达的意蕴即在于此。它与后四句“而今识得愁滋味，欲说还休。欲说还休，却道天凉好个秋”形成对比，表现了少年人的稚气与可爱、可笑之处。今天我们批评那些没有什么实质内容而硬说硬写出来的东西，常用一句话来批评，这便是“为赋新词强说愁”。

谁谓天地宽，一身无所依。

【注释】出自宋·尤袤《淮民谣》。谓，说。

【译文/点评】谁说天地广阔，为什么我们连栖身的地方都没有呢？此写淮河流域人民艰难的生活状况。

谁言水是无情物，也到宫前咽不流。

【注释】出自唐·杨洵美《宫词》。

【译文/点评】此以拟人手法，将水人格化，使其带有人的生命情态（水流至宫前而呜咽），从而突显宫女被幽禁的悲苦之情。

谁知临老相逢日，悲叹声多语笑稀。

【注释】出自唐·白居易《初见刘二十八郎中有感》。

【译文/点评】朋友年老相逢，实是人生一大快事。但是，年老失意，两个伤心人相见相谈，悲声多于笑声，则是人生的一大哀事。此二句所写，则是后一种情境。

身老方知生计拙，家贫渐觉故人疏。

【注释】出自宋·黄庚《偶书》。生计拙，生计艰难。疏，疏远。

【译文/点评】此写年老家贫、生计维艰、朋友疏远的苦况。

神女生涯原是梦，小姑居处本无郎。

【注释】出自唐·李商隐《无题二首》（其二）。

【译文/点评】此写女子闺怨之情。前句用传说的巫山神女遇楚王之典，意在说明女子爱情上的理想只是虚幻的乌托邦。后句化用《神弦歌·清溪小姑曲》“小姑所居，独处无郎”句意，委婉地表达了青春易逝、终身难托的哀怨之情。回看前两句“重帏深下莫愁堂，卧后清宵细细长”，此意非常明显。

生人作死别，恨恨那可论。

【注释】出自汉·无名氏《孔雀东南飞》。

【译文/点评】生离死别，本是人间之大悲。而活着的人却从此再也不能相见，那又是何等之悲呢？此乃写刘兰芝被逼再嫁后，与丈夫焦仲卿在路途相遇作生死诀别时的心理感受，读之不禁令人为之心酸。

笙歌散后酒初醒，深院月斜人静。

【注释】出自宋·司马光《西江月》。

【译文/点评】此写有情人不能相爱的惆怅之情。诗人表达这层意思，不是直抒胸臆，而是通过场景来表现。与心爱的人笙歌欢聚纵然快乐，但席终人散，则情何以堪？知道席要终而人要散的结局，无以解忧，于是以酒浇愁，喝醉以解除分手的痛苦。然而，酒醒之后呢？看到了心爱的人了吗？没有。眼前只有深深的院落、西斜的月亮，除了自已，没有任何人。此情此景，又是何等让人感伤呢？回头再看前两句“相见争如不见，有情何似无情”，其强烈的惆怅与失落之情可见矣。

诗穷莫写愁如海，酒薄难将梦到家。

【注释】出自宋·朱弁《春阴》。

【译文/点评】诗艺不精，别写如海深的忧愁；酒力不够，别做还乡之梦。因为没到家，就酒醒梦破了。此言写“愁”的情感体验并不是一件容易的事。

十年别恨知多少，不道相逢泪更多。

【注释】出自明·徐熥《酒店逢李大》。不道，没想到。

【译文/点评】此写与朋友离别的痛苦之情。前句言离别时间之长与思念之苦，后句言相逢话旧的感伤之情。

时人不识农家苦，将谓田中谷自生。

【注释】出自唐·颜仁郁《农家》。不识，不知。将谓，以为。

【译文/点评】此言农家农耕之苦，批评公子哥儿只知养尊处优，而不知农桑之苦。

试问闲愁都几许，一川烟草，满城风絮，梅子黄时雨。

【注释】出自宋·贺铸《青玉案》。都，一共。几许，多少。

【译文/点评】文人多愁善感，“闲愁”时时有之。那么“闲愁”究竟如何折磨人呢？真是说不清、道不明。但是贺铸却以“一川烟草”、“满城风絮”、“梅子黄时雨”三个比喻连用，以江南春日一望无际、如烟如云的茫茫春草，以暮春时节随风漫天飞舞、满城无处不在的杨花之絮，以江南梅子黄时的旬月绵延不绝、细密如牛毛的梅雨作比，以具象喻抽象，不仅写尽了文人的“闲愁”，而且极具诗意，让人在平淡的情事中体验到一种美感，得到陶醉。

室如县罄，野无青草。

【注释】出自先秦《左传·僖公二十六年》。如，像。县，通“悬”，悬挂。罄，通“磬”，一种石制乐器，悬于架上，叩击而作乐声。

【译文/点评】室内空无一物，就像悬磬的架子一样；野外荒芜一片，连青草也不生。此言灾害发生后极度的干旱与贫困情状。

守着窗儿，独自怎生得黑。

【注释】出自宋·李清照《声声慢》。怎生，怎么。

【译文/点评】此以时间难以打发而写孤寂难耐的痛苦之情。

树木何萧瑟，北风声正悲。熊罴对我蹲，虎豹夹路啼。溪谷少人民，雪落何霏霏。

【注释】出自汉·曹操《苦寒行》。萧瑟，风吹树木之声。

罴（pí），似熊而体大，俗呼人熊。霏霏，雪下得很密之貌。

【译文/点评】冬日的北风呼啸着吹过，树木发出凄凉的萧瑟之声。寂静的溪谷人烟绝迹，只有虎豹熊罴自由地出没，只见大雪纷纷而下，绵绵不绝。这便是曹操笔下的冬日之景，读之不禁令人顿生无限的凄凉之感。

数州消息断，愁坐正书空。

【注释】出自唐·杜甫《对雪》。书空，用东晋殷浩之典。殷浩免职而忧愤，整日以手书“咄咄怪事”。后用此典故表示遗憾与惆怅之情。

【译文/点评】此写战乱之中诗人与世隔绝、寂寞无聊的忧郁之情。

衰兰送客咸阳道，天若有情天亦老。

【注释】出自唐·李贺《金铜仙人辞汉歌并序》。

【译文/点评】此写金铜仙人辞别咸阳的悲哀之情。前句是叙事，以拟人手法，将咸阳道旁的兰花人格化，并以其衰枯之容写它送客（金铜仙人）时的悲愁之状，形象生动，让人感动莫名。后句是议论，紧承前句而下，也以拟人修辞手法，将天人格化，以假设之语将金铜仙人辞别咸阳的悲愁推到了极点。

水深桥梁绝，中路正徘徊。迷惑失故路，薄暮无宿栖。

【注释】出自汉·曹操《苦寒行》。中路，路中。失故路，迷失了来时走过的路。薄，迫近。

【译文/点评】想过河，而桥梁断绝；欲回家，而迷失故路；天色昏，而欲宿无处，此是何等的悲苦之情！

思悠悠，恨悠悠，恨到归时方始休。

【注释】出自唐·白居易《长相思》。休，停止。

【译文/点评】此写女子思念情人、盼其速归的痛苦之情。两个叠字“悠悠”的运用，前者状其思念不绝之貌，后者写其怨恨难消之情，前后配合，将女子思盼情人时那种爱恨交加的心理状态淋漓尽致地表现出来。

斯人不重见，将老失知音。

【注释】出自唐·杜甫《哭李常侍峄二首》。斯人，这人，这里指友人李峄。

【译文/点评】此写年老之时痛失老友与知音的悲苦之情。鲁迅曾录赠一副对联送瞿秋白曰：“人生得一知己足矣，斯世当以同怀视之。”可见，人生得一知音有多宝贵。而今诗人垂垂老矣，知音老友又离他而去，则其悲何如？自可想见。

似把剪刀裁别恨，两人分得一般愁。

【注释】出自唐·姚合《惜别》。

【译文/点评】此以比拟手法，将无形的离愁有形化，从而化抽象为具象，真切地表达了离愁别恨的痛苦之情。

似将海水添宫漏，共滴长门一夜长。

【注释】出自唐·李益《宫怨》。似，好像。宫漏，古代漏水计时的器具。长门，汉武帝陈皇后所贬居的宫殿，代指宫女怨所。

【译文/点评】长门宫里夜沉沉，漏尽海水天不亮。此以“海水添宫漏”为喻，形象而夸张地写出了长门宫中的失意宫女夜不能寐、孤寂难耐的痛苦之情。

算人间没个并刀，剪断心上愁痕。

【注释】出自宋·黄孝迈《湘春夜月》。并刀，古代并州（今山西太原）以出刀而著名。

【译文/点评】此言想以并刀剪断忧愁，是化抽象为具象的比拟手法，意在突出强调忧愁太深重难以消除。

桃李春风一杯酒，江湖夜雨十年灯。

【注释】出自宋·黄庭坚《寄黄几复》。

【译文/点评】此写人生的两种不同情境。前句写京城相聚之欢情，以“一杯酒”的细节突显之；后句写别后孤寂漂泊之悲情，以“十年灯”显之。前句桃李、春风，写春风得意、年少豪放之情；后句江湖、夜雨，写远离朝廷、漂泊江湖的孤寂之感。虽然两句都由寻常字词组成，但成句后的意境却非常阔大深远，读之不禁令人顿生无尽的联想，思之味之，感慨万千。

天长地久有时尽，此恨绵绵无绝期。

【注释】出自唐·白居易《长恨歌》。

【译文/点评】此写唐玄宗与杨贵妃爱情不能圆满的悲哀之情。唐明皇与杨贵妃之间本有一个天长地久的爱情约盟，但是最终唐明皇国破奔蜀，惶惶如丧家之犬；杨贵妃则殒命于六军，马嵬坡下化为土。上面两句正是写此之事，并以此点题，以与诗的开首一句“汉皇重色思倾国”呼应，让人思之味之，体认历史的教训。“天长地久”，是李杨当年的爱情誓言；“此恨绵绵”，是杨氏身死马嵬坡下的结局。“有时尽”与“无绝期”相对，不仅在于形式上的对仗，更突显了李杨爱情终究要以悲剧收场的意蕴。

天寒知被薄，忧思知夜长。

【注释】出自汉·乐府古辞《古乐府》。

【译文/点评】只有天冷时才能体会到被子单薄、受冻难耐的滋味，只有忧愁失眠时才能体会到睡得着是一种难以渴求的幸福。此以盖被、睡眠为喻，形象地说明了这样一种情感体验：只有处于某种困境之中，才能产生摆脱某种困境的强烈渴望。

天街夜色凉如水，坐看牵牛织女星。

【注释】出自唐·杜牧《秋夕》。天街，指皇宫中的石阶。

【译文/点评】此写宫女的寂寞怨苦之情。前句以比喻手法，写夜深天凉，暗示那坐在宫中石阶上的宫女心事重重，夜不能寐。后句紧承前句，看似交代说明那宫女夜深不眠的原因，实则是以用典修辞手法，借坐看牵牛星、织女星叙述民间牛郎、织女鹊桥一年一相会的神话，以表现那宫女对真挚爱情的向往之情以及对宫中生活的怨苦之恨。

天色无情淡，江声不断流。古人愁不尽，留与后人愁。

【注释】出自宋·范成大《江上》。

【译文/点评】只要天地在，忧愁便永存，此言忧愁情感的永恒性。

田家秋作苦，邻女夜舂寒。

【注释】出自唐·李白《宿五松山下荀媪家》。田家，农家。秋作，秋收劳动。舂（chōng），捣谷子。夜舂寒，即夜寒舂。

【译文/点评】此乃写农家之辛苦与民生之艰难。

同是天涯沦落人，相逢何必曾相识。

【注释】出自唐·白居易《琵琶行》。

【译文/点评】相同经历的人可能最能引发彼此情感的共鸣，但是，同病相怜的人相逢，感叹对方不幸的同时，无疑又会顾影自怜，从对方的悲哀中想到自己的悲哀。所以，诗人才有“相逢何必曾相识”的感慨。

恸哭松声在，悲泉共鸣咽。

【注释】出自唐·杜甫《北征》。恸（tòng），极度悲哀。共，一起。

【译文/点评】此以拟人手法，将“松”、“泉”人格化，使其带有人的生命情态（松哭、泉咽），从而借物而写人，描写出征人出征时的悲哀氛围、征人及其家人的极度悲伤之情。

痛定思痛，痛何如哉？

【注释】出自宋·文天祥《指南录后序》。

【译文/点评】痛苦过后，再回头体味当时痛苦的感受，那才是最痛苦的。这话所蕴含的深意，只有对痛苦有着切身体会的人才能真正懂得其精辟性所在。

晚来风起花如雪，飞入宫墙不见人。

【注释】出自唐·刘禹锡《杨柳枝词九首》（其六）。

【译文/点评】此写风吹花落、宫墙无人的凄凉情景。落花本是象征女子美貌不再、青春已逝的意象，而宫墙无人，则再现了宫墙之内凄清孤寂的生活情景。由此借景而抒情，表达了对深宫女子悲苦生活现状的深切同情。

往事已成空，还如一梦中。

【注释】出自南唐·李煜《子夜》。

【译文/点评】昔日帝王的繁华生活已随风而去，如今想来都像一场梦。这是南唐后主李煜亡国后所表达的悔恨之情。

为客黄金尽，还家白发新。

【注释】出自唐·王维《送丘为落第归江东》。

【译文/点评】此写异乡困窘、年老还乡的悲苦之情。前句写身在异乡的艰难情形，后句写归乡的尴尬情形。“为客”对“还家”、“黄金尽”对“白发新”，不仅形式上的对仗非常工整，在意蕴上的对比反差也特别强烈，尤其能表现其悲伤之情。

唯余昔时泪，无复旧时容。

【注释】出自唐·高适《逢谢偃》。余，剩下。复，再。

【译文/点评】今日相见仍如往日离别时一样眼泪汪汪，却不再有旧日青春的容颜了。此言久别重逢的感慨与老而相见的悲哀之情。

闻道长安似弈棋，百年世事不胜悲。

【注释】出自唐·杜甫《秋兴八首》。闻道，听说。长安，唐代都城（在今陕西西安），此指代朝廷。弈棋，下棋，以棋喻政局。

【译文/点评】此写诗人对政局动荡不安与国家前途难卜的深切忧虑之情。“不胜悲”，则明确表达出这种情感。“百年世事”，是指诗人所经历的唐代社会的变化，主要是指安史之乱前后唐朝由盛而衰的一段特定时间。

问君能有几多愁，恰似一江春水向东流。

【注释】出自南唐·李煜《虞美人》。

【译文/点评】以有形之江水，喻无形之忧愁，形象地再现了亡国之君李煜国破家亡、困于宋都汴梁的深切痛苦与无穷忧愁之情。身在宋都，却想到以故都建康（南京）的长江之水喻愁，在对比中益发见出亡国之痛、失家之悲。

我今自是飘萍客，更向长亭作主人。

【注释】出自宋·李殿丞《饯魏主簿广席上作》。飘萍客，像浮萍一样漂泊不定的人。

【译文/点评】此写身为异乡漂泊之人，却要在长亭做东送别朋友的痛苦之情。虽不及思乡一字，但思乡之苦则尽在其中矣。

我已思归眠不得，乱虫莫更作秋声。

【注释】出自清·冯煦《枕上作》。

【译文/点评】此写思归难眠之苦痛。

我只自如常日醉，满川风月替人愁。

【注释】出自宋·黄庭坚《夜发分宁寄杜涧叟》。

【译文/点评】此写人在旅途、寂寞无聊的孤苦之情。前句以“常日醉”暗中点明忧愁之深，因为有愁才会有意醉酒。后句以拟人手法，将风月人格化，使其带有人的生命情态，从而借物写人，表现诗人沐风望月而生忧愁的情形。

无端嫁得金龟婿，辜负香衾事早朝。

【注释】出自唐·李商隐《为有》。无端，没来由，无缘无故。金龟婿，佩有金龟袋的夫婿。《新唐书·车服志》：“天授二年，改佩鱼为龟。其后三品以上龟袋饰以金。”衾(qīn)，被子。

【译文/点评】此写少妇寂寞怨苦之情。中国人自古有“官本位”的观念，其实世界上的任何事都有利有弊的，做官也是如此。在古代，做个品级高的官僚自然是志得意满，人皆艳羡。但是，你得早起上朝尽朝臣之责。“无端嫁得金龟婿，辜负香衾事早朝”，即以一位官爷娇妻的口吻道出了为官的难处：春宵一刻值千金的美妙时光，连香暖的被窝还没捂热，杀千刀的冤家就要上朝理什么劳什子朝政了。嫁得这样的金龟夫婿，岂非形同守活寡！女子抱怨之中有娇嗔的形象，顿时跃然纸上，让人由语及境，浮想联翩。

无花无酒过清明，兴味萧然似野僧。

【注释】出自宋·王禹偁《清明》。

【译文/点评】此写清明节人在他乡、无酒无花的凄苦之情。“独在异乡为异客，每逢佳节倍思亲”，此乃人之常情。思乡思亲之苦无以排解，借酒消愁、以花怡情，也是解赎之道。然而，花无酒也无，自然情不自禁地发出“兴味萧然似野僧”的感慨。

无计驱愁得，还推到酒边。

【注释】出自宋·唐庚《春归》。

【译文/点评】无法消解心中愁，想来想去还是酒。此写愁深难消之苦情。以拟人修辞手法表达，将“愁”人格化，使其带有人的生命情态（“驱”、“推”），遂使“何以解忧，唯有杜康”的意蕴表达显得别致生动，耐人寻味。

无奈夜长人不寐，数声和月到帘栊。

【注释】出自南唐·李煜《捣练子令》。寐（mèi），睡着。数声，此指风声与寒砧（秋夜捣衣声）。和，伴随。栊（lóng），窗棂、有格子的窗子。

【译文/点评】此写夜深难成眠，风声伴砧声，月光入窗来的情景，表现的是孤独无眠者的惆怅痛苦之情。前句是“深院静，小庭空，断续寒砧断续风。”

无人为唱阳关曲，惟有青山送我行。

【注释】出自明·郑之升《留别》。阳关曲，指《阳关三叠》乐曲，古代送别之曲。惟，只。

【译文/点评】此写人在旅途的孤寂之情。前句言出发时无人送别，后句说行途中无人为伴。

无人信高洁，谁为表予心。

【注释】出自唐·骆宾王《在狱咏蝉》。

【译文/点评】此以蝉餐风饮露、与世无争的特性自比，表达了作者人格高洁而不为他人所理解的痛苦之情。

无为守穷贱，轗轲长苦辛。

【注释】出自汉·无名氏《今日良宴会》。无为，不要。

穷贱，指既贫困又无地位。轗轲（kǎn kē），车行不利，此引申为失志不遇。苦辛，即辛苦。

【译文/点评】此乃感叹贫贱人生的悲苦之情。民间有俗语“贫贱夫妇百事哀”，其实何尝仅是夫妻生活如此。在任何社会，如果一个人既无钱，又无地位，其人生的路途上必然是事事可悲可哀。正因为如此，大家都拼命地挣钱，拼命地争地位。

吴牛喘月时，拖船一何苦。

【注释】出自唐·李白《丁督护歌》。吴牛喘月，是指吴地水牛因夏天太热，不仅见了太阳怕，甚至夜晚见了月亮也误以为是太阳而喘气。一何，何等、多么。

【译文/点评】此写船工夏夜拖船之苦。

梧桐半死清霜后，头白鸳鸯失伴飞。

【注释】出自宋·贺铸《半死桐》（又名《鹧鸪天》）。梧桐半死，喻指丧失配偶。头白，指年老。

【译文/点评】此以梧桐半死、鸳鸯失伴为喻，描写年老丧偶的悲伤之情。

梧桐更兼细雨，到黄昏，点点滴滴。这次第，怎一个愁字了得。

【注释】出自宋·李清照《声声慢》。更兼，加上。次第，境况。

【译文/点评】雨打梧桐叶，倒不失有几分诗意。但是，在黄昏时分，在孤寂之人听来，这点点滴滴敲打于叶上的雨滴声，却最易使人倍感孤寂。因为在寂静的环境中听雨声，尤其是听雨敲在叶上的声音，会格外清晰。而这清晰的雨声，则会让孤寂的环境显得更静。这是以有声衬无声，写词人国破家亡、只身流落江南时的晚年生活情景。前三句写景叙事，景中事中都饱含了深情。特别是“点点滴滴”一句，运用叠字修辞手法而成句，声音感极强，让人有如闻其声之感，仿佛让人觉得从叶上滴下的不是雨点，而是词人的眼泪。后两句承前议论，虽然略显直白，但真挚自然，让词人满腔的愁情一泄无余。

物是人非事事休，欲语泪先流。

【注释】出自宋·李清照《武陵春》。

【译文/点评】此写景物依旧、人事已非的感物伤怀之情。

物在人亡无见期，闲庭系马不胜悲。窗前绿竹生空地，门外青山如旧时。

【注释】出自唐·李颀《题卢五旧居》。

【译文/点评】此写不见旧友的悲伤之情。四句皆写物而不见人，但悲怀友人之意尽在其中。这是以“物是”反衬“人非”，从而突显怀人感伤之情。第一句写“人亡”，第二句写“马在”，对比中便见“物是人非”之悲。第三、四句写绿竹生地、青山依旧，看是写景，其实是说“景依旧、人已去”，表达的仍是“物是人非”的悲伤之情。

误尽平生是一官，弃家容易变名难。

【注释】出自清·吴伟业《自叹》。

【译文/点评】此写诗人历仕两朝的思想矛盾与情感痛苦。诗人曾是明朝崇祯四年的榜眼（殿试第二名，第一名叫状元，第三名称探花），历任翰林院编修，东宫讲读，左庶子；南明弘光朝，任少詹事。明亡，入清为国子监祭酒。因其诗名太盛，其改仕异族政权的行为多遭非议。这里的两句，便是抒发其因名因官所累的苦闷之情。

雾失楼台，月迷津渡，桃源望断无寻处。

【注释】出自宋·秦观《踏莎行》。津渡，渡口。桃源，代指心中向往的理想境界，典出于晋人陶渊明所作《桃花源记》中虚构的世外桃源境界。

【译文/点评】此以楼台被浓雾遮却、渡口在月色中迷失、桃源无处可寻为喻，表达词人政治上失意、心中理想难以实现而又被贬郴州的情感痛苦。

夕息抱影寐，朝徂衔思往。

【注释】出自晋·陆机《赴洛道中作二首》（其二）。徂（cú），往。衔思，含着忧思。

【译文/点评】晚上睡觉时抱着自己的孤影而眠，早上出发时含着忧思而行。这是何等孤寂、凄凉的行旅之途呢？

昔为水上鸥，今如笼中鸟。

【注释】出自元·赵孟頫《罪出》。

【译文/点评】人在自由之时，并不会觉得自由有什么可贵之处。而一旦失去行动的自由（如拘禁、系狱等），便会感知到原来世界上最可宝贵的就是自由。上面两句诗，诗人以鸥飞水上、鸟囚笼中比喻昔今的自己，形象生动地写出了获罪失去自由的精神痛苦。

昔为匣中玉，今为粪上英。朝华不足欢，甘与秋草并。

【注释】出自晋·石崇《王明君辞》。匣中玉，比喻虽为宝物却不为人知。粪上英，即粪土上的花，比喻虽鲜艳好看却长得不是地方。朝华，比喻美好的时光。不足欢，不足以欢娱，指欢乐的时光太少。秋草，比喻忧伤的日子。并，差不多、等同。

【译文/点评】昔日在汉宫室为宫女，虽然美艳动人，却无人重视；今日来到匈奴异域，虽然荣华富贵皆有，却感觉是鲜花长在粪土上，并不以为荣。昔日在汉宫欢乐的日子虽不多，今日在匈奴的日子却和秋草枯死差不多。这是写王昭君远嫁匈奴的内心苦痛与怨愤之情，让人不禁为之掬一把同情的泪。

夕阳芳草本无恨，才子佳人空自悲。

【注释】出自宋·晁补之《鹧鸪天》。

【译文/点评】此写才子佳人多愁善感之苦。

溪边古路三叉口，独立斜阳数行人。

【注释】出自宋·苏轼《纵笔三首》（其二）。古路，古道。

【译文/点评】此写诗人晚年被贬儋州（今属海南岛）时寂寞无聊的生活情状。儋州本就是天涯海角的荒僻之处，而溪边古道与行人稀少的三岔路口，自然更是荒僻而难见行人踪迹了。而诗人却在夕阳西下之时独立路口数着过往行人，其心中的孤寂之情可见。这是以景写情的笔法，比直抒胸臆的道情更让人感动。如果与前两句（“父老争看乌角巾，应缘曾现宰官身”）儋州父老争相一睹诗人风采的热闹场面对照，则其孤寂之情更显深切矣。

溪路千里曲，哀猿何处鸣。孤臣泪已尽，虚作断肠声。

【注释】出自唐·柳宗元《入黄溪闻猿》。孤臣，指自己被贬失势。

【译文/点评】此写被贬途中所见所闻所感，表现的是忠心不见用、壮志终难酬的悲伤之情。

细雨梦回鸡塞远，小楼吹彻玉笙寒。

【注释】出自南唐·李璟《山花子》。鸡塞，即鸡鹿塞，在今陕西横山县西，此代指边塞远戍之地。

【译文/点评】此写思妇思念远在边塞的征人的深情。前句写思妇梦寻征人到边塞，却被细雨扰了清梦。“梦回”到现实，才知征人还远在边关戍守。后句写思妇梦醒后悲伤难抑，遂独上小楼吹笙以排遣忧怀，但笙声中却透出凄寒的情调。由此，将美梦破灭后思妇心灵的疼痛展露无遗。

夏日抱长饥，寒夜无被眠。

【注释】出自晋·陶渊明《怨诗楚调示庞主簿邓治中》。

【译文/点评】此写自己夏日饥肠辘辘，冬夜寒冷难眠的凄苦之境。

闲坐悲君亦自悲，百年都是几多时。

【注释】出自唐·元稹《遣悲怀三首》。君，指亡妻。亦，也。百年，代指一生。

【译文/点评】此写对亡妻的深切思念之情与人生苦短的感慨。

乡村四月闲人少，才了桑蚕又插田。

【注释】出自宋·翁卷《乡村四月》。了，结束。桑蚕，指采桑养蚕之事。插田，插秧。

【译文/点评】此写农民一年少有闲暇之时的辛苦情状。

相见争如不见，有情何似无情。

【注释】出自宋·司马光《西江月》。争如，即“怎如”。何似，此谓“不如”。

【译文/点评】此言有情人一见倾心却不能相爱的痛苦之情。

相看泪眼情难说，别有伤心事岂知。

【注释】出自唐·白居易《览卢子蒙侍御旧诗，多与微之唱和。感今伤昔，因赠子蒙，题于卷后》。

【译文/点评】此写老友相见，各有隐衷，心有千言万语，而又无从说起的悲伤之情。这与宋人柳永写男女离别之苦的名句“执手相看泪眼，竟无语凝噎”的境界相近。

萧萧哀风逝，淡淡寒波生。

【注释】出自晋·陶渊明《咏荆轲》。逝，去。

【译文/点评】此写荆轲告别燕太子丹时的悲哀环境氛围。“萧萧”拟悲风之声，“淡淡”写易水之波，有声有色，益发感人至深。

萧萧北风劲，抚事煎百虑。

【注释】出自唐·杜甫《羌村三首》。

【译文/点评】此写寒夜抚今追昔不能自已的悲愁之情。“萧萧”，写北风呼啸之声。“百虑”，言百感交集之状，乃是夸张。

萧萧茅屋下，白发老书生。

【注释】出自金·辛愿《临江仙》。萧萧，此指萧条贫寒的样子。

【译文/点评】此写老于家中、英雄无用武之地的悲哀之情。

小楼昨夜又东风，故国不堪回首月明中。

【注释】出自南唐·李煜《虞美人》。东风，春风。

【译文/点评】小楼春风，不禁让人想起杏花春雨的江南。虽然明月依然皎洁，但杏花春雨中的江南故国今已不复存在，这如何不让身囚北国（宋朝）的南唐后主李煜触景生情，追忆故国往事而不胜悲伤呢？此二句所写，正是词人此种心境。

斜拔玉钗灯影畔，剔开红焰救飞蛾。

【注释】出自唐·张祜《赠内人》。玉钗，古代女子的头饰。

【译文/点评】此写宫女拔钗剔开灯花救扑火的飞蛾的细节，意在表现宫女的寂寞之情以及怜蛾而自怜的凄苦心境。

斜抱云和深见月，朦胧树色隐昭阳。

【注释】出自唐·王昌龄《西宫春怨》。云和，地名，此指云和所产的琴。昭阳，汉成帝所居的宫室，代指汉成帝。

【译文/点评】此写宫女失宠后孤独凄凉的生活情境。前句写其抱琴望月、似弹而非弹的样子，表现的是其心神不宁的情状。后句写月中眺望昭阳宫，树色朦胧而不见的情景，表现的是望宠幸而不得的苦痛之情。虽然两句都是写景，但幽怨之情则尽在景中矣，达到了中国传统诗歌所推崇的“不著一字，尽得风流”的境界。

心曲千万端，悲来却难说。

【注释】出自唐·孟郊《古怨别》。

【译文/点评】此写情人离别的痛苦之情。“千万端”乃是夸张表达，极言离别时的不忍心态。宋人柳永写男女离别的名句“执手相看泪眼，竟无语凝噎”，即化自此二句所写的境界。

心之忧危，若蹈虎尾，涉于春冰。

【注释】出自先秦《尚书·君牙》。若，像。蹈，踏、踩。涉，行走。

【译文/点评】满怀忧虑与恐惧，就像是踏在老虎的尾巴上，又像是行走在春天的薄冰上。此是周穆王对大司徒君牙表述自己思念贤才、日夜忧心国事的心情。造语新颖，比喻贴切，形象地表达了其忧国忧民的心情。

心之忧矣，如匪浣衣。

【注释】出自先秦《诗经·邶风·柏舟》。之，的。如，像。匪浣衣，没洗过的衣裳。

【译文/点评】心中忧愁难消解，就像穿着没洗的脏衣。此以比喻手法形象地说明了心中忧愁难消的情形，表意非常生动。

新妆宜面下朱楼，深锁春光一院愁。

【注释】出自唐·刘禹锡《和乐天春词》。新妆宜面，指打扮得非常得体相宜。

【译文/点评】此写宫女打扮得花枝招展，本想下楼赏春，可是看到满院的春色，想想自己被幽闭的处境，不禁感物生愁，无限伤感。

行遍天涯等断蓬，作诗博得一生穷。

【注释】出自宋·陆游《贫甚戏作绝句》。等断蓬，就像是吹断的蓬草。博得，落得。

【译文/点评】此写读书人浪游天下、贫困不堪的凄凉生活境况。

行行重行行，与君生别离。相去万余里，各在天一涯。

【注释】出自汉·无名氏《行行重行行》。重行行，言行而不已。生别离，活着分开。天一涯，天一方。

【译文/点评】此写女子思念远行他乡的情人的悲苦之情。有情人不能相守，却要相离万里、天各一方，其间的情感苦痛自可想见矣。

行行日已远，人马同时饥。担囊行取薪，斧冰持作糜。

【注释】出自汉·曹操《苦寒行》。担囊，挑着行囊。取薪，打柴火。斧冰，凿冰。糜，粥。

【译文/点评】苦寒的冬天，在外征战日久，人困马乏，饥肠辘辘，还要背着沉重的行囊去打柴，凿开冰层取冰煮粥充饥，这是何等悲苦的生活！

形若槁骸，心若死灰。

【注释】出自先秦古歌《被衣为啮缺歌》。形，形体。若，像。槁，枯槁。

【译文/点评】躯体如同枯槁的骨骸，心灵就像熄灭的灰烬。这是以比喻修辞手法，描写一个人从躯体到心灵皆已死灭的形象。

雪花似掌难遮眼，风力如刀不断愁。

【注释】出自清·钱谦益《雪夜次刘敬仲韵》。不断愁，割不断愁。

【译文/点评】此写雪夜怀人的悲愁之情。“雪花似掌”，写雪花之大；“风力如刀”，写风力之大。二者皆是运用比喻修辞手法，但比喻之中有夸张，意在突出其环境的恶劣程度。

寻寻觅觅，冷冷清清，凄凄惨惨戚戚。

【注释】出自宋·李清照《声声慢》。戚，忧愁、悲伤。

【译文/点评】此写词人晚年夫亡家破、饱经忧患与离乱的哀怨之情。此三句之妙，全在“叠字”运用传神。“寻寻觅觅”，写其精神上怅然若失、无所寄托的空虚之感；“冷冷清清”，写其生活上形单影只、孤寂难耐的凄凉处境；“凄凄惨惨戚戚”，则以三个表“哀”义字的重叠，写尽了其凄凉悲惨的晚年生活况味。

眼枯泪尽雨不尽，忍见黄穗卧青泥。

【注释】出自宋·苏轼《吴中田妇叹》。黄穗，指即将成熟的稻子。

【译文/点评】此写稻子即将成熟之时大雨不停，农民只能眼睁睁地看着即将收获的庄稼被毁掉的痛苦之情。

雁尽书难寄，愁多梦不成。

【注释】出自唐·沈如筠《闺怨二首》。雁尽书难寄，是说相思之情无法通过书信向对方倾诉。古代有鸿雁传书之说。

【译文/点评】相思情难诉，愁闷睡不成。此写女子相思难眠之苦。

燕婉之求，得此戚施。

【注释】出自先秦《诗经·邶风·新台》。燕婉，安乐美好的样子。戚施，背驼而不能挺胸者。

【译文/点评】原想找个美男子，不料嫁了个驼背人。这是写一个女子婚姻的不幸，让人为之同情。

也知渔父趁鱼急，翻着春衫不裹头。

【注释】出自宋·杨万里《过百家渡》。趁鱼，追赶鱼群。翻着，反穿。

【译文/点评】渔父为了追赶鱼群，来不及裹头，还穿反了春衫。此乃以行为细节写渔父捕鱼生活的辛苦之状。

野夫怒见不平事，磨损胸中万古刀。

【注释】出自唐·刘叉《偶书》。野夫，指自己，谦称。万古刀，指心中的正义之刀。

【译文/点评】此写自己路见不平而不能拔刀相助、主持公义的内心苦痛。

野花愁对客，泉水咽迎人。

【注释】出自唐·王维《过沈居士山居哭之》。

【译文/点评】此以拟人修辞手法，将野花、泉水人格化，使其带有人的生命情态，借野花有愁、泉水哽咽，来抒发自己对沈居士的深切怀念之情。

夜静忽疑身是梦，更闻寒雨滴芭蕉。

【注释】出自唐·朱长文《宿僧房》散句。

【译文/点评】此写僧房的寂静之状。前句直写夜静，后句以寒雨滴芭蕉之声予以反衬，以有声衬无声，益显禅房静谧的境界。

夜冷衣单手屡呵，幽窗轧轧度寒梭。

【注释】出自宋·蒨桃《呈寇公》。屡，屡次。呵，呵气取暖。幽，暗。轧轧（yà），织布之声。度，穿。

【译文/点评】此写寒夜农妇织布之苦。

夜深忽梦少年事，梦啼妆泪红阑干。

【注释】出自唐·白居易《琵琶行》。少年事，指琵琶女少女时的欢乐时光。阑干，纵横散乱的样子。

【译文/点评】此写京城琵琶女流落江湖、抚今追昔的悲伤情状。

夜悬明镜青天上，独照长门宫里人。

【注释】出自唐·李白《长门怨二首》。明镜，指明月。长门宫，汉武帝时宫殿名。陈皇后失宠所居。代指失意宫女。

【译文/点评】明月在天，应该说是一种令人赏心悦目的乐景，但是，一个女人长夜难眠，独倚绮户望明月，则有无限的孤独与凄凉之感。此写失意宫女凄清冷寂的悲惨生活情状。

夜依寒草宿，朝逐转蓬征。

【注释】出自隋·薛道衡《昭君辞》。转蓬，飘飞的蓬草。征，出发、行进。

【译文/点评】此写王昭君出塞的辛苦之状：夜宿寒草之地，日伴黄沙飞蓬。

一叫千回首，天高不为闻。

【注释】出自唐·李商隐《哭刘司户二首》。天，指皇帝。

【译文/点评】此乃对朋友刘蕡的深情悼念之辞，既为朋友所受的冤屈鸣了不平，斥责了皇帝的昏庸，同时也于悲愤难平中表达了对朋友深切的哀悼之情。“千回首”乃是夸张手法，极言其悲愤之状。

一粒红稻饭，几滴牛颔血。

【注释】出自唐·郑遨《伤农》。红稻，指珍贵的红米。颔（hàn），下巴。

【译文/点评】为了一粒红米饭，拉犁的牛要把下巴磨出多少滴血来？此言盘中之餐来之不易，食用之人当思一粥一饭的来历，体会耕种人畜的辛苦。

一年三百六十日，多是横戈马上行。

【注释】出自明·戚继光《马上行》。横戈，横执戈矛，指拿着武器。

【译文/点评】此乃慨叹为国戍边的辛苦之状，同时也表现了身为将军保家卫国而常备不懈的强烈责任心。

一入深宫里，年年不见春。聊题一片叶，寄与有情人。

【注释】出自唐·天宝宫人《题洛苑梧叶上》。聊，姑且。题，题诗于。

【译文/点评】此写宫女既不得皇帝宠幸、又不得嫁人的情感苦痛。寂寞无奈之余，题诗梧叶之上，然后从宫中水沟顺水漂出宫墙之外，希望有情人拾到，以了解其苦心，读之不禁令人为之唏嘘再三。

一生几许伤心事，不向空门何处销？

【注释】出自唐·王维《叹白发》。几许，多少。空门，佛门。销，同“消”。

【译文/点评】此以不遁入空门就无法解脱为条件，突出强调诗人一生所经历的许多事情令人悲伤的程度之深。

一生困尘土，半世走阡陌。

【注释】出自宋·曹勋《望太行》。困，困守。尘土，指社会底层。阡陌，田间小路。南北方向的叫“阡”，东西方向的叫“陌”。

【译文/点评】此以“困尘土”、“走阡陌”暗喻一生困顿不得志的情状，一个东奔西走而终究大志难伸的失意者的形象跃然纸上。

一声梧叶一声秋，一点芭蕉一点愁，三更归梦三更后。

【注释】出自元·徐再思《水仙子》。三更后，三更已过。

【译文/点评】秋风吹梧桐，枯叶片片落满地，片片似乎带秋意；秋雨打芭蕉，落叶点滴皆有声，一声一声都带愁；夜中入眠梦故乡，梦回醒来三更后。此写人在旅途、秋夜难眠的凄苦之情。其中，数量词的运用不仅为句子形式上的新颖增色不少，更在表意表情上增添了缠绵感，让人有屈指而数、心情渐趋收紧的感觉。

一为迁客去长沙，西望长安不见家。

【注释】出自唐·李白《与史郎中钦听黄鹤楼上吹笛》。迁客，被流放的人，此指西汉的贾谊。长安，唐朝的京都。

【译文/点评】此以贾谊被贬长沙的往事，表达诗人被流放而前途无望、大志未伸的怨苦之情。

一夜连枷响到明。

【注释】出自宋·范成大《四时田园杂兴六十首》（其四十四）。连枷，一种脱粒的农具。明，指天亮。

【译文/点评】此写农民在收获季节抢收脱粒、通宵不眠的辛苦情状。这连枷敲击稻谷之声，一声又一声，又何尝不让食用稻米之人有敲打在他们心头之感。

一在天之涯，一在地之角，生而影不与吾形相依，死而魂不与吾梦相接。

【注释】出自唐·韩愈《祭十二郎文》。之，的。涯，水边，引申为边际、极限。吾，我。

【译文/点评】天各一方，生不能形影相随，还能忍受，而死了连魂魄也进不了活人的梦中，这是何等的悲惨呢！此写作者与侄儿韩老成生离死别的悲苦之情，让读者感动至深。

衣上酒痕诗里字，点点行行，总是凄凉意。

【注释】出自宋·晏几道《蝶恋花》。

【译文/点评】此写追忆往昔欢乐生活情景而生发的凄凉之情。“衣上酒痕”，是写欢宴饮酒的情景。“诗里字”，是写临别赠诗的情景。前句写往昔，后两句写眼前，对比中益见其悲戚之情。“点点行行”，两个叠字的运用，在视听形式上增加了音节的长度，在表意上则扩张了凄凉情调的程度。

移家就吾住，白首两遗民。

【注释】出自清·吴伟业《遇旧友》。

【译文/点评】旧友白首相聚，而且还做了邻居，这应该是人生莫大的快事。但是，白首相聚的二友，他们的身份已不再是大明王朝的朝臣，而只是苟且残喘于世的明朝遗民而已，因为大明王朝已经被异族政权大清所取代。其中的亡国之恨与心灵苦痛，恐怕只有诗人与他的旧友才能深切体认得出。

易子而食之，析骸而炊之。

【注释】出自先秦《公羊传·宣公十五年》。易，交换。

子，子女。食，吃。之，他们，指别人的子女。析，劈、劈木头。骸（hái），骨、人骨。

【译文/点评】交换子女而食，劈开人骨当柴烧。此写灾荒之年饥民食人炊骨的可怕情景，其要强调的是饥民的悲惨处境。

吟君诗罢看双鬓，斗觉霜毛一半加。

【注释】出自唐·韩愈《答张十一》。斗，通“陡”，突然、陡然。霜毛，白色的鬓发。一半加，多了一半。

【译文/点评】此言读完朋友的诗后双鬓又白了一半，意在强调朋友所写内容的悲哀。同时，也有赞颂朋友诗句具有深切感人的艺术魅力之意。

银烛秋光冷画屏，轻罗小扇扑流萤。

【注释】出自唐·杜牧《秋夕》。

【译文/点评】此写一个失意宫女的孤寂生活。“银烛”、“画屏”虽是宫中之物，但是与“秋光”、“冷”配合，就平添了几分凄凉的色调。“轻罗小扇”也是宫女手中常拿之物，但而今它不是在夏天用以扇风取凉，而是在秋天的夜晚用以扑打宫中的流萤。这又是一幅什么景象呢？流萤本生于腐草之中（古人是这样认为的），既然宫中秋天还有流萤，那么这宫中之人，又是生活在何种情境之中，已是不言而喻：此宫殿早已荒芜，此宫女早已被遗弃。如此以景达意，以景写情，自然含蓄而隽永。

悠悠涉荒路，靡靡我心愁。

【注释】出自汉·王粲《从军行五首》（其五）。悠悠，悠长之貌。靡靡，此指因心情沉重而步履迟缓之貌。

【译文/点评】走在他乡悠长的荒凉之路上，想到长期的战乱和有家难归的苦愁，心情因之沉重起来。“悠悠”状茫茫无际之荒路，“靡靡”写心情沉重之愁况，令人为之神伤不已。

有情皓月怜孤影，无赖闲花照独眠。

【注释】出自清·黄景仁《绮怀》。

【译文/点评】此以拟人手法，将花、月人格化，使其带有人的生命情态（月怜孤影、花闲无赖），借花、月对自己的同情，形象地写出了诗人孤独难眠的痛苦之情。

有天不雨粟，无地可埋尸。

【注释】出自宋·戴复古《庚子荐饥》。雨粟，像下雨一样地落下粟米。

【译文/点评】此写饥荒之年老百姓仰天而叹无食可进，俯地叹死人之众而埋尸无地的悲惨之情。

幼稚盈室，缾无储粟。

【注释】出自晋·陶渊明《归去来兮辞序》。幼稚，指孩子。盈，满。缾（píng），瓦瓮。粟，小米。

【译文/点评】此写孩子满家室、家无隔夜粮的贫苦境况。

玉阶生白露，夜久侵罗袜。却下水晶帘，玲珑望秋月。

【注释】出自唐·李白《玉阶怨》。

【译文/点评】此写美人幽怨之情。前两句写夜深不眠，后两句写闺中望月。四句虽全是写景，不及“怨”字一言，但美人幽怨之情则尽在景中矣，真正达到了中国传统诗歌所推崇的“不著一字，尽得风流”的境界。因此，历代文人对此四句都推崇备至，认为是李白诗中难得的具有婉约风格的杰作（一般认为李诗多以豪放飘逸风格见长）。

玉颜不及寒鸦色，犹带昭阳日影来。

【注释】出自唐·王昌龄《长信秋词五首》。昭阳，指昭阳宫，汉宫殿名，为汉成帝宠妃赵飞燕姊妹所居。

【译文/点评】此言自己有美丽的容貌，却得不到君王一顾，还不及黑不溜秋的乌鸦，因为乌鸦还能沾点儿帝王之恩露从昭阳宫飞过来。此写班婕妤失宠之怨。

欲渡黄河冰塞川，将登泰山雪满山。

【注释】出自唐·李白《行路难》。

【译文/点评】此以渡河遇冰、登山遇雪为喻，表达仕途不通、人生艰难的苦情。

欲归家无人，欲渡河无船。心思不能言，肠中车轮转。

【注释】出自《汉乐府·悲歌》。

【译文/点评】人生有挫折，但有家为依归的港湾。然而，失意而欲归家，家中却无人，自有千般心思，又与谁人说？有家归不得，有话无人说，此乃何等之悲？

欲尽此情书尺素，浮雁沉鱼，终了无凭据。

【注释】出自宋·晏几道《蝶恋花》。尺素，一尺见方的白帛，代指书信。浮雁沉鱼，指传信的使者，古代有鸿雁传书与沉鱼传书的传说。终，到底。了，完全。无凭据，指没有现实可能性。

【译文/点评】想将自己的思念之情写成书信，可是又无从寄达。毕竟飞雁、沉鱼传书，都是没有现实可能性的幻想。此写有情人通情无由的悲苦之情。

欲扫柴门迎远客，青苔黄叶满贫家。

【注释】出自唐·刘长卿《西州李穆见寄》。柴门，代指极简陋的门。

【译文/点评】此写虽有热情待客之心，无奈家贫而不能如愿的愧疚之情。

欲上高楼去避愁，愁还随我上高楼。

【注释】出自宋·辛弃疾《鹧鸪天》。

【译文/点评】此以拟人手法，将“愁”人格化，使其带有人的生命情态（会缠人），从而强调“愁”之深与挥之不去的痛苦之情。

欲言无予和，挥杯劝孤影。

【注释】出自晋·陶渊明《杂诗十二首》。无予和，没人应和我。

【译文/点评】想说话，却没人应和我，只好举杯与自己的孤影共饮。此写极度孤寂的情感体验。

原来姹紫嫣红开遍，似这般都付与断井残垣。良辰美景奈何天，赏心乐事谁家院。

【注释】出自明·汤显祖《牡丹亭·惊梦》。

【译文/点评】此乃作品女主人公杜丽娘初入花园，惊见无限春光后的感慨之词。意思是说，无限春光虽美好，但有几人有心赏。“奈何天”、“谁家院”分别与“良辰美景”、“赏心乐事”配置，意在表现一种触景生情、由景思人的情感觉醒：虽有如花似玉的美人，却无怜香惜玉的情人，这春天的快乐、这人生的意义又与谁分享呢？

远游越山川，山川修且广。

【注释】出自晋·陆机《赴洛道中作二首》（其二）。修，长。

【译文/点评】此写远出的艰辛与路途之劳。

月光欲到长门殿，别作深宫一段愁。

【注释】出自唐·李白《长门怨二首》。

【译文/点评】此写汉武帝陈皇后失宠幽居长门宫之愁苦，

说月光要到长门殿，也要为之发愁，意在强调幽禁于长门殿的日子苦不堪言。

月落星稀天欲明，孤灯未灭梦难成。

【注释】出自唐 · 李端《闺情》。

【译文/点评】此写女子思念情人而彻夜未眠的苦情。

云白山青万余里，愁看直北是长安。

【注释】出自唐 · 杜甫《小寒食舟中作》。长安，唐代的都城（即今陕西西安）。

【译文/点评】此写忧国忧君的精神苦痛。前句是说自己离政治中心之远，后句言对国家安危的忧虑之情，其所表达的意蕴与宋人范仲淹所说的“处江湖之远，则忧其君”、“先天下之忧而忧”的境界相同。

云横秦岭家何在？雪拥蓝关马不前。

【注释】出自唐 · 韩愈《左迁至蓝关示侄孙湘》。秦岭，即终南山，又称中南山或南山，西起今甘肃天水，东至今河南陕县。蓝关，即蓝田关，又称峣关，在今陕西省蓝田县南。

【译文/点评】此写英雄失路的悲哀之情。前句运用设问手法中的“激问”，以强烈的疑问语气彻底有力地否定了“家在”的可能性。“云横秦岭”看起来是望不见家的原因，实则是以此为喻，暗示自己与唐宪宗在“迎佛骨入大内”问题上的政治分歧才是自己望不见家的障碍与“夕贬潮州路八千”的真正原因。这既表现了诗人离乡别亲的悲愁，又表达了即将离开长安时对国家前途的担忧。后句紧承前句，以景写情。“雪拥蓝关”强调的是出关时天气的恶劣，“马不前”突显的是前路的艰难。由此，遂将诗人政治上失意后那种英雄失路的无奈之情强烈地突显了出来。

云山万里别，天地一身孤。

【注释】出自清·陆苍培《咏怀》。

【译文/点评】此写远在他乡的孤寂之情。前句言“云山万里”，是夸张手法，意在强调离乡道路之远。后句将“天地”与“一身”相提，意在对天地之大与一身之小进行对比，由此反衬出诗人人在异乡的极度孤寂之情。

乍见翻疑梦，相悲各问年。

【注释】出自唐·司空曙《云阳馆与韩绅宿别》。乍见，突然相见。翻，通“反”。

【译文/点评】此写落泊老友异乡相见时那种又喜又悲的复杂心情。

朝扣富儿门，暮随肥马尘。残杯与冷炙，到处潜悲辛。

【注释】出自唐·杜甫《奉赠韦左丞丈二十二韵》。残杯，指喝剩的残酒。冷炙，指吃剩的饭菜。潜，暗地里。悲辛，指悲苦。

【译文/点评】此言追随权贵、寄人篱下的痛苦处境与心情。

枕前泪共帘前雨，隔个窗儿滴到明。

【注释】出自宋·聂胜琼《鹧鸪天》。

【译文/点评】此写女子思念情人的深切悲伤之情。前句写流泪之多，后句言流泪时间之长，皆是运用夸张手法，意在突显其悲伤的程度。

枕上十年事，江南二老忧，都到心头。

【注释】出自元·徐再思《水仙子》。

【译文/点评】此写人在旅途，思念双亲，感叹人生的悲苦之情。前句用唐人李泌传奇作品《枕中记》中的“黄粱梦”

故事来婉转地抒发自己一生不得志的坎坷遭际与人生如梦的感慨，后句写夜忧江南双亲安康之情。

知君命不偶，同病亦同忧。

【注释】出自唐·孟浩然《送席大》。君，你。命不偶，命运不好。亦，也。

【译文/点评】此二句在对朋友命运不佳、时运不济的遭遇表示同情的同时，也表达了与朋友同病相怜的悲伤之情。是悲朋友，也是悲自己，故益发使人悲之。

知我者，谓我心忧，不知我者，谓我何求。

【注释】出自先秦《诗经·王风·黍离》。谓，说。

【译文/点评】理解我的人，知我是心忧；不理解我的人，说我有所求。这是一位周大夫来到故都镐京看到满目荒凉、遍地禾黍的景象，为周王朝的衰亡而发出的深切悲叹。此语后代引之，常是表达希望自己的思想或感情得到他人的共鸣与理解之意。

蜘蛛网户牖，野草当阶生。

【注释】出自三国魏·曹丕《残句》。户、门。牖（yǒu），窗户。当，对。

【译文/点评】门窗是天天要开启与进出的，却结满了蜘蛛网，说明无人进出此门了；台阶是千人踩万人踏的地方，最不易生出杂草，而今却是野草丛生，说明此台阶早已无人行走了。诗句正是选取蛛丝网门窗、野草生台阶两个典型细节，以少胜多，将汉末战后城乡荒凉破败、杳无人烟的景象淋漓尽致地表现出来，读之不禁让人无限悲凉。

只恐双溪舴艋舟，载不动、许多愁。

【注释】出自宋·李清照《武陵春》词。双溪，在今浙江金华城南，因是两条河流汇合而成，故名双溪。舴艋（zé měng）舟，一种极窄小的船。

【译文/点评】忧愁是一种情感情绪状态，是抽象的，因此，要用语言来表达并不是一件容易的事。在中国文学史上，写忧愁写得最好也最有名的一个句子，是南唐后主李煜的“问君能有几多愁，恰似一江春水像东流”。这个句子之所以好，是因为李煜运用比喻修辞手法，将无形、抽象的忧愁比作可见可感的一江春水，形象生动地写出了亡国之愁的深切之感。而李清照这两句写忧愁的句子之所以有名，那是因为她运用了比拟修辞手法，将抽象的忧愁具体化（可以感知，且有分量），从而将自己在国破家亡、丈夫病死之后只身流落江南的深重忧愁写“实”，让人可视可感，从而引起读者深深的情感共鸣。

滞雨通宵又彻明，百忧如草雨中生。

【注释】出自唐·薛逢《长安夜雨》。

【译文/点评】此写雨中滞留长安的忧虑之情。前句写秋雨绵绵、通宵不停的情景。后句承前写雨之意，用比喻手法将忧雨的心情比喻为“草生雨中”的形象，将忧愁越来越深的情状形象直观地表现出来，让人思之味之，意趣无穷。“百忧”则是夸张的表达，极言忧愁之多。

周余黎民，靡有孑遗。

【注释】出自先秦《诗经·大雅·云汉》。黎民，百姓。靡（mǐ），无、没有。孑（jié），孤单、孤独。孑遗，遗留、剩余。

【译文/点评】泱泱周朝众黎民，而今几乎没有剩。这是以夸张修辞手法，极言旱灾之重以及周朝民众死亡之多，读之让人触目惊心。

庄生晓梦迷蝴蝶，望帝春心托杜鹃。

【注释】出自唐·李商隐《锦瑟》。

【译文/点评】前句用《庄子·齐物论》庄周梦蝶的典故："昔者，庄周梦为胡蝶，栩栩然胡蝶也。……俄然觉，则蘧蘧然周也？不知周之梦为胡蝶与，胡蝶之梦为周与？"其意是表达人生如梦、变幻莫测的悲哀之情。后句用望帝化为杜鹃鸟的典故："望帝使鳖冷凿巫山治水，有功，望帝自以德薄，乃委国禅鳖冷，遂自亡去，化为子规"，"杜宇（望帝）死时，适二月，而子规鸣，故蜀人怜之。"（《太平御览》卷一百六十六引《十三州志》）其意是托文字以表达哀怨不得意之情。

壮年听雨客舟中，江阔云低，断雁叫西风。

【注释】出自宋·蒋捷《虞美人》。断雁，指孤雁。西风，指秋风。

【译文/点评】此写人到中年、江湖飘零的凄苦心境。"听雨客舟"，写旅途孤寂的情状；"江阔云低"，言天地之大，表达的则是漂泊无定的惆怅感；"断雁叫西风"，写孤雁在秋风中鸣叫的凄切，意在借物而写人，抒发词人自己孤苦无助的痛苦之情。

自是桃花贪结子，错教人恨五更风。

【注释】出自唐·王建《宫词》。

【译文/点评】桃树结桃桃花落，不要错怪五更风。此以桃花为喻，形象地说明了宫女为了保住青春、留住君王之心，连生子的自由都没有，意在表达对宫女悲惨命运的深切悲悯之情。

自在飞花轻似梦，无边丝雨细如愁。

【注释】出自宋·秦观《浣溪沙》。

【译文/点评】此写飞花轻盈与细雨绵绵的形象，意在以此为喻，表现闺中少妇的幽恨、忧愁之情。两句都用比喻修辞手法，前者将飞花比梦，后句将细雨比愁，都是化具体为抽象，一反常规的比喻化抽象为具体的惯例，不仅形式上显得新颖，而且在表意上也更易表现诗句实际所要表达的意蕴：怀人之梦的飘忽感与思人之情的绵绵感。此与李煜所写“剪不断，理还乱”的境界相同。两句字面上虽然全是写景，见景而不见人，但闺中之人已在景中矣。

走马西来欲到天，辞家见月两回圆。今夜不知何处宿，平沙万里绝人烟。

【注释】出自唐·岑参《碛中作》。见月两回圆，指两个月时间。

【译文/点评】此写西行于沙漠之中的孤寂与思乡苦情。“欲到天”，是夸张修辞手法，强调的是西行距离之遥远；“见月两回圆”，指代辞家时间之久。离家远行已久，本就易于让人顿生“独在异乡为异客”的寂寞之情。而“今夜不知何处宿”的现实困境，又让诗人从精神世界的苦痛中回到现实世界。真可谓是一波未平，一波又起。那么如何解决这个现实困境呢？诗人没有给出答案，只是以写景的笔触写出了一个广袤无垠、绝无人烟的大漠画面，让读诗的人从画面中自行体认其中的况味。

醉捧勾吴匣中剑，斫断千秋万古愁。

【注释】出自元·范木亨《王氏能远楼》。勾吴，指古代吴国。勾吴匣中剑，指吴地所制的剑。古代以吴地所制的剑最有名。斫（zhuó），砍。

【译文/点评】剑是有形的，愁是无形的。以有形的吴剑砍无形的忧愁，这是将忧愁具象化的写法，不仅生动形象，也使诗人所强调的忧愁更有触手可及之感，从而突出了忧愁的真实性。前句用“醉”字，后句用“愁”字，正是语义逻辑上的相因。因为人在忧愁之时才会想到借酒浇愁。之所以要用名剑去砍忧愁，那是因为此愁非一般之愁，它是“千秋万古愁”。这种夸张的修辞手法，其意正是为了前后呼应，突出强调诗人那难以消解的无限忧愁。李白有诗句曰“抽刀断水水更流，举杯消愁愁更愁”，所写正是这种情境。此二句当化自于此，只是它化得巧妙，自然而不着痕迹，这也是诗人的一种创新。

斥恶扬善

八面玲珑得月多。

【注释】出自元·马熙《开窗看雨》。月，喻指好处。

【译文/点评】此言在现实生活中往往是那些身段灵活、会玩手段的人春风得意、好处多多。说的确是生活的真实，虽让正人君子扼腕长叹，却又无可奈何，这就是社会！佛家说“善有善报”，那是劝人为善的话；儒家推崇“柔亦不茹，刚亦不吐”（《诗经·大雅·烝民》）的做人境界，那只是理想。现实生活之中，还是逢迎拍马、曲意阿世的小人得意。了解到这个自古一以贯之的现实，我们就能达观地看待这一社会现象，最起码不会因郁闷而伤身。

八佾舞于庭，是可忍也，孰不可忍也？

【注释】出自先秦《论语·八佾》。佾（yì），古代乐舞的行列。一行八人叫一佾。上古时代，乐舞人数的多少代表的是一种身份。当时的礼制规定，天子用八佾，即乐舞人数可用八列六十四人；诸侯用六佾，即六列四十八人；大夫用四佾，即四列三十二人。是，这。也，句末语气词。孰（shú），疑问代词，相当于“谁”、“什么”，可指人，可指物。忍，忍耐、忍受。

【译文/点评】季孙氏只是个大夫，却僭用天子才能用的八佾乐舞在家中作乐，这等大逆不道的事情如果也可以让人忍受，那么世上还有什么事不可以忍受呢？这是孔子感于鲁国权臣季孙氏僭用天子乐舞而发出的强烈谴责之声。孔子是周公礼乐的坚定维护者，对于春秋时代周公礼法崩坏、周天子权威式微的现实痛心疾首，所以才有这番深切的议论。后来人们引用“是可忍也，孰不可忍也”这句话，多是表示某事再也不能忍让下去，必欲拼死一搏的决心。

北来风俗犹存古，南渡衣冠不及前。

【注释】出自元·赵孟頫《闻捣衣》。衣冠，指贵族、士大夫。

【译文/点评】此言中原地区虽然长期处于异族统治（金、元）之下，但还保存着汉族纯朴的风俗习惯；相反，南渡的汉族士大夫阶层反而丢了原来的中原风俗，其意是讽刺南渡的士大夫、权贵忘祖忘本。

鼻息干虹霓，行人皆怵惕。

【注释】出自唐·李白《古风行》。鼻息，从鼻腔出入的气息。干，冲。怵（chù）惕，恐惧之状。

【译文/点评】此写权贵不可一世之态。前句说权贵鼻息能直冲虹霓，这是夸张，意在突出表现其势焰冲天的情状。

遍身罗绮者，不是养蚕人。

【注释】出自宋·张俞《蚕妇》。罗绮，丝绸织品。

【译文/点评】此语乃是对“劳而不获，获而不劳”的不合理的封建社会制度的批判之辞。

不出尊俎之间，而折冲于千里之外。

【注释】出自先秦《晏子春秋·内篇·杂上》。尊俎（zǔ），盛放酒肉的器皿。折冲，指退敌。

【译文/点评】在酒席宴上杯酒往来，谈笑风生就使敌人不战而退。此乃赞扬游说之士善于陈说，智退敌人的功劳。成语“折冲尊俎”即源于此，比喻一个人能说会道，善于利用外交手段克敌制胜。

不问其德之所宜，而问其出身之后先；不论其才之称否，而论其历任之多少。

【注释】出自宋·王安石《上皇帝万言书》。其，指示代词，指被任用的人。出身，指科举考试求得的功名。历任，此指做官的资历。

【译文/点评】不问被任用的人道德如何，而只考虑他取得功名的时间长短；不考虑被任用者才能是否胜任某个职务，而只看他的资历深浅。这是王安石所揭露的宋代官场用人只讲资历而不论才能的陋习。从历史上看，其实这个陋习也并非只是宋代才有，历朝历代都有这种情况，现在乃至将来恐怕都是难以根除净尽的。

操与霜雪明，量与江海宽。

【注释】出自唐·常建《赠三侍御》。与，和、像。

【译文/点评】高尚节操像霜雪一样洁白清亮，为人度量像江海一样宽广。此乃赞颂他人节操、度量之辞。

苍蝇间白黑，谗巧令亲疏。

【注释】出自三国魏·曹植《赠白马王彪》。间，离间。令，使。

【译文/点评】此以苍蝇比喻小人，批判其颠倒黑白，谗言巧舌离间他人骨肉兄弟亲情的罪恶。

豺狼当道，不宜复问狐狸。

【注释】出自汉·班固《汉书·孙宝传》。豺狼，喻指当权的大奸。宜，适合。复，再。狐狸，喻指奸猾小人。

【译文/点评】此言大奸当权，就不必再问奸猾小人如何了。意谓上梁不正，下梁必歪，上行下效，官场必无正气。

豺狼在牢，其羊不繁。

【注释】出自先秦·屈原《韩非子·扬权》。牢，关牲畜的圈。繁，多、旺盛。

【译文/点评】豺狼在羊圈里，羊就不会繁衍旺盛。此以“豺狼在牢”为喻，形象地说明了国君残暴无道，老百姓就没活路的道理。

蝉翼为重，千钧为轻；黄钟毁弃，瓦釜雷鸣。

【注释】出自先秦《楚辞·卜居》。蝉翼，蝉透明的翅膀，喻指最轻的东西。千钧，喻指最重的东西，古制三十斤为一钧。黄钟，古乐中十二律之一，是最响、最宏大的声调，这里指声调合于黄钟律的大钟。瓦釜，陶制的锅，这里喻指最低鄙原始的音乐。

【译文/点评】薄薄蝉翼反为重，千钧之物反为轻；黄钟大吕被毁弃，瓦缶破锅雷样响。这是屈原对是非颠倒、黑白不分、小人得志、君子被弃的黑暗现实的强烈谴责之语，也是他怀才不遇的内心独白，读之让人为之悲伤不已。

长安女儿嫩如水，十指不动衣罗绮。

【注释】出自宋·姚寅《养蚕行》。长安，唐代都城，在今天陕西西安。衣，此当动词使用，相当于“穿”。罗绮，丝绸之类的织物。

【译文/点评】此乃指斥达官贵人家的千金小姐细皮嫩肉，不养蚕，不种桑，却能穿罗着绮的不合理的社会现象。

常将冷眼看螃蟹，看你横行能几时。

【注释】出自元·杨显之《临江驿潇湘秋雨杂剧》。

【译文/点评】此以螃蟹比恶人，说明恶人横行不法终究是不会长久的，总会受到应有的惩罚。

鸱枭鸣衡轭，豺狼当路衢。

【注释】出自三国魏·曹植《赠白马王彪》。鸱枭（chī

xiāo)，一种恶鸟。衡，车前横木。軛（è），车前套住牛马颈项的曲木。衢（qú），四通八达的大路。

【译文/点评】此以鸱枭、豺狼比喻奸佞恶人，形象地描写了三国时代恶人当道的社会现实。

持刀哄寡妇，下海劫人船。

【注释】出自元·輾然子《拊掌录》。

【译文/点评】此乃古人所认为的两种非常恶劣的犯罪行为。

赤日炎炎似火烧，野田禾稻半枯焦。农夫心内如汤煮，公子王孙把扇摇。

【注释】出自明·施耐庵《水浒传》第十六回。汤，开水。

【译文/点评】此以映衬手法对农夫与公子王孙的生活境况进行对比，对不公平的封建社会制度进行了愤怒地指斥。

愁看京口三军溃，痛说扬州七日围。

【注释】出自清·顾炎武《赠朱监纪四辅》。

【译文/点评】前句记南明政权京口战败，南京失陷的史实。后句写清军围困扬州，屠城七日的血腥历史。此乃于述史中斥责了南明政权的无能，谴责了清朝统治者大肆残杀汉族人民的罪行。

出乎其类，拔乎其萃。

【注释】出自先秦《孟子·公孙丑上》。乎，于。

【译文/点评】来自于同一类，却远远超出其同类。此乃孟子赞扬孔子之语，意谓孔子与一般人一样也是人，却又是远远超出所有人的圣人。成语“出类拔萃”，即源于此。

出师一表真名世，千载谁堪伯仲间？

【注释】出自宋·陆游《书愤》。出师一表，指诸葛亮出师北伐曹魏时写给后主刘禅的《出师表》。名世，传名于世。堪，可以、能够。伯仲，兄弟中长者为伯，次为仲。此指称兄道弟，即相提并论。

【译文/点评】《出师表》真可谓是传世久远的杰作，千百年来谁也无法与之相提并论。此言明里是赞说《出师表》写得好，暗则歌颂诸葛亮的北伐伟业。

楚国青蝇何太多，连城白璧遭谗毁。

【注释】出自唐·李白《鞠歌行》。青蝇，比喻小人。连城白璧，指和氏璧，此喻贤才。

【译文/点评】此言楚国小人太多，贤才受排挤。

春风无限潇湘意，欲采苹花不自由。

【注释】出自唐·柳宗元《酬曹侍御过象县见寄》。潇湘，指今湖南省境内。

【译文/点评】此言曹侍御的画所描写的潇湘春光非常美，自己虽然非常艳羡，但无缘亲见，要去采花更是不可能。这是赞美朋友画作之句。前句直道赞美之情，后句则通过表达自己的遗憾之情来间接表达其赞美之意。

春种一粒粟，秋收万颗子。四海无闲田，农夫犹饿死。

【注释】出自唐·李绅《悯农二首》。犹，还。

【译文/点评】此乃斥责封建社会“劳动者不得食”的不合理制度之辞。春种秋收，一分耕耘一分收获，天下农田尽耕，农民理应丰衣足食，可是结果却不是这样，那么这个社会制度的不合理也就可想而知了。

大网疏，小网数。

【注释】出自南朝宋·范晔《后汉书·郎顗传》。疏，稀疏。数（cù），密。

【译文/点评】大网的网眼稀疏，吞舟之鱼都可漏过；小网的网眼细密，连虾米也逃脱不了。此以渔网作比喻，指斥法律对达官贵人宽容，对升斗小民严格苛酷的不平等现象。

道听而途说，德之弃也。

【注释】出自先秦《论语·阳货》。之，放在主谓语之间，用以取消句子的独立性。弃，鄙弃。也，句末语气助词。

【译文/点评】传播从道路上听闻的传闻，这是有道德的人所鄙弃的事。这是孔子教导学生的话，意在劝学生要培养独立思考的能力，对人对事要有认真严谨的态度。这话在今天仍是我们加强自身修养所应该记取的金玉良言。成语“道听途说”，即源于此。

丹青不知老将至，富贵于我如浮云。

【注释】出自唐·杜甫《丹青引赠曹将军霸》。丹青，指绘画。我，此指曹霸。

【译文/点评】此乃歌颂将军曹霸醉心于绘画而不知老之将至的执着精神与淡泊名利的人格追求。

得丧而不形于色，进退而不失其正。

【注释】出自唐·张说《姚文贞公神道碑奉敕撰》。得丧，得失。进退，指仕途的顺逆、升官与罢官。正，指为人的正气。

【译文/点评】得与失的情绪都不表现于脸上，进与退的境遇都不影响其做人的气节。此乃赞颂姚文贞淡泊得失、宠辱不惊的为人境界。

地不知寒人要暖，少夺人衣作地衣。

【注释】出自唐·白居易《红线毯》。

【译文/点评】此乃斥责封建统治者只顾自己奢侈享乐而不顾劳动人民饥寒死活的愤怒控诉之语。

貂不足，狗尾续。

【注释】出自晋·杂歌谣辞《貂不足》。

【译文/点评】此以貂尾不够便用狗尾补充为喻（汉代皇帝近侍官员以貂尾饰帽），形象生动地讽刺了官员素质太差、国家设官太滥的现实。

夺泥燕口，削铁针头，刮金佛面细搜求，无中觅有。

【注释】出自元·无名氏《醉太平·讥食小利者》。

【译文/点评】此以夸张修辞手法写食小利者的贪婪之性，形象而尖刻，刺之可谓入木三分矣。

贩交买名之薄，吮痈舐痔之卑，安足议其是非。

【注释】出自南朝宋·鲍照《瓜步山揭文》。贩交，指出卖朋友。薄，轻薄。吮，吸。痈（yōng），一种毒疮。痔（zhì），痔疮。安，哪里、怎么。

【译文/点评】为了求名而不惜出卖朋友，为了名利而做为人舐吮痈痔之类不顾人格的事，这样卑鄙轻薄的人哪里还值得去议论他的是非呢？此言卖友求荣、厚颜无耻的人已经算不得人，完全不值得去议论他。

飞鸟尽，良弓藏；狡兔死，走狗烹。

【注释】出自汉·司马迁《史记·越王勾践世家》引古语。

【译文/点评】飞鸟猎尽，良弓就藏起不用；狡兔猎尽，猎犬就被烹吃。此语乃是比喻封建帝王过河拆桥的本性：在江山坐定、国家危难过后就开始诛杀有功之臣。

风仪与秋月齐明，音徽与春云等润。

【注释】出自南朝齐·王俭《褚渊碑文》。风仪，指仪表风度。音徽，即徽音、德音。

【译文/点评】此言碑主褚渊仪表风度光彩照人、道德高尚泽被后人。这是对碑主风采、道德的推崇之语，都运用了比喻修辞手法。前句将其风采与“秋月”相比，意在通过秋空的高远与秋月的皎洁突显碑主光彩照人的美好形象；后句将其道德与“春云”相比，意在通过春云的湿润与润物无声的特点突显碑主道德泽被后人的巨大恩惠。虽然不无有溢美之意，但确是夸人赞人的妙笔。

富者田连阡陌，贫者亡立锥之地。

【注释】出自汉·董仲舒《又言限民名田》。阡陌，田间小路，南北方向的叫“阡”，东西方向的叫“陌”。亡，通“无”。立锥之地，夸张的说法，代指极小的地方。

【译文/点评】富人田地无数，阡陌纵横；穷人连立脚的小地方也没有。此言当时贫富分化不均、土地高度向富人集中的不合理现象。

功盖三分国，名成八阵图。

【注释】出自唐·杜甫《八阵图》。八阵图，指诸葛亮所创造的由天、地、风、云、龙、虎、鸟、蛇等八种阵势所组成的军事操练和作战阵图。

【译文/点评】确立天下三分的局面，功劳无人比肩；创造八阵战图，智慧无与伦比。此乃赞颂诸葛亮丰功伟绩之辞。

功略盖天地，名飞青云上。

【注释】出自唐·李白《赠张相镐二首》。

【译文/点评】此乃歌颂朋友功绩声望之语。“盖天地”、“青云上”，都是夸张之辞，意在突显其功略、名声之大。

古来芳饵下，谁是不吞钩。

【注释】出自唐·张继《题严陵钓台》。

【译文/点评】此以鱼禁不住芳饵的诱惑而上钩为喻，说明自古以来对于名利的诱惑没有人能够抵挡得了。其意是批评自古以来的所谓高人贤士很多都是假清高，对于功名、富贵、利禄都是不能看淡的。这是从反面立意，歌颂严子陵不为名利所动的高尚人格。严子陵是西汉末年人，曾与东汉光武帝刘秀为同窗好友。刘秀做皇帝后，邀请他出山为官，他坚辞不出，隐居于富春江上。此诗句即咏此事，意在推崇严子陵高尚的人格。

贵人多忘事。

【注释】出自清·曹雪芹《红楼梦》第六回。

【译文/点评】此言意在讽刺一个人一旦地位升高就会忘了贫贱之交、老友故旧的世态人情。

过了河儿就拆桥。

【注释】出自清·曹雪芹《红楼梦》第二十一回。

【译文/点评】此乃指斥利用他人而忘恩负义之辈的话。

虎兕出于柙，龟玉毁于椟中，是谁之过与？

【注释】出自先秦《论语·季氏》。兕（sì），雌性犀牛。柙（xiá），圈猛兽的木笼。椟（dú），柜子、匣子。是，这。之，的。过，过错。与，通“欤”，疑问语气词，相当于“呢”。

【译文/点评】老虎、犀牛跑出圈兽木笼，龟甲、美玉毁在匣中，这是谁的过错呢？这是孔子在闻听鲁国季氏要攻打鲁国属国颛臾时对学生冉有、季路愤怒的责备之语。这话是以虎犀出笼、龟玉毁坏为比，说冉有与季路不能阻止季氏是为官不尽责，有亏职守。成语“虎兕出柙”，即源于此。后世引此语或"虎兕出柙"的成语，其意都是责备相关责任人没有恪守职分，有渎职之罪。

饥寒无衣食，举动鞭捶施。骨消肌肉尽，体若枯树皮。

【注释】出自三国魏 · 阮瑀《驾出北郭门行》。举动，行动。捶，同"箠"，鞭子。施，施加，此指击打。若，像。

【译文/点评】此乃批评后母虐待孤儿之句，读之让人不禁怒上心头，对孤儿的遭遇深表同情。

见客但倾酒，为官不爱钱。

【注释】出自唐 · 李白《赠崔秋浦三首》。但，只。

【译文/点评】前句赞崔秋浦为人的热情好客，后句颂崔秋浦为官的清正廉洁。

江湖多白鸟，天地有青蝇。

【注释】出自唐 · 杜甫《寄峡州刘伯华使君四十韵》。白鸟，此喻指高洁的隐士。青蝇，此喻指谗佞小人。

【译文/点评】此以比喻修辞手法，说明世上有高洁之士，也有谗佞小人。

江流千古英雄泪，山掩诸公富贵羞。

【注释】出自宋 · 赵善伦《多景楼》。诸公，此指南宋不思恢复中原、只知苟且偷安的统治者。

【译文/点评】南宋统治集团不思进取、偏安江左，只顾贪图安逸，完全置中原民众水深火热于不顾的无耻行径，让当时无数有识之士为之扼腕长叹、愤慨不已。此句表达的正是这种时代的声音。

江上正好看明月，却抱琵琶过别船。

【注释】出自明 · 李东阳《麓堂诗话》引元人诗句。

【译文/点评】此乃以江上看月与抱琴过船为喻，婉转而有力地讽刺了赵孟頫在南宋亡国之后不肯遁隐江湖而是屈节仕元的行为。因为在汉族士大夫看来，前朝覆灭，大臣另投新朝之主，已是不可宽恕的变节行为。而要出仕入主中原的异族政权，那就更是不可饶恕了。可是，赵孟頫作为宋太祖十一世孙，却在自家江山被元人夺去后还屈节仕元，从兵部郎中做到了翰林学士承旨荣禄大夫，这在汉族士大夫看来，简直是该杀的败类了。

狡兔尽则良犬烹，敌国灭则谋臣亡。

【注释】出自先秦《韩非子·内储说下六微》。则，就。

【译文/点评】狡兔猎尽，良犬就要被烹吃；敌国灭亡，谋臣就要被剪除。此以引喻手法，将“狡兔”比“敌国”，以“良犬”比“谋臣”，一针见血地指出封建帝王的残酷本质：江山坐稳之后，为了维护自己的既得利益、消除来自功臣谋士可能的威胁，一定都会过河拆桥，必欲清除功臣而后快。

狡兔依然在，良犬已先烹。

【注释】出自宋·刘过《六州歌头·题岳鄂王庙》。

【译文/点评】此以狡兔比金人，良犬比岳飞，指斥南宋统治者在国家危难还未解除、中原故土还未恢复之时，就残忍地杀害了抗金英雄岳飞。

尽说秋虫不伤稼，却愁苛政苦于蝗。

【注释】出自金·路铎《襄城道中》。苛政，苛酷的政策。

【译文/点评】此言苛政对人民的伤害远甚于蝗虫对庄稼的危害。

举世誉之而不加劝，举世非之而不加沮。

【注释】出自先秦《庄子·逍遥游》。举，全。誉，称誉。

劝，鼓励。非，非难、责备。沮，沮丧、颓废。

【译文/点评】全天下的人都称誉有加，也不会因此而备受鼓励；全天下的人都非议责难，也不为之感到沮丧、颓唐。此言宋荣子做人的崇高境界：心中自有定见，荣辱自有标准，不为外物所影响。

举秀才，不知书；举孝廉，父别居。

【注释】出自汉民谣《时人为贡举语》。

【译文/点评】秀才应该是非常饱学之士，但事实上所推举的秀才却是不会读书的文盲；举荐孝廉，所举理应是孝子贤孙、清正廉洁之人，可事实上所举荐上去的却是把父母赶出家门另过的人。此乃汉代百姓讽刺当时人才举荐制度腐败之语。

君不见曲如钩，古人知尔封公侯；君不见直如弦，古人知尔死道边。

【注释】出自唐·李白《笑歌行》。尔，你。

【译文/点评】此言自古以来正直正派的君子都郁郁不得志，而阿谀曲附的小人却飞黄腾达、得意非凡。这是对自古以来不合理的用人现实的指斥，也是诗人怀才不遇的怨怼心声。

君王舅子三公位，宰相家人七品官。

【注释】出自清·洪升《长生殿·贿权》。三公，指司空、司徒、司马，古代官爵最高的大臣。

【译文/点评】此与“一人得道，鸡犬升天”同义，皆是揭露封建官场上的裙带风。

君言似曲屈为钩，君言好直舒为箭。

【注释】出自唐·元稹《胡旋女》。君，指皇帝。

【译文/点评】皇帝说某物好像有点弯，他就能把某物说成是钩；皇帝说某物好像有些直，他就说某物直得可以做成箭。这是刻画那些讨好皇帝、曲意奉迎的小人嘴脸的。

苛政猛于虎也。

【注释】出自汉·戴圣《礼记·檀弓下》载孔子语。苛政，苛刻的政策。也，句末语气助词。

【译文/点评】苛刻残酷的统治政策是比猛虎还要厉害的。孔子以虎比喻苛政的残酷性，意在提醒统治者应该对人民实行仁政。

克勤于邦，克俭于家。

【注释】出自先秦《尚书·大禹谟》。克，能够。邦，国。

【译文/点评】既能为国家不辞劳苦，又能节俭持家。这是舜帝赞扬大禹的话。成语“克勤克俭”，即源于此，其意是说一个人既勤奋又节俭。

口能言之，身能行之，国宝也。

【注释】出自先秦《荀子·大略》。……也，古代汉语的一种判断句形式，相当于“……是……”。

【译文/点评】说得到，也能做得到，这种人就是国家之宝。此言言行一致、身体力行的人才是治国安邦的有益人才。

口言善，身行恶，国妖也。

【注释】出自先秦《荀子·大略》。……也，古代汉语的一种判断句形式，相当于“……是……”。

【译文/点评】嘴巴说好话，行动做坏事，这是国家的妖孽。这是对那些口是心非、伪善无耻之徒的斥责之语。

快磨三尺剑，欲斩佞臣头。

【注释】出自宋·黄中辅《满庭芳》。佞臣，奸臣。

【译文/点评】此写对奸臣必欲杀之而后快的心情。

朗如日月，清如水镜。

【注释】出自唐·杨炯《鄠县令扶风窦兢字思谨赞》。

【译文/点评】皎洁明朗如日如月，清澈明亮如水如镜。前句以日月朗照之明为喻，赞扬窦兢为官公正无私；后句以水镜的明亮清澈为喻，赞扬窦兢为人的清正廉洁。

老生之常谈，言无新奇。

【注释】出自宋·苏轼《谢除两职守礼部尚书表二》。老生，年老书生。

【译文/点评】此言常谈的话题没有新意。成语“老生常谈”，即源于此，多指没有新见或新鲜内容的话或文章。

力能排天斡九地，壮颜毅色不可求。

【注释】出自宋·王安石《杜甫画像》。斡（wò），运转。

【译文/点评】此乃赞颂杜甫之辞。前句写杜诗撼天动地的气势，后句写杜甫威武不可犯的人格精神。

乱条犹未变初黄，倚得东风势便狂。解把飞花蒙日月，不知天地有清霜。

【注释】出自宋·曾巩《咏柳》。

【译文/点评】此乃借杨柳得春风之助而枝条浓绿、柳絮满天飞的形象，比喻小人得势，不可一世，完全不知日后还会受到惩罚的张狂之态。“蒙日月”，是借柳絮漫天舞比喻小人一手遮天的张狂之态；“清霜”，是借秋天霜打柳叶枯比喻小人将来会受到正义的严厉处罚。

门外韩擒虎，楼头张丽华。

【注释】出自唐·杜牧《台城曲二首》。韩擒虎，隋朝大将。张丽华，南朝陈后主宠妃。门外，指金陵朱雀门外。楼头，指结绮楼之上。陈后主建临春阁与结绮楼，以复道连接，前者自居，后者张居，彼此往来淫乐为事。

【译文/点评】此将韩擒虎提兵于朱雀门外、陈后主淫乐于结绮楼上的两个历史画面对举，在“不著一字”中写尽了陈后主荒淫误国的罪恶，更让人在对比中深刻反省陈后主亡国的历史教训。

靡不有初，鲜克有终。

【注释】出自先秦《诗经·大雅·荡》。靡（mǐ），没有、无。鲜（xiǎn），少。克，能。

【译文/点评】开始做好并不难，有始有终却很难。这话虽是批评周厉王之语，却道出了人性普遍的弱点：开始认真，后来马虎。也就是我们今天所说的“虎头蛇尾”。

民少官多，十羊九牧。

【注释】出自唐·魏徵《隋书·杨尚希传》。牧，放牧、管理。

【译文/点评】老百姓少，而官员多，就像十只羊而有九个放羊人。此言封建时代机构臃肿、人浮于事的官僚统治局面。

明是一盆火，暗是一把刀。

【注释】出自清·曹雪片《红楼梦》第六十五回。

【译文/点评】此乃描写小说中人物王熙凤的为人特点的话。后世引用此语，多是形容一个人两面三刀、阴险奸诈的作风。

莫言炙手手可热，须臾火尽灰亦灭。

【注释】出自唐·崔颢《长安道》。莫言，不要说。炙（zhì），烤。须臾，一会儿。

【译文/点评】此言恶势力可以嚣张一时，但很快就会灰飞烟灭，不会长久。

南渡君臣轻社稷，中原父老望旌旗。

【注释】出自元 · 赵孟頫《岳鄂王墓》。社稷，国家。旌旗，此代指南宋北伐的军队。

【译文/点评】此乃批评南宋统治者只知苟且偷安而不思进取，全然忘记了中原百姓在异族统治下的苦难。

难将一人手，掩得天下目。

【注释】出自唐 · 曹邺《读李斯传》。

【译文/点评】此言一个人的权力再大，手腕再怎么了不得，也终究难以一手遮天。

宁用不材而旷职，不肯变例以求人。

【注释】出自宋 · 欧阳修《再论台官不可限资考札子》。不材，没有才能的人。旷职，使职守旷缺。变例，破例。人，指人才。

【译文/点评】宁可任用没有才能的人尸位素餐、荒废职守，也不肯破例任用人才把事情做好。这虽是欧阳修对宋代官场积弊的批评之语，却一语击中了中国历朝历代任人的陋习，可谓发人深省。

宁用不材以败事，不肯劳心而择材。

【注释】出自宋 · 欧阳修《论李昭亮不可将兵札子》。以，而。不材，没有才能的人。败事，将事情做坏。劳心，费心。

【译文/点评】宁可任用庸人而将事情做糟，也不肯用心去选择适合的人才。这是欧阳修指责李昭亮之言，也是对中国历朝历代官场选人任人积弊的猛烈抨击。

宁可少活十年，休得一日无权。

【注释】出自元 · 严忠济《越调天净沙》。休得，不可、不能。

【译文/点评】此乃权欲熏心者的心灵真切写照，也从中揭示了中国社会自古以来就存在“官本位”心态的社会基础。中国人日常说话中有句常用语“升官发财”，则从另一个角度揭示了中国人热衷于做官、迷恋权位的深层原因，因为升官就有机会贪污与搜刮民脂民膏。

翩然一只云中鹤，飞去飞来宰相衙。

【注释】出自清·蒋士铨《临江梦·隐奸》。

【译文/点评】这是讽刺那些假隐士身在山林而心在朝堂的虚伪人格。“云中鹤”是比喻假隐士，“宰相衙”，是指代权贵之门。

飘如游云，矫若惊龙。

【注释】出自南朝宋·刘义庆《世说新语·容止》。如、若，像。矫（jiǎo），举起、抬起来。

【译文/点评】举止飘逸就像天上的浮云，矫健灵活就像惊飞之龙。此写王羲之的风度。《晋书·王羲之传》有“论者称其笔势，以为飘若浮云，矫若惊龙”之语，则是以此语形容其书法特点的。

平生闻高义，书剑百夫雄。

【注释】出自唐·陈子昂《送别出塞》。书剑，指代文韬武略。百夫，代指众人。

【译文/点评】此乃赞颂友人道德情操高尚、文韬武略过人之辞。

钱到公事办，火到猪头烂。

【注释】出自清·吴敬梓《儒林外史》第十三回。

【译文/点评】此以“火到猪头烂”为喻，形象地揭示了清朝官场有钱就能通神、无钱寸步难行的黑暗现实。

墙有茨，不可扫也。中冓之言，不可道也。

【注释】出自先秦《诗经 · 鄘风 · 墙有茨》。茨（cí），蒺藜。中冓（gòu），内室，指宫中隐密之处。道，说。也，句末语气词。

【译文/点评】墙上长蒺藜，扫帚扫不掉；宫中有些事，千万说不得。这是以引喻修辞手法，借墙上的蒺藜难扫掉来比喻卫国公子顽私通君母宣姜的乱伦不齿之事。造语新颖，表达婉转。虽是讽刺，却很得体。

巧言令色，鲜矣仁。

【注释】出自先秦《论语 · 学而》。巧，好。言，话。令，善、好。色，脸色、表情。鲜（xiǎn），少。矣，句中语气助词，无义。仁，指仁德。

【译文/点评】凡是花言巧语，而又装出一副讨好表情的，很少是有仁德的。这是孔子对人的判断。是否所有擅长言辞、表情丰富的人都是伪君子（没有仁德之人），事实上是不能一概而论的。但是由于孔子两千多年前说了这句话，后世确实于无形中形成了一个以此为标准来判断人的社会惯性心理。结果就有很多善言者假装木讷，大智若愚起来，这又产生了另一种伪善。

巧言如簧，颜之厚矣。

【注释】出自先秦《诗经 · 小雅 · 巧言》。簧，笙类乐器的簧片（即发声器）。颜，脸皮。矣，句末语气助词。

【译文/点评】花言巧语如鼓簧，无耻厚颜无法说。这是痛斥摇唇鼓舌、谗言误国、厚颜无耻的小人之语，也是忧谗畏谤的痛切之语。后世“巧舌如簧”、“厚颜无耻”两个成语，即源于此。

秦王扫六合，虎视何雄哉。

【注释】出自唐·李白《古风五十九首》（其三）。六合，指天地四方，代指天下。哉，感叹词，相当于“啊”。

【译文/点评】此乃歌颂秦始皇统一中国的丰功伟绩，表现了诗人仰慕英雄，希望有一展长才机会的强烈愿望。

青溪尽是辛夷树，不及东风桃李花。

【注释】出自清·孔尚任《桃花扇·眠香》。辛夷树，又名迎春树，此比喻一般的妓女。桃李花，比喻名妓李香君。

【译文/点评】此以迎春花与桃李花的对比，在比喻中婉约地歌颂了名妓李香君不同流俗的高洁人格。

青蝇一相点，白璧遂成冤。

【注释】出自唐·陈子昂《宴胡楚真禁所》。青蝇，苍蝇中的一种。遂，就。

【译文/点评】此以“青蝇”比奸佞小人，以“白璧”比正人君子，说明好人含冤受屈皆缘于小人好进谗言。

清平之奸贼，乱世之英雄。

【注释】出自南朝宋·范晔《后汉书·许劭传》。清平，指太平盛世。之，的。

【译文/点评】太平盛世是奸臣，混乱世道是英雄。此乃许劭评价曹操之语。

清声而便体，秀外而惠中。

【注释】出自唐·韩愈《送李愿归盘谷序》。清声，指声音好听。便体，指体态优雅。秀外，指外表好看。惠，通“慧”，智慧。惠中，指资质聪颖。

【译文/点评】声音动听，体态优雅，外表俊美，头脑聪明。此写一个人内外兼美的情态。

请看今日之域中，竟是谁家之天下？

【注释】出自唐·骆宾王《代李敬业讨武氏檄》。

【译文/点评】此乃斥责武则天篡夺李唐天下、改唐为周的行为。

罄南山之竹，书罪无穷；决东海之波，流恶难尽。

【注释】出自后晋·刘昫等《旧唐书·李密传》。罄（qìng），尽。书，写。

【译文/点评】伐尽南山之竹，也写不尽其罪恶（古代刻字于竹简之上）；决开东海之水，也流不尽其罪恶。此以夸张修辞手法，极言某人罪恶之深重。成语“罄竹难书”，即源于此。

求田问舍，言无可采。

【注释】出自晋·陈寿《三国志·魏书·吕布传》。

【译文/点评】只知置产的人，是不会有什么远大志向的，自然没有值得重视的见解。此言只知追求物质财富的人不会有什么远大的目光，也不会有什么好的见解。

群居终日，言不及义，好行小慧，难矣哉！

【注释】出自先秦《论语·卫灵公》载孔子语。群居，聚在一起。及，说到。小慧，小聪明。

【译文/点评】整天聚在一起，但没有一句话说得与“义”沾边儿，而且喜欢耍小聪明，这种人想要有成就，难啊！这是孔子对那些心中没有“义”、整天闲散无所事事，而又自作聪明的小人的严厉批评。

人神之所共嫉，天地之所不容。

【注释】出自唐·骆宾王《代李敬业讨武氏檄》。

【译文/点评】此言武则天篡夺李唐天下的罪恶天地不容，

诛杀异己、倒行逆施的行为人神共愤。今天我们常说的“人神共愤，天地不容”，即源于此。

人中有吕布，马中有赤兔。

【注释】出自晋·陈寿《三国志·魏书·吕布传》裴松之注引《曹瞒传》。吕布，汉末名将。赤兔，吕布所骑的骏马。

【译文/点评】东汉末年天下大乱，群雄并起。吕布虽反复无常，先依丁原而杀之，后投董卓而诛之，品德实在不堪。但是，就其英勇善战这一点，当时确实是天下无敌，堪称人中之龙。而他胯下的战马赤兔马则是当时天下少有的千里马。此以吕布与赤兔马并举，意在强调吕布与赤兔马是宝刀英雄相得益彰。

肉食者鄙，未能远谋。

【注释】出自先秦《左传·庄公十年》载曹刿语。肉食者，吃肉的人，指代当权者。鄙，浅陋、庸俗。

【译文/点评】当权者大多庸俗浅陋，没有长远眼光。这是曹刿对那些尸位素餐的统治者的评价。

若得官，杀人放火受招安。

【注释】出自宋·庄季裕《鸡肋编》卷中。

【译文/点评】这是讽刺嘲弄封建时代一种非常奇怪的社会现象：杀人放火的强盗坏事做尽，到头来还受官府招安而做大官。

三寸之舌，强于百万之师。

【注释】出自汉·司马迁《史记·平原君虞卿列传》。

【译文/点评】此言是赞颂战国时代赵国平原君门客毛遂巧说救赵的不凡功绩。平原君赵胜为解赵国都城邯郸之围而出使楚国，希望劝说楚王与赵国“合纵”而救赵，但平原君从日出游说到日中，楚王不为所动。最后毛遂按剑慷慨陈词，终使楚王答应入盟“合纵”，最终使赵国为天下所重。后代用以形容一个人能说会道、妙语生花的口才。

三分诗，七分读耳。

【注释】出自宋·周密《齐东野语·读书声》记苏轼语。耳，罢了、而已。

【译文/点评】此是苏轼讽刺一个献诗者的话。献诗者给苏轼吟诵了一遍，苏轼说诗可以得到十分，但七分要归功于吟诵的出色。弦外之音是说，诗本身写得不怎么样。后世引申运用，用以讽刺某些作品或某人做事的水平不高，只能靠外在的形式来糊弄人。

三分天下有其二，以服事殷，周之德，其可谓至德也已矣。

【注释】出自先秦《论语·泰伯》。以，而。服事，侍奉、臣服。殷，商朝。周，周朝。其，大概。至德，最高的道德。

【译文/点评】周朝据有天下的三分之二，却能臣服于商朝之君，周君的道德可以算是最高了。这是孔子赞美周朝之君的话，认为周王有“以大事小”的雅量。其实，“以大事小”既是一种美德，更是治国为人的一种策略，中国古代的统治者常会用到，有一定的效果，但也未必全有积极的意义，这从中国历史上是可以找出事实来的。

三过其门而不入。

【注释】出自先秦《孟子·离娄下》。三，指“多”的概念，非实指。

【译文/点评】禹、稷治理天下时，多次从家门前经过，都没有进屋看一看家人，此乃孟子赞颂上古贤君禹、稷公而忘私之辞。后世引用此句，多用来赞扬某人为官做事公而忘私的境界。

三年清知府，十万雪花银。

【注释】出自清·吴敬梓《儒林外史》第八回。清，清廉。

【译文/点评】做三年清廉的知府还能积聚十万雪花银，那么不清廉的知府，又将如何呢？此乃揭露清朝官场贪污腐败盛行的现实。

杀人亦有限，立国自有疆。

【注释】出自唐·杜甫《前出塞九首》。亦，也。限，限制。

【译文/点评】杀人也应该有个限制，立国自然也应该有个疆界。此乃诗人对唐朝不断开疆拓土而无休止地进行战争的指责。

山外青山楼外楼，西湖歌舞几时休？暖风熏得游人醉，直把杭州作汴州。

【注释】出自宋·林升《题临安邸》。杭州，南宋时称临安，是南宋首都。汴州，指今河南开封，北宋时称为汴梁，为北宋首都。暖风，指春风。

【译文/点评】前三句是写景叙事，言杭州作为南宋都城的繁华之状：青山隐隐，楼台林立，西湖万顷波，歌舞夜继日，春风拂面来，春光醉游人。后一句是议论，以“杭州”与“汴州”并举，突破诗歌对仗避重字的格律要求惯例，有意让字面上有二“州”重现（正常应称北宋都城为汴梁），让看似近似而实际大不相同的“杭州”与“汴州”形成对比，从而婉转地提醒南宋统治者：这里不是大宋故都汴梁，而是临安，要想真正地实现天下安宁的局面，就应该振作起来，奋发有为，恢复中原故土，还都汴梁，而不可一味躲在东南一隅偏安享乐。其中的讽刺意味尽显矣，表意的婉约可谓达到了“不著一字，尽得风流”的最高境界。让人思之味之，不禁感慨万千。

身在江海之上，心居乎魏阙之下。

【注释】出自先秦《庄子·让王》。魏阙，代指朝廷。乎，于。

【译文/点评】此乃指斥那些假隐士身在江湖而心在朝廷，表面旷达超脱，实则难忘荣华富贵的虚伪本质。

生来不读半行书，只把黄金买身贵。

【注释】出自唐·李贺《嘲少年》。

【译文/点评】这是李贺抨击唐代科举制度腐败之语。说的虽是唐代，但指斥的却是金钱介入考试的中国历代社会。

尸位素餐，难以成名。

【注释】出自三国魏·曹植《矫志诗》。尸位，不做事情，空占职位。素餐，不劳而获、白吃饭。

【译文/点评】无所事事、不劳而获，是难以成名的。此言成名、成功要靠自己努力，一分耕耘一分收获。靠占着有利条件而无所事事，那是不会有任何作为的。

诗如云态度，人似柳风流。

【注释】出自宋·徐俯《赠张仲宗》。

【译文/点评】此乃赞美朋友之辞。此二句都是运用比喻修辞手法，前句以行云比其诗歌流畅自然的风格，后句以柔柳描写其风流倜傥的姿容。

诗中日月酒中仙，平地雄飞上九天。

【注释】出自唐·殷文圭《经李翰林墓》。九天，指极高的天空。

【译文/点评】此言乃是赞颂李白之辞，说他的诗犹如日月千古不朽，他纵情饮酒犹如酒仙。

十四万人同解甲，更无一个是男儿。

【注释】出自后蜀·花蕊夫人《述国亡诗》。解甲，指投降。

【译文/点评】此言后蜀君臣将士没有一个有男人气，敌军兵临城下，竟然不战而降，还不如一个有骨气的女子。这是对后蜀君臣将士的斥责讽刺之语。诗的前两句是“君王城头竖降旗，妾在深宫那得知”。于此，可见诗人的沉痛感。

时日曷丧，予及汝皆亡。

【注释】出自先秦《尚书·汤誓》。时，这。日，太阳。曷（hé），何不。丧，毁灭。予，我。及，和、同。汝，你。

【译文/点评】你这个太阳为什么不毁灭？如果你毁灭，我愿与你一同毁灭。此话是夏朝末年人民以太阳比暴君夏桀而对他进行诅咒之语，反映了当时的民心向背。

时无英雄，使竖子成名。

【注释】出自唐·房玄龄等《晋书·阮籍传》。竖子，骂人语，意谓小子。

【译文/点评】此乃阮籍观楚汉相争处而发的感叹。其意是说，刘邦能够成功，那是因为当时没有真正的英雄人物，他才得以侥幸成功。

食不重味，衣不重采。

【注释】出自汉·司马迁《史记·吴太伯世家》。重，重视、讲究。采，彩色的丝织品。

【译文/点评】饮食不追求美味，穿衣不追求华丽。此写越王勾践为了复兴越国的理想，全然放弃了个人的生活享受。后世引申运用，说一个人不讲究生活条件，一心扑在事业上。

使李将军遇高皇帝，万户侯何足道哉？

【注释】出自宋·刘克庄《沁园春》。使，假设。李将军，指汉武帝时名将李广。高皇帝，指汉高祖刘邦。道，说。哉，呢。

【译文/点评】假设让李广遇到汉高祖这样的明主，爵封一个万户侯也只是小事。此乃感叹李广不遇明主、终身难以封侯的悲情命运，同时有批评汉武帝刻薄功臣之意。

始作俑者，其无后乎！

【注释】出自先秦《孟子·梁惠王上》引孔子语。俑（yǒng），古代殉葬用的木偶或陶人。者，（的）人。其，表示推测的语气助词。无后，没有后代。乎，吧。

【译文/点评】第一个制作木偶或陶人殉葬的人，大概是要断子绝孙的吧。这是孔子对发明木偶或陶人用以殉葬者的诅咒之语，既体现了他的“民本”思想，也与他所倡导的“仁义”理念相一致，是值得肯定的。成语“始作俑者”，即源于此。其意是比喻首开恶例者。

士有一言中于道，不远千里而求之。

【注释】出自宋·苏轼《钱塘勤上人诗集序》。中于道，符合“道”。求，访求。

【译文/点评】这是苏轼赞扬欧阳修好士重才品德的话。“一言”与“千里”，都是夸张修辞手法，是虚指。前者意在强调欧阳修不忘记他人任何一个方面的优点，后者突出欧阳修求才态度之诚恳。

数典而忘其祖。

【注释】出自先秦《左传·昭公十五年》。数，列举。典，指典章制度、历史掌故等。

【译文/点评】列举陈述国家的典章制度，竟然忘记了自己祖先的职守所在。这是周景王针对晋大夫籍谈否认晋国曾得到周朝中央政府赏赐宝器的事实而发出的无奈慨叹。后世引用此语，多比喻一个人背义忘本，或指一个人对自己国家的历史毫无常识。

顺我者生，逆我者亡。

【注释】出自明·罗贯中《三国演义》第三回。

【译文/点评】此乃汉末大奸臣董卓之语。后代多用以形容独断、霸道、残酷而不容异己的独裁者的行事作风。

司空见惯浑闲事，断尽苏州刺史肠。

【注释】出自唐·刘禹锡《赠李司空妓》。苏州刺史，指诗人自己。

【译文/点评】此言李绅蓄养歌妓歌舞升平虽是平常之事，但自己却因之触景生情，非常伤感。这是间接批评司空李绅不知民生艰难、只知自己享乐之语。成语“司空见惯”，即源于此，比喻某些本是不正常的人或事见多了就麻木无知了。

司马昭之心，路人皆知也。

【注释】出自晋·陈寿《三国志·魏书·三少帝纪》裴松之注引《汉晋春秋》。

【译文/点评】这是魏帝曹髦（即高贵乡公）对司马昭专权且欲取魏篡位的野心的痛斥之辞。后世引申之，比喻人所共知的阴谋或野心。

四体不勤，五谷不分。

【注释】出自先秦《论语·微子》。四体，四肢，即双手双脚。不勤，不活动。五谷，有不同的说法，一般认为是指稻、黍、稷、麦、菽。

【译文/点评】四肢不活动，五谷分不清。这是孔子弟子子路向一个老农问孔子去向时，老农对孔子的评价。后世引用此语，多是批评一个人懒散不爱劳动，不知衣食来之不易的道理。

贪天之功，以为己力。

【注释】出自先秦《左传·僖公二十四》。

【译文/点评】把上天的功劳归为己有。后世引申运用，意在批评那些抹杀别人对某事的功劳，而将功劳归为己有的无耻之徒。

唐太宗之贤，自西汉以来，一人而已。

【注释】出自宋·苏辙《唐太宗》。

【译文/点评】此言自西汉到宋代，唐太宗李世民的贤明是历朝历代所有君主中所罕见的。其在推崇唐太宗的同时，也寄予了对贤君出世的殷切期望。

陶尽门前土，屋上无片瓦。十指不沾泥，鳞鳞居大厦。

【注释】出自宋·梅尧臣《陶者》。陶尽，即掏尽。鳞鳞，指瓦片如鱼鳞之状。

【译文/点评】此以掏土制瓦为例，批判封建时代“劳者不获，获者不劳”的不合理的社会制度。

天下英雄谁敌手？曹刘。生子当如孙仲谋。

【注释】出自宋·辛弃疾《南乡子》。曹刘，指曹操、刘备。孙仲谋，即孙权。

【译文/点评】此言汉末天下能够称得上棋逢对手的英雄，只有曹操、刘备、孙权三人而已。因为三人中以孙权年纪最小，属于晚辈，故特别推崇孙权，认为人生在世，当以有像孙权这样雄才大略的儿子才是大幸。

天下之患，不患材之不众，患上之人不欲其众；不患士之不欲为，患上之人不使其为也。

【注释】出自宋·王安石《材论》。患，忧虑。材，才、有才能的人。上之人，指当权者。欲，想。也，句末语气助词。

【译文/点评】天下的忧虑不在怕人才不够多，就怕当权者没有选人用人的雅量而不想使更多的优秀人才被选拔出来；不怕有志之士不想有所作为，就怕当权者不想他们施展才华、建功立业。此言乃是批评宋代官场上当权者没有任人雅量，为了一己之私利，保住自己权位不受威胁，而不顾国家利益，拼命压制人才的官场弊端。说的虽是宋代，但揭示的却是封建时代官场的现实真情。

天子好年少，无人荐冯唐。

【注释】出自唐·曹邺《扑渔谣》。天子，皇帝，此指汉文帝。冯唐，汉文帝时人，年老乃为郎官（低级官员）。

【译文/点评】此乃批评汉文帝重用年少者而轻忽年长有才者的话，同时也揭示了这样一个选人任人的道理：当权者的喜好偏向会严重影响适当人才的选拔，因此，当权者不可以感情用事，切切不可以自己的喜好来左右选人任人的政策或倾向。

恸哭六军俱缟素，冲冠一怒为红颜。

【注释】出自清·吴伟业《圆圆曲》。恸（tòng），痛哭。缟（gǎo），白绢。素，没有染色的丝绸。红颜，指陈圆圆，明末清初名妓。

【译文/点评】前句写吴三桂率大军披麻戴孝、大哭着奔向北京，读之立即让人觉得吴三桂是个忠臣义士，他起兵往北京是要消灭李自成的农民军，为被逼上吊自杀的崇祯皇帝报仇。但后句写到吴三桂冲冠一怒、如此兴师动众地向北京进发的原因是为了一个女子，而且还是妓女身份的陈圆圆（陈是吴的爱妾，北京城破，被李自成大将刘宗敏所霸占），这就不免让人出乎意料了。不必多说，两句的对比，一切的讽意尽在其中矣。真可谓是讽刺嘲弄得婉约巧妙，臻至中国传统诗歌所推崇的“不著一字，尽得风流”的最高境界。

童子解吟长恨曲，胡儿能唱琵琶篇。

【注释】出自唐·李怡《吊白居易》。童子，指小孩子。解，懂得。长恨曲，指白居易所创作的《长恨歌》。胡儿，指少数民族的孩子。琵琶篇，指白居易创作的《琵琶行》。

【译文/点评】此以白居易的两篇代表作《长恨歌》与《琵琶行》在国内外的知名度为例，赞颂白居易诗歌创作的成就及其巨大的影响。

万里桥边女校书，枇杷花里闭门居。扫眉才子知多少，管领春风总不如。

【注释】出自唐·王建《寄蜀中薛涛校书》。扫眉，画眉。扫眉才子，指女才子。

【译文/点评】此言自古以来女才子并不少见，但如薛涛这样的女才人还不多见。此是赞颂薛涛的才情无人可比。

望严雪而识寒松，观疾风而知劲草。

【注释】出自唐·王勃《常州刺史平原郡开国公行状》。疾风，大风。劲，劲拔。

【译文/点评】此以寒松傲雪、劲草迎风为喻，歌颂开国公的高尚的人格气节。

望之不似人君，就之而不见所畏焉。

【注释】出自先秦《孟子·梁惠王上》。之，指示代词，他。就，接近。畏，敬畏。焉，语气助词。

【译文/点评】远远望去，没有君王的样子；走近他，也不见他有让人敬畏的君王威仪。这是孟子评价梁襄王之语。后世引此语，多是批评一个人没有做领导、为人表率的气质与风范。

为善的受贫穷更命短，造恶的享富贵又寿延。

【注释】出自元·关汉卿《窦娥冤》第三折。

【译文/点评】此乃窦娥冤屈而死前对天地人世悲天抢地的愤怒质问之语，一针见血地指出了封建统治者所鼓吹的“善有善报，恶有恶报”的说教的虚伪性，道出了自古以来所有时代最真实的社会现实。

唯有文章在，辉光夜烛天。

【注释】出自宋·周序《经少陵墓》。烛，照耀。

【译文/点评】此乃赞颂杜甫文章光耀千古。“夜烛天”是夸张，意在强调杜甫文章的影响力。

维南有箕，不可以簸扬；维北有斗，不可以挹酒浆。

【注释】出自先秦《诗经·小雅·大东》。维，句首语气词。箕，俗称簸箕星，四星相联，状如簸箕。斗，此指南斗星座，在箕星之北。挹，舀。

【译文/点评】南天之上有箕星，不能簸米与扬糠，徒有簸箕之形状；北天之上有南斗，不能用以舀酒浆，空有斗名令人叹。这是借天上星座形状说事，婉转地讽刺周朝统治者徒具虚名，只知压榨东方诸国小民，而不知体恤民众、为民造福。

文起八代之衰，而道济天下之溺；忠犯人主之怒，而勇夺三军之帅。

【注释】出自宋·苏轼《潮州韩文公庙碑》。文，指古文。八代，指东汉，魏，晋，南朝的宋、齐、梁、陈，隋。道，指儒家的学说与主张。济，帮助。衰、溺，皆指萎靡不振。犯人主之怒，指韩愈上表反对唐宪宗迎佛骨而被贬岭南之事。勇夺三军之帅，指唐穆宗时韩愈前往兵变营中说服叛乱将领，平息镇州兵变的事。

【译文/点评】发起古文革新运动，改变了东汉以来八个朝代萎靡不振的文风；提出“文以载道”的文学主张，以儒家学说匡正了天下人沉沦不振的思想。为了国家的前途命运而不惜犯颜直谏，反对宪宗佞佛行为而被贬谪岭南；为了平息镇州叛乱，以大无畏的精神，不顾个人生命安危，前往兵营游说兵变将领改邪归正。此乃赞颂韩愈一生丰功伟绩之辞，言简意赅，概括了韩愈的一生。

无波古井水，有节秋竹竿。

【注释】出自唐·白居易《赠元稹》。

【译文/点评】这是白居易歌颂元稹人格节操的句子。前句说元稹心如古井之水，微波不起。这是以比喻修辞手法写元稹淡泊名利的人格追求。后句说元稹的节操就像是秋风中挺立的竹子，叶可落而节不变。这是运用比喻修辞手法，并在比喻中套有双关（“节”表面指竹节，暗里指人的节操）修辞手法，形象生动地突显出元稹的独立不屈的节操。

无所不通之谓圣，妙而无方之谓神。

【注释】出自唐·韩愈《贺册尊号表》。之谓，称它为。无方，无比。

【译文/点评】此言帝王尊号的颁定要有严格的分际：只有才能全面的人才能以“圣”字称之，只有非常睿智的人才能当得起一个“神”字。

吾爱孟夫子，风流天下闻。

【注释】出自唐·李白《赠孟浩然》。孟夫子，此指孟浩然。

【译文/点评】此乃称颂朋友孟浩然文才出众、天下闻名之辞。

舞笔飞墨，应节而成。

【注释】出自唐·颜真卿《浪迹先生元真子张志和碑铭》。应节，伴着音乐的节拍。

【译文/点评】此写张志和文思敏锐、挥笔即就的文学才华。

息阴无恶木，饮水必清源。

【注释】出自唐·王维《济上四贤咏·郑霍二山人》。息阴，在树荫下歇息。必，一定。

【译文/点评】不在不好的树木之荫下歇息，饮水一定要找清澈洁净的水源。此以歇荫、饮水为喻，赞扬郑霍二山人洁身自好、清厉高尚的人格情操。

喜为异说而不让，敢为高论而不顾。

【注释】出自宋·苏轼《荀卿论》。异说，此指与众不同的独到见解。让，谦让。顾，顾忌。

【译文/点评】喜欢发表与众不同的独到见解，敢于直抒胸臆而无顾忌。此乃对荀子为人特点的评价。

闲时故把忠臣慢，差时不听忠臣谏，危时却要忠臣干。

【注释】出自元·郑廷玉《楚昭王》第一折。慢，怠慢、轻慢。差时，即有差错之时。

【译文/点评】天下太平时不把忠臣当人，犯错之时不听忠臣之谏，国家危难之时，却要忠臣拼死效力。此乃揭露帝王丑恶本性之语，

乡愿，德之贼也。

【注释】出自先秦《论语·阳货》。乡愿，指貌似好人，实则与恶俗同流合污、取媚于世的伪善者。之，的。贼，害、强盗。也，语气助词。

【译文/点评】貌似好人，欺世盗名的伪君子，是道德的败坏者。这是孔子对伪君子的痛斥之言。这种人因为看似有德而实则无德，最能欺骗世人，所以我们最应对之抱有警惕之心。

小人之过也必文。

【注释】出自先秦《论语·子张》。小人，道德低下者。过，过错。也，句中语气助词。必，一定。文（wèn），文饰、掩饰。

【译文/点评】小人有了过错，一定会极力掩饰。这是孔子学生子夏批评有错不改还要文过饰非者的话，认为这种人是“小人”，其意是提倡“过而能改”、不断加强自身道德修养。这种主张是正确的，我们今天教育他人，仍然如此。

新蒲新柳三年大，便与儿孙作屋梁。

【注释】出自清·龚自珍《己亥杂诗》。蒲，蒲柳，即水杨。

【译文/点评】此以比喻手法，以三年之柳便作屋梁作比，形象生动地讽刺了清朝末年尚未成才的人便混迹官场之中的乱象。

新松恨不高千尺，恶竹应须斩万竿。

【注释】出自唐·杜甫《将赴成都草堂途中有作先寄严郑公五首》。

【译文/点评】此以“新松”、“恶竹”分别比喻君子与小人，以望松高千尺、愿斩万竿竹之辞，表达了诗人希望惩恶扬善的愿望。

悬牛首于门，而卖马肉于内。

【注释】出自先秦《晏子春秋·内篇杂下一》。

【译文/点评】挂着牛头在门外，实际门内卖的是马肉。此以挂牛头卖马肉为喻，批评某人行事伪诈，做出的事情名不副实。宋代《五灯会元》卷十六有“悬羊头，卖狗肉”，说的也是这个意思。

眼前道路无经纬，皮里春秋空黑黄。

【注释】出自清·曹雪芹《红楼梦》第三十八回。经纬，指纵线与横线。皮里春秋，指内心有定见，但嘴上不置可否。黑黄，指蟹壳与蟹黄。

【译文/点评】此以螃蟹喻指横行霸道而胸无点墨的坏人。

一箪食，一瓢饮，在陋巷，人不堪其忧，回也不改其乐。贤哉，回也！

【注释】出自先秦《论语·雍也》。箪（dān），古代盛饭的圆形竹器。食，饭食。饮，水。陋巷，简陋破败的小巷。堪，忍受。回，颜回，孔子的学生。哉，感叹词，相当于“啊”。也，句末语气助词。

【译文/点评】一筐饭食，一瓢清水，身处陋巷，别人都不能忍受其困扰，颜回却能自得其乐。颜回真是贤德啊！这是孔子高度赞扬其学生颜回之语。于此，也清楚地表达了孔子对“安贫乐道”的处世态度的推崇。这对后世许多志士仁人产生了极大的影响。

一旦在位，鲜冠利剑；一岁典职，田宅并兼。

【注释】出自汉·王充《论·程材篇》。鲜冠，华丽的帽子。典职，掌权。

【译文/点评】一旦谋得了权位，就头戴华冠、身佩利剑；一朝掌权，就良田美宅都要占有。这是对当权者的奢侈、贪婪本质的揭露与批判。

一登龙门，则声誉十倍。

【注释】出自唐·李白《与韩荆州书》。

【译文/点评】此言官场中的潜规则：得到朝中高官援引就可飞黄腾达，声价十倍。“登龙门”，喻指进入官场做官。

一行书不读，身封万户侯。

【注释】出自唐·聂夷中《公子行二首》（其二）。万户侯，食邑万户的侯爵。

【译文/点评】此乃抒发对不合理的封建门第制度的愤怒之情，同时也表达了自己怀才不遇的怨苦之情。

一犬吠形，百犬吠声。

【注释】出自汉·王符《潜夫论·贤难》。吠，狗叫。吠形，见到影子就叫。吠声，闻声即叫。

【译文/点评】一条狗见到人影即叫，众狗则会闻声就叫起来。此乃讽刺世人喜欢盲从的恶习与通病。

一人飞升，仙及鸡犬。

【注释】出自清·蒲松龄《聊斋志异·促织》。飞升，指成仙。及，连及、连带到。

【译文/点评】一人成仙，连及鸡犬也成了仙，这当然是不可能的事，因为世上本就没人能成仙，遑论鸡犬了。此言乃是以此作比，讽刺现实社会中一人做官，惠及全家乃至亲友僮仆的腐败现象。

一朝被谗言，二桃杀三士。

【注释】出自三国蜀·诸葛亮《梁甫吟》。二桃杀三士，典出于《晏子春秋·谏下二》，言春秋时代齐景公有三个勇士公孙接、田开疆、古冶之恃功自傲，齐相晏子觉得此三人对国君国家不利，遂出计让齐景公用两个大小不等的桃子赏赐三人，让他们三人论功大小而取桃，结果三人相争不下，终致弃桃自杀。

【译文/点评】此以“二桃杀三士”的典故强调说明谗言的可怕。

一朝权入手，看取令行时。

【注释】出自唐·朱湾《奉使设宴戏掷笼筹》。

【译文/点评】此二句本是指设宴游戏发令的，后来运用中义有所转，用以讽刺那些一旦权在手、便作威作福的官僚与得意小人。

一之谓甚，其可再乎？

【注释】出自先秦《左传·僖公五年》。一，指一次。之，放在主谓语之间，取消句子的独立性。谓甚，算是过分。其，疑问语气词，难道。再，指第二次。乎，吗。

【译文/点评】一次就很过分了，难道还可以再来第二次吗？此言对于不义之事容忍甚或纵容了一次已是不对，要再容忍第二次实在不应该。意谓对于不义之事应该及时而勇于制止。今日我们运用此语，范围有所扩大，指一切过分的事都不可容忍，其意是劝人应该知错即改，不可执迷不悟、一错再错。

遗民泪尽胡尘里，南望王师又一年。

【注释】出自宋·陆游《秋夜将晓出篱门迎凉有感》。遗民，此指北宋灭亡后留在金人统治区的汉民族人。胡尘，指金人的统治区。王师，指南宋的军队。

【译文/点评】此写中原百姓年年盼望南宋军队能够挥师

北上，恢复大宋故土、解救沦陷区人民的急切之情，字里行间充溢着对南宋统治者苟且偷安、不思进取行为的指责。

义旗所指人不惊，王师到处壶浆迎。

【注释】出自元·张宪《岳鄂王歌》。壶浆迎，用水壶盛米汁迎接。王师，王者之师，此指南宋军队。

【译文/点评】此乃歌颂岳飞之语。前句言其治军有方，所率军队纪律严明。后句化自《孟子·梁惠王下》“箪食壶浆，以迎王师”一句，言其所率军队是代表正义的王者之师，所以深受人民欢迎。

由来犬羊著冠坐庙堂，安得四鄙无豺狼？

【注释】出自宋·王安石《开元行》。由来，自古以来。犬羊，喻指小人、无能之辈。著冠，戴帽。庙堂，指朝廷。坐庙堂，做高官、掌握国家政权。安得，怎么能。四鄙，四面边境。豺狼，喻指凶恶的敌人。

【译文/点评】自古以来都是无能之辈或小人把持朝政，怎能不让四边的敌人有觊觎之心呢？此乃指斥小人、无能之辈执掌国家权力误国误民之语。表面说的是历史，实际影射批评的是宋代的现实，表达了作者对国家安全的深切忧虑之情。

幼而不孙弟，长而无述焉，老而不死，是为贼。

【注释】出自先秦《论语·宪问》。幼，指小时候。而，连接词。孙弟，同“逊悌”，即谦虚、孝悌。悌，是敬重兄长。长，长大。无，没有。述，记述、叙述。无述，指没有什么可以称述的，即无所作为。焉，语气词。是，这。贼，害人的人。

【译文/点评】小时候不谦虚、不敬兄长，长大了又无所作为，老了还不死，你这是害人精啊！这是孔子批评他的朋友原壤的话。孔子去见原壤，原壤叉开腿坐在地上，也没见礼，孔子是非常讲究礼的，于是就感慨系之，说了这番话。后世都知道“老而不死，是为贼”这句话，引用者多是以之骂人“老不死”，其实是误解了孔子的话。孔子并没有嫌弃老人之意，而只是对无所作为又不知礼的老朋友原壤的个别批评。

羽扇纶巾，谈笑间，樯橹灰飞烟灭。

【注释】出自宋·苏轼《念奴娇》词。羽扇纶巾，摇着羽毛扇、戴着青丝头巾，这里指儒雅的装扮。樯橹，此指曹操的军队。

【译文/点评】此写周瑜以火攻之计于赤壁大破曹军的英雄业绩，表达的是对周瑜年少英雄的赞赏与敬佩之情。

欲加之罪，其无辞乎。

【注释】出自先秦《左传·僖公十年》。之，他。其，表示反问的语气词。乎，语气助词，相当于“吗”。

【译文/点评】想给他加上个罪名，难道还找不到借口吗?此言要存心诬陷、加害别人，总是有办法的。

遇事无难易，而勇于敢为。

【注释】出自宋·欧阳修《尹师鲁墓志铭》。无，无论、不论。

【译文/点评】遇事不管难易如何，而都勇于去面对去解决。此乃赞颂墓主为人不畏艰难、勇于进取的品格。

愿得斩马剑，先断佞臣头。

【注释】出自唐·卢照邻《咏史四首》。愿，希望。

【译文/点评】此用《汉书·朱云传》“臣愿赐尚方斩马剑，断佞臣一人，以厉其余”之典故，表达了对奸佞之臣的刻骨仇恨。

月黑杀人夜，风高放火天。

【注释】出自元 · 辗然子《拊掌录》。

【译文/点评】此言月黑风高是犯罪者杀人越货之时。

云山苍苍，江水泱泱；先生之风，山高水长。

【注释】出自宋 · 范仲淹《严先生祠堂记》。苍苍，深蓝色，此指遥远苍茫之貌。泱泱，水面广阔之貌。先生，此指东汉名士严光（字子陵）。风，道德风范。

【译文/点评】严子陵是东汉名士，曾与东汉光武帝刘秀为游学的同窗。刘秀称帝后邀严子陵出来做官，严子陵坚拒不出，隐居于富春江上。此四句即是歌咏此事的。前两句写远山的遥远苍茫与江水的浩荡广阔之貌，意在以景语与后两句的直接议论互为表里，从而水到渠成地表达出对严子陵淡泊名利的高风亮节的仰慕之情。

张翰黄花句，风流五百年。

【注释】出自唐 · 李白《金陵送张十一再游东吴》。黄花句，指张翰《杂诗》“黄花如散金”之句。

【译文/点评】此乃称颂张翰诗句精彩出众之辞。“风流五百年”是夸张，意在强调将在历史上流传很久。

振穷救急，倾家无爱。

【注释】出自晋 · 陈寿《三国志 · 魏书 · 吕布传》。振，通“赈”，救济。爱，吝啬、舍不得。

【译文/点评】赈济穷困之人，救助急难之人，用尽家中所有财产也不顾惜。此言疏财救难、关爱弱势的侠义人格魅力。

知其一，不知其二。

【注释】出自汉 · 班固《汉书 · 高帝纪》。

【译文/点评】知道其中的一个方面，而不知道另外一个方面。此语常常用以批评别人对某件事情了解不全面，看问题有偏颇。

直如弦，死道边；曲如钩，反封侯。

【注释】出自汉顺帝时童谣。

【译文/点评】正直如弓弦的人反而死于道边，人格阿曲如钩的人反而封侯得意。此语乃是对汉顺帝时代是非颠倒、好人受气、坏人得志的不合理的黑暗世情的指斥。

州桥南北是天街，父老年年等驾回。

【注释】出自宋·范成大《州桥》。州桥，指北宋汴京的天汉桥。等驾回，指盼望南宋统治者回到大宋故都汴梁。

【译文/点评】此言大宋故都的一切依旧，父老都盼着大宋再还都汴京。表面是叙述中原百姓的愿望，实是表达对南宋统治者苟且偷安、不思恢复中原故土行为的愤怒谴责。

煮豆持作羹，漉豉以为汁。萁在釜下然，豆在釜中泣。本是同根生，相煎何太急？

【注释】出自三国魏·曹植《七步诗》。羹，汤。漉（lù），过滤。豉（chǐ），萁，豆的秸秆。釜，炊具、锅。然，同“燃”，烧。

【译文/点评】曹丕称帝之后，为了铲除昔日政治异己、才高于自己的弟弟曹植，千方百计予以迫害。甚至要他在七步内成诗，否则就行大刑。曹植遂吟成这样四句，以豆与豆秸秆的关系比喻兄弟关系，用煮豆燃豆秸比喻兄弟相残，终让曹丕惭愧不已而作罢。此诗之妙在于比喻贴切，既形象地说明了兄弟的关系与兄弟相互残害的不义，又显得婉转含蓄，保全了兄弟之间的君臣关系的体面。

朱门酒肉臭，路有冻死骨。

【注释】出自唐·杜甫《自京赴奉先县咏怀五百字》。朱门，代指权贵豪门。骨，代指人。

【译文/点评】豪门酒肉臭，穷人死道边。这是诗人对唐代贫富不均现实的愤怒指斥之辞。

珠玉买歌笑，糟糠养贤才。

【注释】出自唐·李白《古风》。

【译文/点评】此乃指斥封建统治者只知买笑取乐，而不知珍惜贤才之辞。

主人不在花长在，更胜青松守岁寒。

【注释】出自唐·钱起《故王维右丞堂前芍药花开凄然感怀》。

【译文/点评】此乃赞颂王维高尚人格之辞。前句言“花长在”，这是以花比喻王维，说他的令名佳誉长留人间，受人推崇热爱；后句用孔子“岁寒，然后知松柏之后凋也”（《论语·子罕》）的句意，赞颂王维人格之高尚。

子系中山狼，得志便猖狂。

【注释】出自清·曹雪芹《红楼梦》第五回。

【译文/点评】这是骂贾迎春的丈夫孙绍祖的话，说他是个忘恩负义的小人，依仗岳丈的势力得意妄为。子系合起来便是“孫”，用的是修辞上的析字法，用以指代孙绍祖。中山狼，是用明人马中锡《中山狼传》中那只忘恩负义的狼的典故，指代忘恩负义者。这话虽是骂人，但由于运用了析字与用典修辞手法，表意相当婉转，可谓骂人不带脏字。

姊妹弟兄皆列土，可怜光彩生门户。

【注释】出自唐·白居易《长恨歌》。列土，即裂土，指受分封。可怜，可爱，此是反语。

【译文/点评】此乃讽刺杨贵妃一人得宠、全家富贵荣华的现象。

自古圣贤多薄命，奸雄恶少皆封侯。

【注释】出自唐·杜甫《锦树行》。

【译文/点评】此乃揭露批判贤士落魄、奸人得势的不合理的社会现实。

总为浮云能蔽日，长安不见使人愁。

【注释】出自唐·李白《登金陵凤凰台》。

【译文/点评】此以“浮云”比奸佞小人，以“日”比皇帝，批评皇帝被小人包围而不重用自己，从而使自己失去了报国效力的机会。

得意快乐

白日放歌须纵酒，青春作伴好还乡。

【注释】出自唐·杜甫《闻官军收河南河北》。青春，指春天。

【译文/点评】此写诗人听说平定安史之乱喜讯后的欣喜之状：放声高歌、纵酒抒怀、收拾行装、准备归乡。

半世总为天外客，一家今是故乡人。

【注释】出自清·许润《自岭南奉老母挈家旋闽》。

【译文/点评】此写久在远乡而终得全家团圆的喜悦之情。“半世”，言时间之长。“天外客”，言离家之远。二者皆是夸张，意在强调离家之久、之远的痛苦之情。

报道先生春睡美，道人轻打五更钟。

【注释】宋·苏轼《纵笔》。先生，此指作者自己。

【译文/点评】此写山中春睡的快乐之情。

兵去人归日，花开雪霁天。

【注释】出自金·辛愿《乱后》。霁（jì），指雨雪停止，云雾散去，天气放晴。

【译文/点评】此写敌兵退去而归家园的欣慰之情。但在表达这层意思时，诗人没有直抒胸臆，而是通过雪过天晴、鲜花盛开的景色描写来展现。这是以景写情的笔法，既增强了诗句的形象性，又使诗句的表意别具一种含蓄蕴藉的韵致，令人思之无穷。

病起翻书如访旧，春来养竹胜添丁。

【注释】出自清·袁枚《春兴》。访旧，访问老友。添丁，生孩子。

【译文/点评】此写病后读书、春天种竹的快乐之情。

不见故人弥有情，一见故人心眼明。

【注释】出自宋·徐积《赠黄鲁直》。故人，老友。弥，更。前句言思念，后句言喜悦

【译文/点评】此言不见故人则深切思念，见了故人则喜上眉梢。

柴门鸟雀噪，归客千里至。

【注释】出自唐·杜甫《羌村三首》（其一）。柴门，指贫寒之家。归客，指诗人自己。

【译文/点评】此写战乱后千里而归的喜悦之情。前句写景，后句叙事。前句写鸟雀有情报喜于柴门之家，意在铺垫，从而突显诗人战乱后千里归家的无比喜悦之情。

乘兴而行，兴尽而返。

【注释】出自南朝宋·刘义庆《世说新语·任诞》。

【译文/点评】兴致来了就去访朋友，兴致没了就回来。这是晋人王子猷（即王徽之，王羲之第五子）随兴做人的风流。《世说新语》记其事曰："王子猷居山阴，夜大雪，……忽忆戴安道，时戴在剡。即便夜乘小船就之，经宿方至，造门不前而返。人问其故，王曰：'吾本乘兴而行，兴尽而返，何必见戴？'"这种行为做派，虽然不一定为人所理解，但也是一种做人的境界：自己快乐了就好，何必在乎别人怎么看。

传名早死皆高寿，肯乐贫家即富翁。

【注释】出自清·袁枚《遣怀》。传名，即后世留名。

【译文/点评】能够留名后世，纵然早死便是高寿；安贫乐道，身处贫家也是富翁。此言人的价值不是以寿命长短来衡量的，而是要看他对社会的贡献如何；贫富并不是问题，关键是如何看待财富，对贫富抱持什么样的人生态度。对生活始终抱持一种乐观旷达的态度，虽贫亦富；否则，虽富亦贫。

出门万里客，中道逢佳友。未言心先醉，不在接杯酒。

【注释】出自晋·陶渊明《拟古九首》。佳友，好友。

【译文/点评】此写出门远在他乡而路逢好友的欣喜之情。三四两句以“超前夸张”修辞手法，将“醉”与“接酒”的逻辑顺序颠倒过来（应该是先喝酒，然后再醉），从而强调了好友间那种不必言语而心灵相通的独特之情。

春风得意马蹄疾，一日看尽长安花。

【注释】出自唐·孟郊《登科后》。唐代进士考试在秋季，春天放榜，进士及第者可策马长安道上。

【译文/点评】唐代是中国封建社会的鼎盛时代，读书人多抱有一种“致君尧舜上”、“治国平天下”的宏愿大志。但是，要想实现人生的理想，只有一条晋身之道：科举考试，进士及第。“朝为田舍郎，暮登天子堂”，就是唐代士子通过科举考试而进士及第后的真实写照。作者孟郊寒窗苦读数十载，四十三岁方才进士及第，遥想着从此可以风云际会、龙腾虎跃一番，人生的华章即将翻开，其欣喜之情自可想见。连用“春风”、“花”、“长安”、“马”四个意象，诗人的喜悦之情、前程之景，一切都在其中矣。两句十四字，不仅写尽了中国古代无数读书人科举及第的喜悦之情，也从此为汉语创下了两个最有名的成语：“春风得意”，“走马观花”。

打兔得獐，非意所望。

【注释】出自唐·张文成《游仙窟》。

【译文/点评】猎兔而获獐，不是原意所敢奢望的。此以猎兔获獐为喻，表达不期而得的惊喜之情。

大隧之中，其乐也融融；大隧之外，其乐也泄泄。

【注释】出自先秦《左传·隐公元年》。隧，地道。也，句中语气助词，帮助停顿。融融，融洽的样子。泄泄（yì），快乐之貌。

【译文/点评】此写母子重归于好的快乐之情。郑庄公之母因生庄公时难产，遂从此不喜欢这个儿子，而偏爱小儿子共叔段。后来，甚至帮助小儿子段发动政变，企图推翻郑庄公而取代之。事败后，郑庄公剪除了共叔段，并将其母发配到边远之地，并设下毒誓："不及黄泉，无相见也。"后来，庄公见大臣颍考叔孝母之心深受感动，遂有悔恨当初逐母之意。但是，又难于从当初的誓言中解套出来。于是，颍考叔就想了个偷换概念的主意，让庄公挖了个地道，母子在地道中见面后便重归于好了。这两句话就是写经历风波后母子重归于好的快乐之情。

当其欣于所遇，暂得于己，快然自足，曾不知老之将至。

【注释】出自晋·王羲之《兰亭集序》。欣，喜。

【译文/点评】此言每当所遇事物与心灵契合，心有欣喜，意有所得时，就会自然生发一种精神的满足，就会忘记老境将至的烦恼。

登城忽睹三江水，快我平生万里心。

【注释】出自宋·潘良贵《题三江亭》。

【译文/点评】此写登高眺远、心旷神怡的快慰之情。

俯仰终宇宙，不乐复何如。

【注释】出自晋·陶渊明《读山海经十三首》。

【译文/点评】此言俯仰天地之间，融于大自然之中便是人生的最大快乐。

富贵不为至乐，功名非有甚难。乐莫乐于还故乡，难莫难于全大节。

【注释】出自宋·苏轼《贺赵大资致仕启》。至，最。全大节，保全气节。

【译文/点评】此言人生最大的快乐不是升官发财，最大的成功不是金榜题名；最快乐的是叶落归根、回到故乡，最成功的是保全人格不受玷污。

高楼晓见一花开，便觉春光四面来。

【注释】出自唐·令狐楚《游春词》。

【译文/点评】此写早春时节登楼望远，见一花而知春来的喜悦之情。

隔坐送钩春酒暖，分曹射覆蜡灯红。

【注释】出自唐·李商隐《无题二首》（其一）。送钩，古代饮酒时的一种游戏，有些类似于我们所玩的“剪刀石头布”（上海人名之曰“猜包猜”）。分曹，分组。射覆，古代一种游戏，将东西覆于器物之下而让对方猜。

【译文/点评】此写猜拳饮酒的快乐之情。

衡门之下，有琴有书，载弹载咏，爰得我娱。

【注释】出自晋·陶渊明《答庞参军》。衡门，横木为门，指极简陋的门。载，又。爰（yuán），乃。

【译文/点评】此言只要有琴有书，弦歌诵书，再差的环境之中也能感受到人生的快乐。

花迎喜气皆知笑，鸟识欢心亦解歌。

【注释】出自唐·王维《既蒙宥罪旋复拜官伏感圣恩窃书

鄙意兼奉简新除使君等诸公》。亦，也。

【译文/点评】此以拟人手法，将花、鸟人格化，使其带有人的生命情态（“花迎喜气”、“知笑”，“鸟识欢心”、“解歌”），借物写人，表达了诗人蒙恩宥罪后的意外惊喜之情。

欢娱嫌夜短，寂寞恨更长。

【注释】出自明·施耐庵《水浒传》第二十一回。

【译文/点评】此言在不同情感状态下，人对时间的感受是不一样的：欢乐时嫌时间过得太快，寂寞时会觉得时间特别漫长。其实，时间消逝的快慢是一样的，只是人的感觉会有偏差。

黄鸡紫蟹堪携酒，红树青山好放船。

【注释】出自清·吴伟业《追叙旧约》。堪，能、可。

【译文/点评】此乃追忆昔日纵情山水、对酒当歌的欢乐时光。

今宵剩把银釭照，犹恐相逢是梦中。

【注释】出自宋·晏几道《鹧鸪天》。银釭，指灯。犹，还。

【译文/点评】此写男女久别重逢的惊喜之情：相见以为是梦，非得用灯照照对方才敢相信。这种似信而疑的心理描写，将二人重逢的欣喜之情栩栩如生地展露出来。

久别年颜改，相逢夜话长。

【注释】出自宋·惠崇《自撰句图》。

【译文/点评】此写老友久别重逢、对床夜话的快乐之情。

久旱逢甘雨，他乡遇故知。洞房花烛夜，金榜题名时。

【注释】出自宋·汪洙《喜》。

【译文/点评】此言人生的四大快事：久旱得雨，他乡遇友，喜结良缘，事业成功。

久在樊笼里，复得返自然。

【注释】出自晋·陶渊明《归田园居五首》（其一）。樊笼，牢笼。复得，又能。

【译文/点评】诗人将自己误入官场比作鸟入樊笼，表达的是对宦海生涯的厌恶之情，以此衬出去官返乡的快乐之情。

开拆远书何事喜，数行家书抵千金。

【注释】出自唐·温庭筠《端州江亭得家书二首》（其一）。

【译文/点评】此写收读家书的喜悦之情。“抵千金”是夸张，意在强调家书的难得。唐人杜甫有“烽火连三月，家书抵万金”，表达的也是这种收读家书的喜悦之情。

开琼筵以坐花，飞羽觞而醉月。

【注释】出自唐·李白《春夜宴诸从弟桃李园序》。琼筵，指高级筵席。坐花，坐于花下。羽觞，指酒杯。

【译文/点评】此写月夜花下开宴、飞杯纵酒之乐。

老去读书随忘却，醉中得句若飞来。

【注释】出自宋·范成大《分弓亭按阅》。

【译文/点评】此言年老健忘，读书难以记住内容；清醒时苦思佳句不得，醉酒之后佳句不想自来。前句表达的是年老无奈之情，后句表达的是一种意外得句的喜悦之情。

乐莫善于如意，而忧莫惨于不如意。

【注释】出自宋·苏辙《遗老斋记》。莫，没有。如意，指符合自己的心愿、内心真正感到欣喜的一种情感体验。

【译文/点评】此言世上最大的快乐是“如意”，最大的忧虑是“不如意”。

两纸京书临水读，小桃花树满商山。

【注释】出自唐·元稹《西归绝句十二首》（其二）。

【译文/点评】此二句乃是写诗人奉诏还京途中得友人李复言、白居易书信的喜悦之情。“两纸京书临水读”一句，以“京书”暗示书信的珍贵，以“临水读”的特定细节描写，突显诗人读京书时的心境：万虑澄清，唯余喜悦之情。“小桃花树满商山”一句，虽是写景，却是以景写心，是紧承上句临水读京书而来。因为人只有在心情开朗之时，才会以欣喜之情欣赏山水花草的。

临清风，对朗月，登山泛水，肆意酣歌。

【注释】出自唐·李延寿《南史·梁宗室萧恭传》。

【译文/点评】此写咏风弄月、纵情山水、放歌饮酒的人生快乐。

临溪而渔，溪深而鱼肥。酿泉为酒，泉香而酒洌。

【注释】出自宋·欧阳修《醉翁亭记》。洌（liè），清纯。

【译文/点评】此写临溪垂钓、酿泉为酒的情趣与快乐之情。

清歌散新声，绿酒开芳颜。

【注释】出自晋·陶渊明《诸人共游周家墓柏下》。清歌，指无乐器伴奏的演唱。绿酒，即绿蚁酒（绿蚁，指酒面浮起的细小酒渣，状似绿蚁。唐人白居易《问刘十九》诗“绿蚁新醅酒，红泥小火炉。晚来天欲雪，能饮一杯无”，其所说“绿蚁”即此）。开芳颜，指高兴、笑。

【译文/点评】此写兴至放歌一曲、纵情饮酒开怀的快乐之情。

却看妻子愁何在，漫卷诗书喜欲狂。

【注释】出自唐·杜甫《闻官军收河南河北》。却看，回头看。妻子，妻儿。漫，随意。

【译文/点评】此写诗人听说平定安史之乱喜讯后的欣喜之状：回头看妻子，随手卷诗书。一“看”一“卷”，妻子的愁容尽消，诗人的狂喜毕现。

群贤毕至，少长咸集。

【注释】出自晋·王羲之《兰亭集序》。毕，都。咸，都。

【译文/点评】高朋满座，贤士如云，各路英才，老少到齐，以文会友，其乐融融。此写文人雅集的快乐之情。

山水之乐，得之心而寓之酒也。

【注释】出自宋·欧阳修《醉翁亭记》。寓，寄托。也，句末语气助词。

【译文/点评】此言游于山水之间，心有所喜，意有所得，就会借酒而寄托其情。

山寺归来闻好语，野花啼鸟亦欣然。

【注释】出自宋·苏轼《归宜兴题竹西寺》。闻好语，指路上听人称赞继位新君宋哲宗之事。

【译文/点评】此写明君继位、国家有望的欣喜之情。对这种心情的表达，诗人不是直抒其意，而是通过拟人手法，将“野花”、“啼鸟”人格化，使其带有人的生命情态（“欣然”），从而借物写人，婉转地表达出诗人的欣悦之情。其余味曲包的表达，也更易让人思之味之。

少年猎得平原兔，马后横捎意气归。

【注释】出自唐·王昌龄《观猎》。

【译文/点评】此写打猎归来的豪气与快乐之情。以“横捎”二字写“意气”，化抽象为具象，尤为生动，耐人寻味。

少年听雨歌楼上，红烛昏罗帐。

【注释】出自宋·蒋婕《虞美人》。昏罗帐，指沉溺于欢爱之中。

【译文/点评】此写年少轻狂、快乐无忧的生活情形。“歌楼听雨”，言其闲适浪漫；“红烛昏罗帐”，言其沉溺于男女之爱而不能自拔。

失物每从无意得，怀人恰好有书来。

【注释】出自清·袁枚《春日偶吟》。

【译文/点评】此写无意得失物、怀人有信来的快乐之情。前句写意外之喜，后句写心想事成之乐。

十年宫里无人问，一日承恩天下知。

【注释】出自唐·施肩吾《帝宫词》。承恩，指受皇帝宠幸。

【译文/点评】此言宫女多年默默无闻，一旦被皇帝宠幸，就会地位显赫，天下皆知。引申之，可以形容某人未得重任前默默无闻，得意腾达后便势焰张天的情形。

仕宦而至将相，富贵而归故乡。

【注释】出自宋·欧阳修《相州昼锦堂记》。仕宦，做官。

【译文/点评】此写人生的两大快乐：做官则出将入相，富贵则衣锦还乡。因为做将相、富而贵，都能让人羡慕，可以满足人的虚荣心，从而引发一种心理上的优越感与快感。自古以来人们之所以热衷于升官发财，原因正在于此。

是日也，天朗气清，惠风和畅，仰观宇宙之大，俯察品类之盛，所以游目骋怀，足以极视听之娱，信可乐也。

【注释】出自晋·王羲之《兰亭集序》。是，这。也，句中或句末语气助词，帮助停顿或判断。惠，柔顺、柔和。和，温和。仰观，向上看。俯察，向下看。品类，指大地万物。所以，用来……的东西。游目，指悦目。骋（chěng），马奔驰，引申为放任。怀，指思想。信，实在、的确。

【译文/点评】这一天，天气晴朗，空气清爽，轻风吹拂，温和舒畅，仰观宇宙之浩大，俯察万物之繁盛，都可以让人赏心悦目、心旷神怡，极尽眼耳之福，确是人生一大快乐。此写文人雅集的优雅环境及其快乐之情。

虽无丝竹管弦之盛，一觞一咏，亦足以畅叙幽情。

【注释】出自晋·王羲之《兰亭集序》。丝竹管弦，指弦乐器、管乐器。觞（shāng），古代饮酒的器具，引申为喝酒、劝饮。亦，也。畅，充分、尽情。幽情，幽雅的情趣。

【译文/点评】虽然没有音乐助兴，但饮酒赋诗，也足以尽情抒发文人的幽雅情趣。此言文人雅集，饮酒吟诗是一种情趣，也是一大人生快乐。

天下之乐无穷，而以适意为悦。

【注释】出自宋·苏辙《武昌九曲亭记》。

【译文/点评】此言人生最大的快乐是“适意”，即符合自己的意愿，心有所想，意有所得，才是快乐的最高境界。

投荒万死鬓毛斑，生入瞿塘滟滪关。未到江南先一笑，岳阳楼上对君山。

【注释】出自宋·黄庭坚《雨中登岳阳楼望君山二首》。滟滪关，即滟滪堆，是瞿塘峡口江水中的一块大礁石。

【译文/点评】此写还乡的快乐之情。第一句写历经苦难

（“投荒万里”）与垂垂老矣（“鬓毛斑”）的悲情。第二句写“生入瞿塘”的喜悦之情。第三句写望到江南的喜悦之情，因为诗人家在江西。第四句写景，以岳阳楼可以望见君山暗寓家乡即在眼前之意。如此峰回路转，遂将还乡的喜悦之情作了淋漓尽致的表现。

我来提壶饮花下，闲愁如雪皆消融。

【注释】出自清·陈履平《花下独酌》。

【译文/点评】此写花下饮酒、闲愁顿消的快乐之情。

舞低杨柳楼心月，歌尽桃花扇底风。

【注释】出自宋·晏几道《鹧鸪天》。

【译文/点评】此写通宵歌舞的快乐。前句是说跳舞跳到月落天明之时，后句是说唱歌唱到精疲力竭为止（伴舞的舞女持扇太累都扇不出风了）。

息交游闲业，卧起弄书琴。

【注释】出自晋·陶渊明《和郭主簿二首》（其一）。息交，断绝与人交往。游闲业，指研读老庄之类的书籍（老庄学说讲的是出世，淡泊世俗名利。而儒家学说则宣扬积极入世，锐意功名，因此在中国历代封建文人看来这才是正业）。

【译文/点评】隐居不与人交往，潜心研习老庄学说；累了白日高卧，闲来读书弹琴。此写诗人悠闲的田园生活情态，表现的是一种退隐田园、脱离官场的快乐之情。

喜极不得语，泪尽方一哂。

【注释】出自宋·陈师道《示三子》。不得，不能。方，才。哂（shěn），笑。

【译文/点评】高兴到极点，想说的话说不出，只有激动的泪水横流。等到哭过之后，才露出欣慰的笑容。此言久别重逢的喜悦情形。

喜心翻倒极，呜咽泪沾巾。

【注释】出自唐 · 杜甫《喜达行在所三首》。

【译文/点评】此写喜极而泣的情状。

闲上山来看野水，却于水底见青山。

【注释】出自宋 · 翁卷《野望》。

【译文/点评】本意是上山看远水，不意却从水底看见了脚下的青山。此写看水而见山之事，意在表达“寻此而得彼”的惊喜与快感。所写虽是平淡的情事，但读来却极富生活情趣，让人回味无穷，原来生活中抬头低头之间都是那么趣味横生。由此，让人于情不自禁间顿生对生活的热爱之情。

携幼入室，有酒盈樽。

【注释】出自晋 · 陶渊明《归去来兮辞》。幼，指幼子。盈，满。樽，酒杯。

【译文/点评】有子万事足，杯中酒不空，此何尝不是一种人生的快乐呢?

心旷神怡，宠辱皆忘。

【注释】出自宋 · 范仲淹《岳阳楼记》。旷，开阔。怡，愉悦。宠辱，荣辱。

【译文/点评】登上岳阳楼，洞庭湖周围美丽的山水景物尽收眼底，不禁使人心胸顿然开阔起来，神情也为之愉悦，一切人世间的荣辱都统统忘之九霄云外了。此言山水景物的怡情作用。

寻香只恐三春暮，把酒欣逢一笑同。

【注释】出自宋 · 吴中复《江左谓海棠为川红》。寻香，

云淡风轻近午天，傍花随柳过前川。时人不识余心乐，将谓偷闲学少年。

【注释】出自宋·程颢《春日偶成》。余，我。将谓，以为。

【译文/点评】此写春天到来的喜悦之情。虽然没有什么文字技巧，却以最直白自然的语言道出了人类“喜春”的共同情感体验，说出了“人人心中有，个个笔下无”的春日欢乐之情。

舟摇摇以轻飏，风飘飘而吹衣。

【注释】出自晋·陶渊明《归去来兮辞》。以，而。飏（yáng），飞扬，此指轻快之状。

【译文/点评】此写诗人终于摆脱宦海牢笼而回乡的轻快心情。“摇摇”、“飘飘”两个叠字的运用，前者写小舟轻荡、划行极快的情貌，突出表现的是诗人归心似箭的心情；后者写衣袂飘动之状，表面突显的是风轻，实际要表现的是诗人的心轻，即一种脱离官场樊笼后的轻松心情。

寻花。三春，指早春、仲春、暮春。

【译文/点评】此写与友人把酒赏花的快乐之情。

殷勤昨夜三更雨，又得浮生一日凉。

【注释】出自宋 · 苏轼《鹧鸪天》。

【译文/点评】此句表面是说夜雨过后天气转凉的喜悦之情，实则是表达被贬谪黄州而无所事事的痛苦之情。

雁引愁心去，山衔好月来。

【注释】出自唐 · 李白《与夏十二登岳阳楼》。

【译文/点评】此诗作于诗人流放夜郎遇赦途中，写的是自己闻赦的喜悦之情。但是，诗人没有直写这种喜悦之情，而是运用拟人修辞手法，将雁、山人格化，说雁善解人意，将自己的忧愁带走了，山将自己喜爱的皎皎之月送来。动词“引”与“衔”的运用，不仅充满人性，而且动感无限。由此，寻常的情感表达顿然生动起来，让人回味无穷。

月映林塘澹，风含笑语凉。

【注释】出自宋 · 王安石《岁晚》。林塘，林木、池塘。澹，淡。

【译文/点评】月映林塘，唯见淡淡之影；凉风拂面，时闻人语笑声。此写月夜赏景的欢快之情。

悦亲戚之情话，乐琴书以消忧。

【注释】出自晋 · 陶渊明《归去来兮辞》。情话，指有情味的闲话。

【译文/点评】与亲戚闲话感到欣悦，以读书弹琴消

光感到快乐。此写脱离官场、回归田园的生活情状，表达

一种悠游快乐之情。